ADMIS FONCTION PUBLIQUE

CONCOURS 2024-2025

14e édition

SOUS-OFFICIER DE GENDARMERIE

Concours externe, interne, 3e voie • Catégorie B

Tout-en-un

François Lavedan
Cadre au ministère de l'Intérieur
et membre de plusieurs jurys de concours administratifs

Vuibert

Ressources numériques

Téléchargez gratuitement
20 tutos sur l'épreuve
d'aptitude professionnelle,
4 vidéos d'entretien avec jury
séquencées et commentées,
des **sujets corrigés**
et la **boîte à outils**
sur www.vuibert.fr/site/217667

ISSN : 2109-9305
ISBN : 978-2-311-21766-7

Crédits photographiques : Shutterstock@Obatala-photography
Conception de la couverture et de l'intérieur : Séverine Tanguy
Composition : So'Graph

Site Internet : http://www.vuibert.fr

Sommaire
pour se repérer

Travail réalisé

Votre concours, votre métier en 20 questions-réponses

PARTIE 1 Réussir les épreuves d'admissibilité

Composition (concours externe)

Entretien avec un psychologue (concours externe, interne et 3e voie)

Entretien avec le jury (concours externe, interne et 3e voie)

Épreuve d'évaluation numérique (concours externe et interne)

Épreuve physique de gendarmerie (concours externe et interne)

Votre concours, votre métier en 20 questions-réponses

1. Quel est le statut de sous-officier de gendarmerie ?

L'intégration des services de police et de gendarmerie continue de se poursuivre, notamment en police judiciaire, en matière de coopération internationale et à travers la mutualisation de certains moyens opérationnels.

D'autre part, en raison de leur statut militaire, les gendarmes n'ont pas de droits syndicaux, ni de droit de grève. Toutefois, une loi du 18 août 2010 est venue tempérer quelque peu le principe d'interdiction des syndicats en instituant des instances de représentation et de participation au sein de la Gendarmerie nationale. Selon l'article 1 du décret d'application de cette loi, « les instances de représentation et de participation au sein de la Gendarmerie nationale contribuent à la communication et au dialogue interne. Elles permettent à chaque militaire de participer à la prise des décisions relatives à la vie courante de son unité. »

Par ailleurs, les gendarmes sont également soumis à un strict devoir de réserve quant à leurs opinions et croyances personnelles.

Enfin, pour nécessité de service, les gendarmes bénéficient d'un logement de fonction. Contrairement à une idée reçue, il ne s'agit pas véritablement d'un casernement, même si ce terme est parfois employé et si vous pouvez être amené à vivre à proximité immédiate de vos collègues et de leurs familles.

2. Quelles sont les missions du sous-officier de gendarmerie ?

D'une manière générale, il est très difficile d'établir une liste exhaustive des missions et « métiers » possibles d'un gendarme. Leur très grande variété est l'un des plus grands attraits du métier de gendarme. Bien évidemment, les diplômes de spécialité orientent la carrière d'un gendarme.

Schématiquement, les principales missions possibles pour un gendarme sont les suivantes :

– la sécurisation des zones rurales et périurbaines : le contact avec la population, la lutte contre la délinquance et le suivi d'affaires judiciaires simples seront confiés aux gendarmes affectés dans la gendarmerie départementale ;

– la police judiciaire : enquêtes à propos des diverses formes des moyenne et grande délinquances (stupéfiants, vols à main armée, infractions économiques, atteintes aux personnes) ;

– le maintien de l'ordre : les gendarmes mobiles seront chargés de rétablir ou de maintenir l'ordre public lors d'événements publics ou dans des quartiers sensibles ;

– la sécurité routière : les pelotons autoroutiers et les motards de la Gendarmerie nationale veilleront principalement à la sécurité routière, de manière préventive comme répressive ;

– la formation : que ce soit au titre de la formation continue, en tant que formateur anti-drogue, en école de gendarmerie ou bien encore à l'étranger au titre de la coopération internationale, de nombreux gendarmes effectuent des missions de formation.

3. Quelles sont les prérogatives judiciaires du sous-officier de gendarmerie ?

En principe, un gendarme est agent de police judiciaire (APJ, comme le prévoit l'article 20 du Code de procédure pénale). Cette qualité leur donne un certain nombre de prérogatives judiciaires, comme celle de pouvoir procéder à un contrôle d'identité, prendre une plainte, auditionner une personne mise en cause dans une affaire judiciaire ou bien encore rédiger un procès-verbal d'interpellation.

Les agents de police judiciaire seront placés sous l'autorité d'un officier de police judiciaire. Seul l'officier de police judiciaire (OPJ, régi par l'article 16 du Code de procédure pénale) disposera de prérogatives judiciaires étendues.

Il pourra notamment ainsi procéder à des actes en exécution d'une commission rogatoire reçue d'un juge d'instruction, pratiquer une perquisition, rédiger des réquisitions (auprès de banques, d'opérateurs téléphoniques, de personnes qualifiées) et placer un individu en garde à vue. Après avoir suivi une formation spécifique et réussi un examen, un gendarme pourra devenir officier de police judiciaire. La réussite de cet examen sera même une nécessité pratique pour un gendarme souhaitant faire carrière au sein d'un groupe d'enquête.

Par ailleurs, en cas de crime ou de délit flagrants, aucune qualité judiciaire n'est exigée pour en appréhender l'auteur, à la condition de présenter l'individu dans les plus brefs délais à l'officier de police judiciaire territorialement compétent.

Enfin, les gendarmes, qu'ils soient APJ ou OPJ, demeurent soumis à l'autorité et au contrôle du procureur de la République. Dans le cas d'une commission rogatoire, les gendarmes sont également soumis à l'autorité et au contrôle du juge d'instruction mandant.

4. Quel est l'armement des sous-officiers de gendarmerie ?

Comme les policiers et douaniers, les gendarmes sont individuellement dotés d'un pistolet semi-automatique, le Sig Sauer SP2022. Ce dernier est équipé d'un chargeur de 15 cartouches de calibre 9 mm, accompagné d'un autre chargeur identique porté à la ceinture.

En dotation collective, les gendarmes peuvent être équipés de fusils à pompe, du fusil d'assaut Famas ou de moyens lacrymogènes. À la suite des attentats de novembre 2015, les membres des PSIG sont équipés d'un nouveau pistolet-mitrailleur. Il s'agit du HKG36, de calibre 5,56 mm. Cette arme allemande est capable de percer les gilets pare-balles. Les gendarmes mobiles seront les principaux utilisateurs des moyens lacrymogènes, notamment sous la forme de grenades. Naturellement, l'usage de l'arme doit se faire dans le cadre légal de la légitime défense, et chaque gendarme a une obligation d'entraînement régulier au tir.

Chaque gendarme bénéficie d'un gilet pare-balles individuel et de nouveaux porte-plaques capables d'arrêter des tirs de kalachnikov, d'un casque et d'un bouclier balistique.

Après habilitation, les gendarmes peuvent être dotés d'un bâton télescopique de défense.

USAGE DES ARMES PAR LES FORCES DE L'ORDRE

Les gendarmes peuvent utiliser leurs armes dans les conditions légales de la légitime défense : répondre à une attaque injustifiée de manière immédiate et proportionnée.

À la suite des attentats de novembre 2015, les conditions d'usage des armes par les forces de l'ordre ont été modifiées pour mieux correspondre aux situations rencontrées lors des tueries de masse.

Les fonctionnaires de la Police nationale, les militaires de la Gendarmerie nationale, les militaires déployés sur le territoire national ou encore les agents des douanes ne sont pas pénalement responsables en cas d'usage de leur arme visant à empêcher de nouveaux meurtres ou tentatives de meurtre dans un temps rapproché face à des individus ayant déjà commis plusieurs meurtres ou tentatives de meurtre.

La loi du 28 février 2017 étend également la possibilité d'usage des armes à d'autres cas précis : lorsque, après deux sommations faites à haute voix, ils ne peuvent défendre autrement les lieux qu'ils occupent ou les personnes qui leur sont confiées ; lorsqu'un conducteur ne s'arrête pas à leurs sommations ; lorsque le comportement d'un conducteur ou de ses passagers est de nature à mettre délibérément en danger la vie d'autrui ou d'eux-mêmes…

5. Quelles sont les conditions d'inscription au concours ?

Avant de vous présenter au concours de gendarme, il importe de bien connaître toutes les conditions requises. Trop de candidats échouent faute d'avoir pris à temps leurs dispositions pour les satisfaire. Enfin, il faut bien savoir que, si la candidature au concours externe de gendarme implique l'obtention du baccalauréat, le niveau réel de difficulté du concours reste élevé.

Le concours de gendarme a fait l'objet d'une récente réforme, dont les modalités sont expliquées ci-dessous.

Les candidat(e)s peuvent s'inscrire sur le site Internet de la Gendarmerie nationale www.lagendarmerierecrute.fr. L'heure de validation de l'inscription fait foi sur Internet. Le courriel de validation étant envoyé aux candidats 12 heures après l'enregistrement de l'inscription, les candidats doivent tenir compte de ce délai.

Pour pouvoir déposer un dossier de candidature au concours externe de gendarme, les conditions sont les suivantes :

- être de nationalité française ;
- être âgé de 18 ans révolus et de 35 ans au plus au 1er janvier de l'année du concours ;
- jouir de ses droits civiques et être de bonne moralité (une enquête de moralité sera effectuée) ;
- les candidats au concours externe de gendarme devront être titulaire du baccalauréat ou pouvoir en justifier l'obtention par tout moyen à l'issue des résultats d'admissibilité ou d'un diplôme ou titre enregistré et classé au moins au niveau IV ;
- savoir nager (votre aptitude sera vérifiée en école) ;
- être en règle par rapport aux dispositions du service national : avoir satisfait aux obligations du service national ou à la journée d'appel de préparation à la défense (JAPD), ou bien en avoir été légalement exempté ou dispensé, ou encore à la Journée Défense Citoyenne (JDC) ;
- ne pas s'être déjà présenté trois fois à chacun des concours ;
- ne pas avoir bénéficié d'un congé de reconversion entraînant la cessation définitive de l'état militaire (candidat militaire ou ex-militaire).

Les candidats au deuxième concours (concours interne) doivent :

- être en particulier de nationalité française ;
- être âgés de 18 ans au moins et de 35 ans au plus au 1er janvier de l'année du concours ;
- ne pas avoir été privés de leurs droits civiques ;
- satisfaire aux conditions médicales et physiques d'aptitude fixées par arrêté ;
- présenter une moralité et avoir un comportement compatibles avec l'exercice de la fonction de sous-officier de gendarmerie ;
- ne pas s'être déjà présenté trois fois au deuxième concours.

Et être :

– soit volontaires de la gendarmerie, titulaire du diplôme de gendarme adjoint en activité, et comptant, au 1er janvier de l'année du concours, au moins un an de service en cette qualité ;

– soit policiers adjoints de la Police nationale en activité et comptant, au 1er janvier de l'année du concours, au moins un an de service en cette qualité ;

– soit militaires des forces armées autres que la Gendarmerie nationale servant en vertu d'un contrat, en activité et comptant, au 1er janvier de l'année du concours, au moins quatre ans de service en cette qualité ;

– soit aux réservistes de la Gendarmerie nationale.

Les candidats au troisième concours (voie professionnelle) doivent :

– être de nationalité française ;

– être âgés de 18 ans au moins et de 35 ans au plus au 1er janvier de l'année du concours ;

– ne pas avoir été privés de leurs droits civiques ;

– satisfaire aux conditions médicales et physiques d'aptitude fixées par arrêté ;

– présenter une moralité et avoir un comportement compatibles avec l'exercice de la fonction de sous-officier de gendarmerie ;

– ne pas s'être déjà présenté trois fois au troisième concours ;

– justifier d'une expérience professionnelle de trois années dans des conditions fixées par arrêté du ministre de l'Intérieur.

6. Quels sont les différents concours ?

Il existe trois concours différents pour devenir sous-officier de gendarmerie :

- **un concours externe**, ouvert aux titulaires du baccalauréat ou d'un diplôme équivalent ;
- **un concours « interne »**, ouvert aux gendarmes adjoints volontaires, aux policiers adjoints de la Police nationale, aux militaires des forces armées autres que la Gendarmerie nationale et aux réservistes de la Gendarmerie nationale ;
- **un troisième concours**, ouvert sans conditions de diplôme aux candidats justifiant d'une expérience professionnelle d'au moins trois années. Ouvert ponctuellement, ce concours a notamment pour vocation le recrutement de certains spécialistes dont la Gendarmerie nationale pourrait avoir besoin (exemples : maréchal-ferrant ou musicien pour la garde républicaine).

La répartition des postes offerts entre les trois concours est schématiquement la suivante :

– concours externe : 60 % des postes ;

– concours interne : 30 à 40 % des postes ;

– troisième concours : entre 0 et 10 % des postes.

7. Quelles sont les épreuves du concours externe ?

L'épreuve d'admissibilité consiste en une **composition de culture générale sans documentation** (durée : 3 heures ; coefficient 7).

Les épreuves d'admission en région ou en visioconférence (DROM / COM, ex DOM/TOM) comprennent :
– **deux inventaires de personnalité** (non notés) ;
– une **épreuve d'aptitude professionnelle** (durée : 35 minutes ; non notée) ;
– un **entretien individuel avec un psychologue** (non noté) ;
– un **entretien avec le jury** (durée : 10 minutes de préparation et 20 minutes d'entretien ; coefficient 7) ;
– une épreuve d'**évaluation numérique** (durée : 30 minutes, coefficient 1) ;
– une **épreuve physique** (coefficient 3).

8. Quelles sont les épreuves du concours interne ?

L'épreuve d'admissibilité porte sur des **connaissances professionnelles** (durée : 3 heures ; coefficient 7).

Les épreuves d'admission comprennent :
– **deux inventaires de personnalité** (non notés) ;
– une **épreuve d'aptitude professionnelle** (durée : 35 minutes ; non notée) ;
– un **entretien individuel avec un psychologue** (non noté) ;
– un **entretien avec le jury** (durée : 10 minutes de préparation et 20 minutes d'entretien ; coefficient 7) ;
– une épreuve d'**évaluation numérique** (durée : 30 minutes, coefficient 1) ;
– une **épreuve physique** (coefficient 3).

9. Quelles sont les épreuves du troisième concours ?

L'épreuve unique d'admissibilité est une épreuve visant à apprécier les **acquis de l'expérience professionnelle du candidat** (coefficient 5). Cette épreuve consiste en l'examen d'un **dossier** remis par le candidat au bureau du recrutement, des concours et des examens de la Direction générale de la Gendarmerie nationale à une date fixée dans l'arrêté d'ouverture du concours. Le jury examine le dossier qu'il note de 0 à 20 en fonction de l'expérience acquise par le candidat durant son parcours professionnel.

Le dossier de reconnaissance des acquis de l'expérience professionnelle est disponible sur le site Internet de la Gendarmerie nationale.

En même temps que les épreuves d'admission, les candidats sont soumis à **deux inventaires de personnalité** destinés à préparer, pour les candidats admissibles, leur **entretien individuel avec un psychologue**.

Les épreuves d'admission comprennent :

– une **épreuve orale d'entretien avec le jury** (durée : 20 minutes d'entretien) ;

– une **épreuve pratique d'aptitude professionnelle** : cette épreuve consiste en une mise en situation pratique en lien direct avec la nature de l'expérience professionnelle au titre de laquelle le concours est ouvert. Le troisième concours étant ouvert en fonction de spécialités bien précises (musicien, maréchal-ferrant...), cette épreuve est donc adaptée au cas par cas.

10. Comment constituer le dossier de candidature ?

Le dossier de candidature peut être soit téléchargé sur le site Internet du recrutement de la gendarmerie http://www.lagendarmerierecrute.fr, soit retiré auprès d'une brigade de gendarmerie ou d'un centre d'information et de recrutement. Le dossier d'inscription rempli doit être adressé pour la métropole au centre de sélection et de concours dont relève le candidat et, pour l'outre-mer, au centre de recrutement, concours et sélection dont relève le candidat (la liste des différents centres est disponible dans le dossier d'inscription). Tout dossier déposé ou posté après la date butoir ne pourra pas être pris en considération, le cachet de la poste faisant foi.

Veillez à respecter scrupuleusement la liste des pièces à fournir pour la constitution de votre dossier de candidature.

En toute hypothèse, les candidats s'attacheront à lire attentivement la notice jointe au dossier et à la conserver en lieu sûr.

De même, n'attendez pas le dernier moment pour renvoyer votre dossier de candidature et gardez-en une photocopie.

Vérifiez bien que votre dossier comporte toutes les pièces requises (tout dossier incomplet est rejeté).

Une fois que la gendarmerie vous aura communiqué une convocation aux épreuves, notez bien sur votre agenda la date de votre convocation aux épreuves du concours de gendarme (le jour J, l'heure H, le lieu L).

11. Comment est-on convoqué aux épreuves du concours ?

Qualité du candidat	Date de dépôt de la candidature	Lieu de dépôt de la candidature
Civil	Recrutement ouvert à tout moment	Brigade de gendarmerie du lieu de domicile, centre de recrutement de la gendarmerie (liste en annexe) ou site Internet http://www.lagendarmerierecrute.fr/
Militaire engagé (dans une autre armée ou dans un service commun)	Au cours des 6 mois précédant le terme du contrat	Auprès du commandant de formation administrative puis à la brigade de gendarmerie du lieu d'affectation, ou dans un centre d'information et de recrutement de la gendarmerie (liste en annexe)
Militaire de carrière	À tout moment	

Une fois que votre dossier de candidature aura été validé, vous recevrez par voie postale une lettre de convocation aux épreuves, une fiche d'information pratique destinée à faciliter l'accès au centre de sélection et un bon unique de transport qui vous permettra d'acquérir gratuitement un billet SCNF aller-retour pour vous rendre au centre de sélection.

Les épreuves de sélection se déroulent sur deux jours et auront lieu dans un des centres régionaux de la gendarmerie.

12. Comment est-on informé de ses résultats ?

D'une manière générale, les candidats au concours de gendarme sont informés de leurs résultats par courrier et dans un délai de deux mois après le passage des épreuves de sélection. Votre candidature peut être :

– agréée : vous avez réussi les épreuves. Vous serez prochainement invité à rejoindre une école de gendarmerie, sous réserve qu'aucun renseignement défavorable vous concernant ne soit recueilli dans l'intervalle et que vous soyez déclaré apte au cours d'une visite médicale passée auprès d'un médecin servant dans la gendarmerie ;

– ajournée : vous serez ajourné pour une durée de quatre mois en cas d'échec à l'épreuve physique. Après l'écoulement de ce délai, vous pourrez de nouveau déposer un dossier de candidature ;

– rejetée : en cas de renseignements défavorables sur la moralité ou d'inaptitude médicale définitive.

Il est important de préciser ici qu'après votre réussite au concours vous pouvez attendre un certain moment avant d'être intégré en école. Ce temps d'attente varie de quelques mois à un peu plus d'une année.

13. Comment se déroule la visite médicale ?

Si vous êtes reçu au concours, vous serez convoqué à une **visite médicale de sélection**. Au préalable, vous devrez vous munir de tous les documents médicaux en votre possession (carnet de vaccination, examens radiologiques, carnet de santé). Vous serez examiné par un médecin servant dans la gendarmerie afin d'établir votre aptitude physique. Cette aptitude physique sera notamment déterminée par votre vue (vous devez être « Y4 » : acuité visuelle sans correction tolérée à 6/10e au total pour les deux yeux, soit 3/10e pour chaque œil ou 4/10e et 2/10e ou 5/10e et 1/10e avec champ visuel normal, sens lumineux normal et vision binoculaire normale). Le certificat médical établi alors sera le seul à faire foi en ce qui concerne votre aptitude physique. Le médecin peut alors vous déclarer apte ou inapte temporairement, voire définitivement (votre départ en école ne sera prononcé qu'à l'occasion d'une nouvelle visite médicale).

Le profil médical requis, appelé SIGYCOP, devra être le suivant :

S	I	G	Y	C	O	P
Ceinture scapulaire et membres supérieurs	Ceinture pelvienne et membres inférieurs	État général	Yeux et vision	Sens chromatique	Oreilles et audition	Psychisme
2	2	2	4	3	2	0

14. Comment se déroule l'intégration en école ?

Environ deux mois avant votre admission en école, vous recevrez une notification de décision définitive d'autorisation à l'engagement. Cette notification vous indiquera l'école à rejoindre et la date.

Par la suite, dans le cadre du recrutement, vous passerez une visite médicale d'incorporation. Dès votre entrée en école, elle sera réalisée par le médecin militaire de l'école et confirmera ou infirmera les résultats de la visite médicale de sélection. Le cas échéant, le médecin militaire de l'école peut décider d'envoyer en consultation l'élève-gendarme auprès d'un médecin spécialiste des armées pour un avis quant à son aptitude. En cas d'inaptitude constatée, les élèves seront informés de l'annulation de leur contrat pour inaptitude physique préexistant à la signature du contrat.

Il faut également noter que la constatation d'une toxicomanie avérée ou décelée par des examens médicaux est une cause d'inaptitude à l'engagement.

Le premier jour de votre arrivée en école, vous signerez un contrat d'engagement. Ce contrat d'engagement porte sur une durée de six ans où vous vous engagez à servir dans la gendarmerie. Ce contrat peut être dénoncé au cours de la période probatoire égale au temps de formation en école (douze mois) :

- sur demande de l'intéressé ;
- pour inaptitude physique préalable à l'engagement ;
- pour inaptitude à l'emploi de gendarme.

Ce contrat d'engagement peut être annulé à tout moment pour non-respect des conditions légales régissant l'engagement dans la gendarmerie.

15. Comment se déroule la formation en école ?

Votre formation en école sera rémunérée (autour de 1 400 euros nets mensuels pour un élève-gendarme célibataire).

Sa durée sera de neuf mois sous le régime de l'internat. À l'issue, les élèves-gendarmes seront affectés pour un stage de trois mois en formation continue en unité.

À ce jour, il existe cinq principales écoles pour la formation des sous-officiers de gendarmerie : Châteaulin (Finistère), Chaumont (Haute-Marne), Dijon (Côte-d'Or), Montluçon (Allier) et Tulle (Corrèze).

Le mode d'hébergement est le régime d'internat en caserne. Les frais de nourriture sont supportés par les élèves-gendarmes.

Le contenu de la formation touche principalement les domaines suivants :

- la formation professionnelle (police judiciaire, administrative, de la circulation routière) ;
- la formation militaire (tir et armement, tactique, topographie et télécommunications) ;
- la formation générale (déontologie, management, accueil du public et bureautique) ;
- la formation physique (sport, techniques professionnelles d'intervention) ;
- la formation judiciaire (la formation d'officier de police judiciaire (OPJ) sera intégrée à la formation initiale).

Cette formation initiale est divisée en trois phases :

- la première, d'une durée de quatre mois, est centrée sur la formation militaire générale portant sur les savoir-être et les savoir-faire. Elle inclut notamment un socle éthique, technique et tactique et vise également à l'aguerrissement des élèves gendarmes ;
- la deuxième est axée sur la formation à l'exercice des fonctions d'agent de la force publique et d'agent de police judiciaire ainsi que sur les principes et techniques régissant l'emploi de la force et les règles juridiques l'encadrant ;
- la troisième consolide les acquis des deux premières phases et permet l'insertion du gendarme dans son environnement professionnel en qualité d'acteur de la sécurité publique.

Il faut préciser que l'obtention du permis de conduire civil de catégorie « B » ou militaire « véhicules légers » est indispensable pour pouvoir être nommé gendarme.

Préalablement à l'affectation en unité, chaque gendarme se voit attribuer le **certificat d'aptitude à la gendarmerie** (CAG), homologué au niveau IV de l'enseignement technologique (équivalence du baccalauréat). Il a également la qualité d'agent de police judiciaire.

La première affectation en unité est choisie par les élèves-gendarmes en fin de scolarité et en fonction de leur classement de sortie d'école parmi les places offertes au choix en gendarmerie départementale, gendarmerie mobile ou garde républicaine.

LE SERMENT DU GENDARME

À la sortie de l'école de gendarmerie, devenu sous-officier de gendarmerie, vous prêterez le serment suivant en levant la main droite :
« Je jure d'obéir à mes chefs en tout ce qui concerne le service auquel je suis appelé, et, dans l'exercice de mes fonctions, de ne faire usage de la force qui m'est confiée que pour le maintien de l'ordre et l'exécution des lois. ».

16. Quelles sont les rémunérations et retraites ?

Les rémunérations de gendarme demeurent attractives, surtout si l'on prend en compte le fait que les gendarmes se voient octroyer un logement de fonction par nécessité absolue de service.

Quelques exemples de rémunérations nettes mensuelles :
- élève-gendarme célibataire : 1 650 euros ;
- gendarme célibataire, trois ans de service : 2 300 euros pour un gendarme célibataire avec trois ans de service ;
- gendarme marié, 2 enfants, échelon exceptionnel, plus de vingt ans de service : 2 800 euros ;
- maréchal des logis-chef marié, 2 enfants, dix ans de service : 2 500 euros ;
- adjudant marié, 2 enfants, vingt et un ans de service : 3 000 euros ;
- adjudant-chef marié, 2 enfants, vingt-cinq ans de service : 3 200 euros ;
- major marié, 2 enfants, vingt-six ans de service : 3 500 euros.

En fonction de la situation familiale de l'intéressé et des jours de service hors du domicile, des primes peuvent s'ajouter à ces rémunérations. Un gendarme partant en opération extérieure hors du territoire national bénéficiera ainsi d'importantes primes. Il en sera de même d'un gendarme mobile en déplacement.

Pour le grade de gendarme, la limite d'âge est de 55 ans, pour maréchal des logis-chef de 56 ans, pour adjudant et adjudant-chef de 56 ans, pour major de 57 ans. Il est possible pour un sous-officier de gendarmerie de demander une pension de retraite à partir de quinze ans de service. Ces dispositions feront très certainement l'objet de modification en raison des réformes touchant aux retraites.

De manière synthétique, tous les gendarmes bénéficient des avantages matériels suivants :
- formation rémunérée ;
- sécurité de l'emploi ;
- logement de fonction concédé à titre gratuit ;
- possibilité de mobilité dans les affectations ;
- neuf semaines de permissions, auxquelles s'ajoutent quinze jours de permissions complémentaires ;
- réduction de 75 % sur les tarifs SNCF.

17. Quel est le régime de travail ?

Le régime de travail des gendarmes est très variable d'une unité à une autre, en fonction des nécessités opérationnelles du service d'appartenance. D'une manière générale, il faut bien avoir conscience que vous vous destinez à une profession demandant une large disponibilité. Vous pourrez, le cas échéant, travailler la nuit, le week-end ou les jours fériés. De même, les gendarmes mobiles effectuent des missions de plusieurs semaines hors de leur domicile. De manière évidente, ces conditions de travail auront un impact sur votre vie personnelle, familiale et privée.

Sur le plan des congés, les gendarmes bénéficient de neuf semaines de permissions, auxquelles s'ajoutent quinze jours de permissions supplémentaires.

18. Comment se déroulent les premières années de la carrière ?

Pendant deux ans, vous serez gendarme sous contrat. Vous devrez préparer le Certificat d'aptitude technique (CAT). L'obtention du CAT vous permettra de devenir sous-officier de gendarmerie de carrière et de poursuivre votre parcours professionnel en gendarmerie.

En cas d'échec au CAT – ce qui est très rare en pratique –, vous devrez quitter la Gendarmerie nationale.

Devenu gendarme de carrière, vous pourrez passer un diplôme au choix :

– officier de police judiciaire (gendarmerie départementale) ;

– diplôme d'arme (gendarmerie mobile et garde républicaine) ;

– diplôme de spécialité (technicien en investigation criminelle, motocycliste, pilote de véhicule rapide d'intervention, spécialiste montagne, pilote d'hélicoptère, plongeur, maître-chien, cavalier, informaticien…).

19. Quelles sont les perspectives de carrière ?

Le passage de l'un de ces diplômes n'est en aucun cas obligatoire. En revanche, il faut bien être conscient qu'il vous permettra de monter en grade en devenant maréchal des logis-chef, adjudant, adjudant-chef et major.

Comme toute promotion, ces passages de grades vous permettront de bénéficier d'une meilleure rémunération, de responsabilités plus valorisantes, mais aussi de mutations.

Deux voies sont offertes aux gendarmes voulant devenir officier de gendarmerie :

– les sous-officiers titulaires d'un diplôme de licence ou d'un titre professionnel peuvent tenter le concours semi-direct de l'école des officiers de gendarmerie (EOGN de Melun, en Seine-et-Marne) ;

– les majors peuvent postuler au concours « rang » de l'EOGN.

20. Quelle est l'actualité de la profession ?

Dans le cadre du schéma national d'intervention décidé par le ministre de l'Intérieur, la gendarmerie a, d'une part, adapté l'équipement des brigades territoriales dont les personnels sont *de facto* les primo-engagés sur un événement dans leur circonscription et, d'autre part, renforcé les capacités de ses unités d'intervention spécialisées, dont le maillage a été densifié avec la mise en place des pelotons de surveillance et d'intervention de la gendarmerie « Sabre » (PSIG Sabre). Ces derniers, créés à la suite des attentats de novembre 2015, constituent, en cas d'attentat ou de tuerie planifiée, des éléments d'intervention de proximité, disposant d'un niveau de formation et d'équipements spécifiques. Ils constituent une capacité territorialisée d'intervention immédiate dans l'attente du renfort du GIGN et de ses antennes. Pour la gendarmerie comme pour la police, d'importants efforts de renouvellement du parc automobile, de modernisation des bâtiments et de dotation en équipements tactiques (gilets lourds, casques blindées et fusils mitrailleurs HK G-36) ont été accomplis ces dernières années.

Les caméras-piétons seront de plus en plus déployées au sein des unités de terrain.

D'autre part, une instance de contrôle parlementaire des forces de l'ordre sera mise en place afin d'évaluer leur action.

Outre la généralisation des caméras-piétons pour les policiers et les gendarmes, la loi du 25 mai 2021 pour une sécurité préservant les libertés prévoit de développer les caméras embarquées dans les véhicules et l'utilisation de drones pour la captation d'images. D'autre part, cette loi limite les possibilités de réduction de peine pour les auteurs de violences à l'encontre des forces de l'ordre.

En ce qui concerne la sécurité intérieure, vous pouvez suivre l'actualité sur les sites suivants :

– Centre de recherche sur la sécurité intérieure : https://www.crsi-paris.fr/

– Observatoire de l'immigration et de la démographie : https://observatoire-immigration.fr/

Florian, 24 ans, lauréat du concours externe de sous-officier de gendarmerie, élève au sein de l'école de gendarmerie

« Avant mes études de droit (j'ai suivi deux années de droit au sein de la faculté de droit d'Aix-Marseille), je n'avais pas spécialement envisagé de devenir gendarme. C'est en m'intéressant à l'actualité et en suivant des cours de droit pénal et de procédure pénale que cette envie m'est venue. Je me suis renseigné sur Internet et auprès d'un cousin qui sert depuis quelques années en gendarmerie départementale. Je me suis dit que cette profession était variée, utile à la société, enrichissante sur le plan personnel et pourrait me donner l'opportunité de pratiquer la procédure pénale de manière très concrète dans le cadre d'enquêtes judiciaires.

J'ai consacré près d'une année à la préparation du concours. Compte tenu de la grande sélectivité du concours, je pense vraiment qu'il est fondamental de se préparer bien à l'avance. J'ai concentré mes efforts sur l'ensemble des points essentiels : remise à niveau en orthographe et grammaire, amélioration des capacités de réflexion et de rédaction, approfondissement de la culture générale, découverte du métier de gendarme et du cadre institutionnel, sans oublier les tests psychotechniques et le sport.

Un manuel sur le concours et un manuel d'annales corrigées sont réellement d'excellents supports pour organiser son travail et structurer sa préparation.

L'épreuve de composition est la seule épreuve écrite d'admissibilité, donc cela passe très vite et il faut être bien concentré. Quelques semaines plus tard, en fonction des résultats, on est convoqué aux épreuves d'admission.

Le même jour que les épreuves d'admission, on répond à deux inventaires de personnalité (questions de personnalité et de mise en situation professionnelle) et on passe un entretien individuel avec un psychologue. Ceux-ci ne sont pas notés : ils visent à déterminer notre profil psychologique et notre personnalité.

L'épreuve d'aptitude professionnelle dure 35 minutes, qui passent très vite. Il s'agit de tests psychotechniques et de logique, auxquels il faut être préparé même si cette épreuve n'est pas notée.

Les deux épreuves d'admission qui sont notées sont les épreuves sportives et l'entretien avec le jury.

Lors des épreuves sportives, l'effort est bref mais vraiment intense : il faut être bien préparé et savoir « tout donner » lors des différents exercices.

L'entretien avec le jury est vraiment l'épreuve la plus déterminante de tout le concours. Il comprend 10 minutes de préparation pour le sujet tiré au sort, suivies de 20 minutes d'exposé et de discussion avec le jury.

La dernière étape du parcours de sélection est la visite médicale, qui comporte notamment une détection de la consommation de produits stupéfiants.

Il est également important de savoir que l'ordre d'entrée en école de gendarmerie se fait selon le classement aux épreuves. Les candidats les mieux classés au concours entreront plus vite en école. Je suis désormais en école de gendarmerie. L'ambiance est excellente, mais la discipline est stricte et on attend de chacun une totale implication physique, morale et intellectuelle. »

Magali, 28 ans, sous-officier de gendarmerie depuis trois ans au sein de la gendarmerie départementale, ancien gendarme adjoint volontaire

« Avant de devenir sous-officier de gendarmerie, j'ai passé deux ans au sein de la Gendarmerie nationale en tant que gendarme adjoint volontaire. J'ai exercé mes missions dans une brigade de gendarmerie départementale de l'Essonne. Le travail était intéressant car, étant situés dans une zone périurbaine à proximité de banlieues difficiles, nous ne manquions jamais de travail. Il a également été très stimulant, lors de certaines opérations de sécurisation départementale ou de soutien à des enquêtes judiciaires, de pouvoir collaborer de manière très directe avec plusieurs services de la Police nationale.

J'ai pu passer le concours de sous-officier de gendarmerie réservé aux gendarmes adjoints volontaires. Pour préparer ce concours, il est très important de bien connaître l'ensemble des éléments du programme de formation des gendarmes adjoints volontaires. Un manuel comportant les annales des sessions précédentes du concours est également un élément indispensable à une préparation sérieuse. Il est également essentiel, surtout en ayant eu une expérience en tant que gendarme adjoint volontaire, de bien connaître l'organisation générale de la Gendarmerie nationale et ses principales missions. Lors de l'oral, le jury pose régulièrement des questions sur ces points, ainsi que sur la déontologie des gendarmes.

Après ma réussite au concours de sous-officier de gendarmerie et ma formation en école, j'ai pu être de nouveau affectée au sein de la gendarmerie départementale. Je sers désormais dans une brigade de gendarmerie départementale située dans un village d'un millier d'habitants en Bourgogne. Si l'on inclut les communes du ressort de notre brigade, nous sommes chargés de la sécurité publique d'environ 7 000 personnes. Notre brigade comprend un adjudant-chef, un adjudant, quatre sous-officiers de gendarmerie et trois gendarmes adjoints volontaires.

Nos missions sont très variées. En effet, outre l'accueil et la prise de la plainte à la brigade, nous assurons des missions de contrôle routier, de sécurisation, de procédures judiciaires en matière de délits mineurs (et de soutien aux brigades de recherche pour les délits plus graves) et de réponses aux appels sur le « 17 ». Ces derniers appels sont eux-mêmes très divers : différends de voisinage ou entre époux, individus et véhicules suspects, cambriolages… Lors des permanences de nuit, notre brigade peut être amenée à prendre le « tour de garde » d'une autre brigade limitrophe. À ce moment-là, il peut nous arriver de nous rendre sur des missions situées à plusieurs dizaines de kilomètres. »

Thibault, 27 ans, sous-officier de gendarmerie depuis quatre ans au sein de la gendarmerie mobile

« J'ai choisi de servir en gendarmerie mobile après mon école de gendarmerie par goût de l'action, du sport, du travail en équipe et des voyages. Notre escadron se trouve en Normandie, mais nous ne sommes que rarement engagés à proximité de notre lieu d'implantation.

Nos missions principales sont à Paris (transfert et garde du Palais de justice, encadrements de manifestations sociales ou de grands événements, sécurisation du métro et des grandes gares…), en banlieue (contrôles et sécurisation, soutien aux PSIG des zones périurbaines…) et en outre-mer (une à deux fois par an, nous nous rendons pour plusieurs semaines dans les territoires et départements ultramarins). Il nous arrive également de prêter assistance à des services judiciaires de la gendarmerie pour des opérations de grande ampleur, comme une perquisition dans un camp de gens de voyage ou un dispositif d'interception d'un convoi de véhicules volés.

J'apprécie énormément la camaraderie qui peut régner au sein de notre unité, l'expérience de nos gradés et la qualité de nos officiers. Nous sommes une unité solide, qui peut assurer des missions extrêmement variées et toutes les mener à bien. »

Marc, chef d'escadron (commandant), membre du jury du concours de sous-officier de gendarmerie

« Le concours de sous-officier de gendarmerie attire chaque année de nombreux jeunes. Le concours est très sélectif, ce qui nous permet de ne retenir que les candidats qui nous paraissent être les meilleurs.

Sur le plan moral et psychologique, nous nous attachons à recruter des jeunes gens ayant une réelle maturité personnelle, un sens de la droiture et de l'honnêteté, une aptitude à rester maître de soi dans des situations difficiles et une volonté de servir l'intérêt général. Ces traits sont examinés lors des questions de personnalité et lors de l'entretien avec le jury.

Nous souhaitons également que les candidats connaissent correctement l'organisation de la Gendarmerie nationale et les principales missions, notamment pour ceux qui passent le concours réservé aux gendarmes adjoints volontaires. Ils doivent être conscients des servitudes propres à une carrière en gendarmerie : port de l'uniforme et d'une arme de service, cadre hiérarchique, statut militaire, vie en collectivité, disponibilité pour les missions et risques professionnels. Ainsi, lors de l'oral, il est important qu'un candidat sache exprimer ses motivations pour servir en gendarmerie, connaisse le statut et les missions d'un gendarme, et qu'il comprenne les grandes lignes de l'organisation de la Gendarmerie nationale.

Les qualités de l'expression écrite sont également examinées lors des épreuves de composition ou de connaissances professionnelles. Le sport est aussi un facteur important et on ne saurait trop recommander aux candidats de travailler avec sérieux cet aspect du concours, sans même attendre le résultat des épreuves d'admissibilité.

Il ne faut pas, en effet, oublier que la préparation du concours de gendarme est un travail de longue haleine, qui demande de la rigueur et de l'organisation. C'est seulement à ce prix que l'on peut espérer réussir un concours aussi sélectif. »

Auto-évaluation

La vocation de ce test est de vous évaluer avant de commencer votre préparation aux épreuves du concours de sous-officier de gendarmerie.

Ce test est organisé par type d'épreuve. Il n'y a qu'**une seule bonne réponse par question**.

Après ces séries de QCM relatifs aux différentes épreuves du concours, un **corrigé** et un **bilan** vous sont proposés.

Composition (concours externe)

1 L'introduction de la composition doit :

- ☐ a. dégager la problématique du sujet
- ☐ b. annoncer le plan suivi
- ☐ c. dégager la problématique du sujet et annoncer le plan suivi

2 La conclusion de la composition doit :

- ☐ a. reprendre les grandes idées
- ☐ b. élargir la perspective
- ☐ c. reprendre les grandes idées et élargir la perspective

3 Le préfixe « dys » a pour sens :

☐ a. beau. ☐ b. complexe. ☐ c. laid. ☐ d. mauvais.

4 Les connecteurs logiques « de même que, plus que, de la même façon que, comme, comme si... » sont utilisés pour exprimer :

☐ a. une alternative. ☐ b. une comparaison.
☐ c. une liaison. ☐ d. une opposition.

5 En matière de ponctuation, à quoi le sert le point-virgule ?

- ☐ a. Marquer la fin d'une phrase.
- ☐ b. Indiquer le fait qu'une idée n'est pas totalement exprimée.
- ☐ c. Séparer deux aspects d'une même idée.
- ☐ d. Indiquer un élément accessoire à une phrase principale.

Connaissances professionnelles (concours interne)

6 La Gendarmerie nationale est rattachée au ministère de l'Intérieur :

☐ a. Vrai ☐ b. Faux

7 Les gendarmes sont des militaires :

☐ a. Vrai ☐ b. Faux

8 La gendarmerie n'a aucune mission de police judiciaire :

☐ a. Vrai ☐ b. Faux

⑨ **La Garde républicaine est présente également en province :**
☐ a. Vrai ☒ b. Faux

⑩ **La lutte contre la délinquance est la principale mission des PSIG :**
☒ a. Vrai ☐ b. Faux

Inventaires de personnalité et entretien avec un psychologue

⑪ **Aimez-vous les jeux d'argent (poker, paris sportifs, cartes à gratter, ...) ?**
☐ a. Oui, beaucoup.
☐ b. Oui, parfois.
☒ c. Non, jamais.

⑫ **Avez-vous déjà menti ?**
☐ a. Oui, beaucoup.
☒ b. Oui, parfois.
☐ c. Non, jamais.

Aptitude professionnelle

⑬ **J'ai des billes dans mon sac. Si j'en avais eu le double, j'en aurais 30 de plus. Combien ai-je de billes dans mon sac ?**
☐ a. 20. ☒ b. 30. ☐ c. 40. ☐ d. 60.

⑭ **Un escargot est dans un puits de 10 mètres. Il monte 3 mètres chaque jour et descend 2 mètres chaque nuit. En combien de jours sera-t-il rendu en haut du puits ?**
☐ a. 6. ☐ b. 8. ☐ c. 10. ☒ d. 12.

⑮ **Quel est l'intrus dans la liste suivante : « courageux - encourager - courir - courage » ?**
☐ a. Courageux. ☐ b. Encourager. ☒ c. Courir. ☐ d. Courage.

Entretien avec le jury

⑯ **Le grade de chef d'escadron correspond à :**
☐ a. Lieutenant ☐ b. Capitaine ☒ c. Commandant ☐ d. Colonel

⑰ **Qui décide de la mise en œuvre des poursuites pénales ?**
☐ a. L'officier de police judiciaire.
☒ b. Le procureur de la République.
☐ c. Le directeur général de la gendarmerie nationale.
☐ d. Le juge d'instruction.

⑱ **L'oral débutera par une présentation du candidat :**
☒ a. Vrai ☐ b. Faux

⑲ **En répondant à une question du jury, il convient de regarder uniquement la personne qui a posé la question :**
☐ a. Vrai ☒ b. Faux

⑳ **Lors de l'oral, il n'est pas souhaitable de demander des précisions au jury si une question paraît peu claire :**
☐ a. Vrai ☒ b. Faux

Évaluation numérique

21 En informatique, le sigle PC signifie :

- ☐ a. puissance de calcul
- ☒ b. *personal computer*
- ☐ c. poste de commandement
- ☐ d. partie centrale

22 En informatique, un virus est :

- ☐ a. un logiciel performant
- ☐ b. un jeune apprenti dans le domaine informatique
- ☒ c. un programme malveillant
- ☐ d. un génie de l'informatique

23 Le mot français pour traduire le terme "phishing" est :

- ☒ a. hameçonnage
- ☐ b. formatage
- ☐ c. téléchargement
- ☐ d. virus.

Corrigé

Composition

❶ c. ❷ c. ❸ d. ❹ b. ❺ c.

Connaissances professionnelles

❻ a. ❼ a. ❽ b. ❾ b. ❿ a.

Inventaires de personnalité et entretien avec un psychologue

⓫ b. ou c. La Gendarmerie nationale est à la recherche de candidats au profil stable (les jeux d'argent peuvent être considérés comme une addiction).

⓬ b. La sincérité est ici un élément important. Tout le monde, parfois par obligation, a été amené à mentir dans sa vie.

Aptitude professionnelle

⓭ b. ⓮ b. ⓯ c.

Entretien avec le jury

⓰ c. ⓱ b. ⓲ a. ⓳ b. ⓴ b.

Évaluation numérique

㉑ b. ㉒ c. ㉓ a.

Tableau d'analyse du score

	Réponses correctes	Vous avez entre 0 et 2 réponses correctes	Vous avez 3 ou 4 réponses correctes	Vous avez 5 réponses correctes
Composition (questions 1 à 5)	... / 5	Votre résultat montre que vous devez travailler à fond les épreuves écrites et le français. Les fiches de méthodologie (à partir de la p. 35) et les entraînements (à partir de la p. 47) vous aideront à mettre toutes les chances de votre côté pour réussir !	Rendez-vous à la p. 35, prenez connaissance des fiches proposées et approfondissez votre maîtrise du français. Testez ensuite vos acquis grâce aux différents types d'entraînements. Vous y êtes presque !	Bravo ! Consolidez vos connaissances en lisant les fiches de méthodologie (à partir de la p. 35) et continuez de vous exercer avec les entraînements à partir de la p. 47.
Connaissances professionnelles (questions 6 à 10)	... / 5	Votre résultat montre que vous devez travailler à fond votre connaissance de la Gendarmerie nationale. Sa présentation (à partir de la p. 217) vous aidera à mettre toutes les chances de votre côté pour réussir !	Rendez-vous à la p. 217 et prenez connaissance de la présentation de la Gendarmerie nationale. Vous y êtes presque !	Bravo ! Perfectionnez encore votre connaissance de la Gendarmerie nationale en vous entraînant (à partir de la p. 70).
Inventaires de personnalité et entretien avec un psychologue ; aptitude professionnelle (questions 11 à 15)	... / 5	Votre résultat montre que vous devez travailler à fond les tests psychotechniques et les questions de personnalité. Les fiches de cours (à partir de la p. 104) et les entraînements (à partir de la p. 126) vous aideront à mettre toutes les chances de votre côté pour réussir !	Rendez-vous à la p. 104 et prenez connaissance des fiches proposées. Testez ensuite vos acquis grâce aux différents types d'entraînements. Vous y êtes presque !	Bravo ! Consolidez vos connaissances en lisant les fiches de cours (à partir de la p. 104) et continuez de vous exercer avec les entraînements à partir de la p. 126.

Entretien avec le jury (questions 16 à 20)	**... /5**	Votre résultat montre que vous devez travailler à fond votre connaissance de la Gendarmerie nationale et des missions d'un gendarme. Les fiches de cours (à partir de la p. 169) et les entraînements (à partir de la p. 242) vous aideront à mettre toutes les chances de votre côté pour réussir !	Rendez-vous à la p. 171 et prenez connaissance des fiches proposées. Testez ensuite vos acquis grâce aux différents types d'entraînements. Vous y êtes presque !	Bravo ! Consolidez vos connaissances en lisant les fiches de cours (à partir de la p. 169) et continuez de vous exercer avec les entraînements à partir de la p. 242.
Évaluation numérique (questions 21 à 23)	**.../ 3**	Votre résultat montre que vous devez travailler à fond votre connaissance du numérique. Les éléments de cours (à partir de la p. 263) et les entraînements (à partir de la p. 271) vous aideront à mettre toutes les chances de votre côté pour réussir !	Rendez vous à la p. 263 et prenez connaissance des éléments de cours proposés. Testez ensuite vos acquis grâce aux différents types d'entraînements. Vous y êtes presque !	Bravo ! Consolidez vos connaissances en lisant les éléments de cours (à partir de la p. 263) et continuez de vous exercer avec les entraînements à partir de la p. 271.

PARTIE 1

Réussir les **épreuves d'admissibilité**

Composition (concours externe)

DURÉE 3 HEURES

COEFFICIENT 7

Planning de révisions

L'épreuve de composition est une épreuve éliminatoire et disposant d'un important coefficient, elle doit être préparée avec sérieux.

À titre indicatif, nous vous indiquons un planning de préparation à l'épreuve de composition :

PÉRIODES	CONTENU DES RÉVISIONS	NOS OUTILS
Période 1 (1 ou 2 semaines)	Présentation de l'épreuve de composition Lire et comprendre le sujet	Page 33 Page 35
Période 2 (1 ou 2 semaines)	Organiser ses idées selon un plan	Page 41
Période 3 (1 ou 2 semaines)	Rédiger la composition Améliorer son style rédactionnel	Page 42 Page 43
Période 4 (1 ou 2 semaines)	S'entraîner avec des annales corrigées	Page 47
Période 5 (1 ou 2 semaines)	S'entraîner dans les conditions du concours avec des annales corrigées	Page 47

Présentation de l'épreuve

L'épreuve de composition est spécifique au concours externe de gendarme. Elle dure 3 heures et est affectée d'un coefficient 7.

Toute note inférieure à 6 sur 20 est éliminatoire. Une composition hors sujet ou émaillée de nombreuses fautes d'orthographe conduira nécessairement au rejet de votre candidature. Il est donc essentiel de bien vous préparer à cette épreuve.

1. Nature et finalité

Selon l'arrêté du concours de gendarme, l'épreuve de composition « consiste en la rédaction d'un devoir. Cette épreuve a pour objectif d'évaluer les qualités rédactionnelles des candidats. »

La vocation première de l'épreuve de composition est donc d'apprécier les qualités d'expression écrite du candidat. Il est indispensable pour un gendarme de bien s'exprimer à l'écrit. En effet, de manière quotidienne, les gendarmes rédigent des rapports d'information ou d'intervention à destination de leur hiérarchie. De même, les gendarmes qui sont chargés de missions de police judiciaire sont amenés à rédiger des procès-verbaux qui seront transmis au juge d'instruction ou au procureur de la République.

Une partie non négligeable de la force probatoire des actes d'enquête ou du crédit porté aux rapports de la gendarmerie tient à leur qualité rédactionnelle intrinsèque.

2. Les attentes du jury

Quant au contenu de la copie des candidats, « il est notamment attendu qu'ils aient une bonne culture générale, et qu'ils présentent de bonnes aptitudes à exposer leur point de vue grâce à une argumentation pertinente ».

Sur le plan de la forme, « le devoir devra être soigneusement organisé (introduction-parties-conclusion) et une attention particulière sera portée à la maîtrise de la langue française ».

3. Les écueils à éviter

En premier lieu, votre orthographe doit être irréprochable. Si vous avez des lacunes en la matière, nous vous recommandons fortement de vous entraîner.

Le deuxième écueil est de rédiger un devoir hors sujet. Le libellé du sujet de composition est généralement très simple et totalement univoque. Pour autant, vous devez prendre le temps de bien le lire, analyser chaque mot pour comprendre parfaitement le sens de l'ensemble du libellé du sujet.

Le dernier problème généralement rencontré par les candidats tient à la durée de l'épreuve : 3 heures. Nous vous donnerons dans ce manuel quelques conseils pour apprendre à gérer votre temps. Vous ne devez pas chercher à rédiger un devoir trop long ou une très grande démonstration. D'ailleurs, si vous êtres pris par le temps le jour du concours, il est inutile de joindre votre brouillon à votre copie : il ne serait pas corrigé.

4. La gestion du temps

Il n'existe bien entendu pas de chronologie type pour réussir l'épreuve de rédaction. Néanmoins, à titre purement indicatif, nous pouvons vous indiquer de quelle manière vous pouvez utilement décomposer les 3 heures que dure l'épreuve :

- 10 minutes pour découvrir et comprendre le sujet ;
- 50 minutes pour consigner vos idées au brouillon, les organiser selon un plan, rédiger l'introduction et les grandes lignes de la conclusion ;
- 1 heure et 50 minutes pour rédiger votre devoir sur la copie du concours ;
- 10 minutes pour vous relire.

5. La notation

Il n'existe pas de barème type pour la notation de l'épreuve de composition.

Néanmoins, la capacité du candidat à s'exprimer à l'écrit sera déterminante. Outre une parfaite compréhension du sujet, la fluidité et la pertinence de l'argumentation seront des éléments déterminants de l'évaluation de la copie. Une bonne culture générale est également un bon atout.

Bien entendu, sur le plan formel, l'important est de savoir convenablement structurer sa composition : introduction, développement en deux parties et conclusion. Il est essentiel de ne pas faire de fautes d'orthographe ou de syntaxe.

De manière synthétique, le sujet doit être compris et correctement traité, avec des phrases convenablement construites.

1. Lire et comprendre le sujet

Phase indispensable à la réussite de l'épreuve, la compréhension du sujet requiert toute votre attention. Il est nécessaire de consacrer au moins 10 minutes à la lecture et à la compréhension du sujet.

A. Le sens des mots

Prenez le temps de comprendre chaque mot, en particulier ceux qui ont plusieurs significations. Examinez bien le contexte d'emploi des mots pour en distinguer la signification exacte.

Exemple : un mot peut être employé au sens propre ou au sens figuré. Ainsi, le mot « école » peut désigner à la fois l'institution scolaire et un mode d'apprentissage direct ou indirect (« le rugby, école de la vie »).

Les adjectifs peuvent également modifier le sens du sujet.

Exemple : un sujet évoquant « la lutte contre la délinquance » n'a pas exactement le même sens qu'un sujet libellé « la difficile lutte contre la délinquance ».

B. Le temps des verbes

De même, prenez garde au temps de conjugaison des verbes du sujet. Ils vous donneront de précieuses indications quant à la compréhension du sujet. Un sujet conjugué aux temps du passé implique une orientation vers le passé, un sujet conjugué au présent délimite le cadre de la composition à la période actuelle et un sujet conjugué au futur nécessite de se tourner vers l'avenir.

Exemple : un sujet mentionnant « les moyens de distraction que les hommes appréciaient » implique une référence directe et exclusive au passé, tandis qu'un sujet évoquant « les moyens de distraction que les hommes apprécient » se situe dans une perspective résolument actuelle.

C. La forme de la phrase

Vous devez également prêter attention à la forme interrogative ou affirmative du sujet. Un sujet présenté sous forme interrogative implique une réflexion directe et personnelle du candidat. Un sujet présenté sous forme affirmative conduit à discuter d'une position prise par un tiers ou d'une opinion généralement admise.

Exemple : si le sujet est le suivant « Ouvrir une école, c'est fermer une prison », on attend du candidat qu'il commente cette citation de Victor Hugo. Il ne s'agit pas de traiter d'une question, ni de proposer une réponse. On attend plutôt du candidat qu'il analyse cette affirmation et qu'il la confronte à une argumentation personnelle. En revanche, si le sujet était libellé comme suit « Ouvrir une école, est-ce fermer une prison ? », cela impliquerait que le candidat propose une opinion personnelle et construite pour répondre à cette question.

Trois questions pour mieux comprendre le sujet
Quel est le sens des mots du sujet ?
Quelles sont les limites du sujet (limites de temps et de lieu, environnement du sujet) ?
Quelles sont les notions « hors sujet » que je dois écarter de mon devoir ?

Le risque du hors-sujet
Ce n'est pas parce que vous avez, dans le cadre de votre entraînement au concours, traité préalablement un sujet proche de celui qui vous est proposé, que vous devez reprendre à l'identique tout ce que vous y aviez écrit. Le risque de hors-sujet serait alors très important. Dites-vous que chaque sujet est unique et doit être analysé avec un regard neuf.

Les termes du sujet ont une utilité toute particulière pour définir les limites du sujet.

Exemple : le sujet « Que peut apporter la poésie aux jeunes ? » est bien plus restreint et limité que le sujet « Que peut apporter la lecture aux jeunes ? ».

2. Se constituer une solide culture générale

A. Lisez la presse, suivez les médias

Essayez de lire le plus régulièrement possible la presse d'actualité, qu'il s'agisse de quotidiens ou de magazines. Essayez de comprendre quelle est l'information essentielle de chaque article : dissociez l'essentiel de l'accessoire.

B. Approfondir son vocabulaire

Quand vous lisez et que vous rencontrez un mot dont vous ne connaissez pas le sens, reportez-vous systématiquement à un dictionnaire et apprenez le sens de ce nouveau mot. Le mieux est de tenir un petit répertoire dans lequel vous répertoriez tous les mots nouveaux que vous apprenez.

C. Comprendre le sens des phrases

a. Le sens des mots

Il peut arriver que vous ne connaissiez pas le sens d'un mot, ou que vous ayez un doute sur sa signification exacte.

Exemple : un mot peut être employé au sens propre ou en tant que métaphore. Ainsi, le mot « racine » peut désigner à la fois « la racine de l'arbre » et « l'origine de quelque chose » (« les racines du problème »).

Il existe plusieurs moyens pour chercher à comprendre le sens d'un mot sans avoir recours au dictionnaire :

– inspirez-vous du contexte dans lequel le mot est employé (**Exemple :** si le texte est consacré à l'automobile, il est possible que le mot soit un terme technique relatif à l'automobile ou en rapport avec l'automobile) ;

– essayez de cerner la racine du mot et rattachez ce mot à d'autres mots qui ont la même racine (**Exemple :** le mot « préhistoire » est formé de la racine « histoire » et du préfixe « pré », qui signifie « avant » ou « antérieur ») ;

– en dernier recours, lisez le texte en faisant abstraction de ce mot et essayez de savoir si ce mot est absolument indispensable à la compréhension du texte.

b. Les préfixes

Si vous avez du mal à trouver le sens d'un mot, l'analyse de son préfixe peut également vous aider. Dans le tableau, nous vous indiquons les principaux préfixes.

Préfixe	Sens	Exemples
A(n)(a)-	Négation, dépourvu	Analphabète, anonymat
Ad-	Joindre	Adjonction
Aér(o)-	Air	Aéronef
Agr(o)-	Se rapportant au monde rural	Agronomie
Alter-	Autre	Alternative, alternance
Ambi-	Autour de	Ambivalent
Andr(o)-	Relatif à l'homme	Androgyne
Anté-	Avant	Antécédent, antédiluvien
Anthrop-	Se rapportant à l'être humain	Anthropophage
Ant(i)-	Contre	Antidote
Aut(o)-	Soi-même	Autonome, autobiographie
Archéo-	Ancien	Archéologue
Bén-	Bien	Bénéfice
Bi-	Deux	Bicaméral
Bio-	Vie	Biographie, biologiste
Bibli(o)-	Se rapportant au livre	Bibliophilie
Cac(o)-	Mauvais	Cacophonie
Chrom(ato)-	Couleur	Chromatique
Chron(o)	Relatif au temps	Chronologie
Circon-, circum-	Autour de	Circonférence
Co-, con-	Ensemble	Copropriété, congrégation
Contr-	Opposé	Contradiction

Cosm(o)-	Relatif au monde	Cosmique
Crypt(o)-	Caché	Cryptologie
Dé-	Enlever	Défaire
Dém(o)-	Relatif au peuple	Démagogue, démocratie
Dys-	Mauvais	Dysfonctionnement
É-	Négation, dépourvu de	Émasculé
Ép(i), éph-	Autour	Épicentre
Équ(i)-	Égal	Équitable, équation
Ethn(o)-	Relatif au peuple ou à la race	Ethnique, ethnologie
Exo-	Externe	Exogène
Gloss(o)-	Relatif au langage	Glossaire
Gyn-, gynéco-	Relatif à la femme	Gynécée, gynécologue
Hémi-	Demi	Hémicycle, hémiplégie
Hétér(o)	Différent	Hétérogène
Hom(o)	Identique	Homologue
Hydro-	Relatif à l'eau	Hydrologue
Hyp(o)-	En dessous	Hypoglycémie
Il-, im-, in-	Opposition	Illégal, immature, inacceptable
Inter-	Entre	International
Intra-	À l'intérieur de	Intranet
Macro-	Grand	Macroscopique
Mal-	Mauvais	Malsain, maladroit
Méta-	Au-delà de	Métaphysique
Mono-	Unique	Monocylindre
Multi-	Plusieurs	Multilatéral
Nécro-	Relatif à la mort	Nécrologie
Néo-	Nouveau	Néologisme
Omni-	Tout	Omnipotent, omniscient
Péd(o)-	Relatif à l'enfant	Pédiatre
Péri-	À côté de	Périphérique
Post-	Après	Posthume, postérieur
Pré-	Avant	Précurseur
Pyro-	Relatif au feu	Pyrotechnie
R-, re-, ré-	À nouveau	Rappeler, reprise
Semi-	Demi	Semi-conducteur
Sub-	Inférieur	Subordonné
Télé-	À distance	Télécommunication

c. Les suffixes

Les suffixes peuvent également vous aider à trouver le sens d'un mot que vous ne connaissez pas. Nous vous indiquons ci-après la liste des principaux suffixes.

Suffixes	Sens	Exemples
-able	Capacité	Valable
-age	Action de	Nettoyage, serrage
-agogue	Guider	Pédagogue
-al	Caractéristique de	Provincial
-algie	Maladie, souffrance	Pubalgie, nostalgie
-archie, -archique, -arque	Relatif au pouvoir	Anarchie, monarque
-at	Fonction	Professorat
-atif, -ation	Action	Réactif, accélération
-céphale	Relatif à la tête	Bicéphale, hydrocéphale
-cide	Qui tue	Pesticide
-cycle	Cercle	Cyclique
-dactylo	Relatif au doigt	Dactyloscopie
-el, -elle	Qui cause	Mortel, accidentelle
-esque, -esse	Caractéristique	Dantesque, petitesse
-eur	Activité	Cultivateur
-forme	En forme de	Uniforme
-fuge	Qui fuit	Hydrofuge
-gonie	Naissance	Cosmogonie
-graphe, -graphie	Relatif à l'écriture	Polygraphie
-gyne, -gynie	Relatif à la femme	Misogynie
-iatre, -iatrie	Relatif à la médecine	Psychiatre
-ie, -if, -ique	État ou caractéristique	Accalmie, craintif, amnésique
-isation	Action de	Pollinisation
-iste	Adepte de	Royaliste
-logie, -logien, -logique, logiste	Relatif à une science	Dermatologie, théologien
-mètre	Mesure	Anémomètre
-mnésie, -mnésique	Relatif à la mémoire	Amnésique
-nomiste	Spécialiste	Physionomiste
-pathe, -pathie	Relatif à la maladie	Sociopathe
-phile, -philie	Relatif à l'amour	Francophile
-phobe	Qui a peur de / qui rejette	Agoraphobe, xénophobe
-pole	Relatif à la ville	Métropole

-scope	Appareil servant à mesurer ou à voir	Microscope, endoscope
-vore	Manger	Herbivore
-voque	Sens	Univoque, équivoque

d. Les connecteurs logiques

L'analyse des connecteurs logiques employés par le rédacteur du texte doit vous permettre de « suivre le fil » de sa pensée, notamment s'agissant de ce qu'il entend démontrer ou établir.

Rôle du connecteur	Connecteurs logiques
Addition	Également, et, de surcroît, mais encore, de plus, ainsi que, puis...
Alternative	Tantôt ... tantôt, ou ... ou, seulement ... mais encore, l'un ... l'autre, ou, d'un côté ... de l'autre ..., ...
But	Pour que, dans le dessein de, afin que, en vue de, de manière à...
Cause	Car, en effet, effectivement, comme, eu égard à, sous prétexte que, étant donné que, vu que, grâce à, par suite de...
Comparaison	De même que, plus que, de la même façon que, comme, comme si...
Concession	Bien que, malgré, en dépit de, quoique, même si, il est vrai que, toutefois, certes...
Conclusion	Enfin, pour conclure, en définitive, en un mot, en somme...
Supposition ou condition	Si, dans l'hypothèse où, au cas où, à condition que, à supposer que, sans doute, apparemment...
Conséquence	Aussi, donc, par conséquent, par voie de conséquence, c'est pourquoi, ainsi, donc, si bien que...
Énumération ou classification	En premier lieu, premièrement, d'abord, en second lieu...
Explication	Soit, à savoir que, c'est-à-dire...
Illustration	Par exemple, ainsi, c'est ainsi que, notamment, en particulier, c'est le cas de...
Justification	C'est-à-dire, car, puisque, de sorte que, ainsi, du fait que, non seulement ... mais encore...
Liaison	Ainsi, alors, d'ailleurs, en fait, en réalité, de même, également, ensuite, en outre...
Opposition	Cependant, or, mais, en revanche, alors que, pourtant, néanmoins, au contraire, au lieu de...
Restriction	Toutefois, cependant, hormis, sauf, excepté, simplement, mis à part, uniquement...
Temps	Lorsque, quand, comme, avant que, alors que, après que, au moment de, en même temps, alors que...

3. La recherche des idées au brouillon

Après avoir bien compris le sujet, vous devez rechercher vos idées au brouillon.

Nous vous conseillons de noter vos idées au fur et à mesure qu'elles vous viennent à l'esprit. Pour trouver des idées, faites appel à vos connaissances personnelles (lectures, études, formations diverses...) et à vos expériences (rencontres, voyages, pratiques professionnelles...). Des faits d'actualité, des citations ou des exemples concrets peuvent également servir de base à votre recherche d'idées.

Après avoir noté en vrac toutes vos idées, confrontez-les à nouveau au sujet. Demandez-vous si ces idées concernent bien le sujet proposé. Vous éviterez ainsi de rédiger des développements hors sujet et cela facilitera la construction du devoir.

PRENDRE DES NOTES AU BROUILLON

Compte tenu du temps limité de l'épreuve, vous devez être attentif à ne pas perdre trop de temps à prendre des notes au brouillon. Ne prenez en notes que l'essentiel. Voici quelques conseils qui peuvent vous aider à vous former à la prise de notes :

- Préparez à l'avance vos papiers et votre stylo.
- Restez concentré, ne vous laissez pas distraire.
- N'écrivez que d'un seul côté de la feuille (pour ne pas perdre de temps ou d'informations, en ayant à tourner les feuilles).
- Numérotez vos feuilles de notes.
- Ne notez que les idées essentielles (problème posé, causes du problème, conséquences, solutions apportées au problème) et la conclusion.
- N'écrivez pas de phrases entières, mais seulement les idées générales et les mots-clés.
- Utilisez vos propres abréviations.
- Enfin, ne perdez pas le fil du document, notez au fur et à mesure de votre lecture.

Une fois que vous avez le sentiment de disposer de suffisamment d'idées pour votre composition, commencez à les organiser selon un plan.

4. Établir un plan

Le plus simple est d'utiliser un plan en deux parties. Voici quelques exemples de plans en deux parties :

- pour/contre ;
- cause/conséquence ;
- problème/solution ;
- avantage/inconvénient.

Cela dit, n'oubliez pas qu'il ne s'agit que d'une épreuve de dissertation (inutile d'argumenter trop longuement) et que le sujet peut vous demander de prendre position (tout en vous montrant nuancé, défendez une opinion personnelle).

Bien entendu, les plans évoqués ci-dessus ne vous sont donnés qu'à titre purement indicatif. L'essentiel est que votre composition soit un minimum cohérente dans sa structure. En toute hypothèse, chaque composition doit comporter une introduction, un développement et une conclusion.

Enfin, vous ne devez pas faire apparaître formellement votre plan (I/II).

5. Rédiger l'introduction et la conclusion au brouillon

Il n'est pas recommandé de rédiger intégralement votre rédaction au brouillon : vous risquez de perdre trop de temps et de ne pas pouvoir finir l'épreuve dans les temps.

En revanche, vous pouvez utilement rédiger votre introduction et votre conclusion au brouillon. Ce seront la première et la dernière impression que vous laisserez à votre correcteur : il est donc utile de soigner particulièrement ces passages dans votre devoir.

A. L'introduction

Dans le cas d'un sujet de réflexion ou d'argumentation, le plus simple est de débuter votre introduction par une phrase qui définira le sujet (**Exemple :** si le sujet porte sur la justice, commencez par définir la justice). En définissant le sujet, vous démontrez au correcteur que vous en avez bien compris le sens. Ensuite, votre introduction définira la problématique du sujet : quel est son intérêt ? Quelle est sa place dans les débats actuels ? Pourquoi est-il intéressant de s'interroger sur tel ou tel problème ou question ?

Votre introduction se terminera par l'annonce de votre plan : en une phrase, vous expliquerez le cheminement de votre argumentation.

En toute hypothèse votre introduction devra être courte : quatre ou cinq phrases, par exemple.

B. La conclusion

Votre conclusion doit comporter une synthèse des idées exprimées dans le développement. En deux ou trois phrases, vous ferez un résumé du développement. Puis essayez de trouver une phrase qui élargira le sujet (problématique plus large, débat plus global, extension possible du problème soulevé…).

6. La rédaction de la copie

Partie centrale du devoir, le développement sera logiquement la partie la plus longue. Chacune des deux parties du développement doit être une réponse à la question de réflexion posée (implicitement ou explicitement) dans le sujet.

Dans le cas d'un sujet vous demandant une réflexion personnelle (ou une argumentation), faites suivre chaque idée personnelle par une phrase fournissant un exemple concret (par exemple, un fait d'actualité ou un événement historique) à l'appui de l'idée en question. Chacune des deux parties du développement doit être une réponse à la question de réflexion posée dans le sujet.

Dans vos réflexions, efforcez-vous de trouver des arguments pertinents. Lorsque vous prenez position, montrez-vous nuancé, mais sachez défendre votre point de vue (**Exemple :** le sujet « Les mineurs doivent-ils aller en prison ? » demande une prise de position personnelle de votre part).

Essayez de rédiger une phrase de transition et sautez des lignes entre les différentes parties du développement.

Dans la mesure du possible, essayez de n'exprimer qu'une idée ou un fait par paragraphe.

Sur le plan du style, nous vous donnerons ci-après plusieurs conseils afin de vous améliorer.

Dans le cas d'un sujet vous demandant d'argumenter, appuyez vos idées par des exemples concrets (faits d'actualité, faits historiques, expériences personnelles...).

D'autre part, vous devez veiller à votre présentation (une copie illisible et mal présentée produit toujours un effet très négatif sur le correcteur) :

- ne faites pas de rature ;
- utilisez de l'encre bleue ou noire, à l'exclusion de toute autre couleur ;
- écrivez le plus lisiblement possible ;
- sautez des lignes entre l'introduction, le développement (et entre les différentes parties du développement si celui-ci est scindé en deux) et la conclusion ;
- faites attention aux ruptures d'anonymat (présence du nom du candidat sur la copie, signes distinctifs, signature, encre autre que noir ou bleue...) qui conduisent à l'invalidation du candidat.

7. Améliorer son style rédactionnel

A. Construire des phrases simples

Ne cherchez pas à impressionner le correcteur : n'utilisez que des phrases simples et équilibrées. Le plus simple est de n'employer que des phrases construites selon le modèle suivant : un sujet, un verbe et un complément.

Dans chaque phrase, le verbe doit être conjugué. Essayez, dans la mesure du possible, de n'employer qu'un seul temps de conjugaison : le choix du présent ou de l'imparfait est le plus souhaitable pour vous.

La forme active est préférable à la forme passive (**Exemple :** écrivez « le train a percuté la voiture » plutôt que « la voiture a été percutée par le train »).

Ne formulez qu'une idée ou un fait par phrase. Si vous avez deux idées ou deux faits, rédigez deux phrases distinctes.

Il faut proscrire de votre copie les abréviations, le langage familier (ou, pire encore, de type « SMS ») et les énumérations (listes avec des tirets...).

Utilisez les mots de liaison appropriés (donc, par conséquent, ensuite, en effet…) pour lier, si nécessaire, certaines phrases. Voici un rappel des principaux mots de liaison :

Objet	Mots de liaison
Introduire	En premier lieu, premièrement, d'une part…
Énumération	Ensuite, de plus, d'autre part, deuxièmement, par ailleurs…
Exemple	Par exemple, ainsi, d'ailleurs, notamment…
Expliquer	Parce que, c'est pourquoi, car, puisque, en effet…
Opposition	Mais, cependant, néanmoins, toutefois, pourtant…
Restriction	Au contraire, par contre, inversement…
Conséquence	Donc, en conséquence, si bien que, c'est pourquoi…
But	Afin de, pour, en vue de…
Hypothèse	Si, en cas de, au cas où…
Résumer ou conclure	Pour conclure, en résumé, donc, en somme…

Enfin, soignez votre ponctuation. Nous vous indiquons les règles de ponctuation dans ce tableau :

Ponctuation	Règle
Point	Le point marque la fin de la phrase. **Exemple :** *La soirée a été très mouvementée.*
Deux points	Les deux points servent à introduire une citation ou une explication. **Exemples :** *Il s'est écrié : « Me voilà ! »* *Pour obtenir un rendez-vous : appeler tôt le matin ou adresser un courrier.*
Virgule	La virgule sépare des éléments d'une même phrase et marque une brève pause. **Exemple :** *Ce voyage a été très dépaysant, ce dont nous avions bien besoin.* Une virgule ne sépare jamais un sujet et un verbe, un verbe et ses compléments, le nom et les compléments du nom.
Point-virgule	Le point-virgule est employé afin de séparer deux aspects d'une même idée. La pause ainsi marquée est plus importante que pour la virgule. **Exemple :** *C'est la plus tranquille des mers ; ses courants sont larges et lents.*
Tiret	Le tiret sert à mettre en valeur un mot ou une expression. **Exemple :** *Porté par l'amour des siens, il se sentit – encore une fois – plein de confiance.*
Points de suspension	Les points de suspension marquent le fait qu'une idée n'est pas totalement exprimée. **Exemple :** *Je ne pensais pas que nous en arriverions là…* Il ne faut pas mettre de points de suspension après etc.

Guillemets	Les guillemets servent à introduire une citation ou des paroles rapportées. **Exemples :** *Marx a écrit : « La religion est l'opium du peuple. »* *Nos arguments seraient, selon lui, « sans fondements ».* Les guillemets peuvent également être utilisés lorsque l'on emploie un mot ou une expression en dehors de son sens habituel. **Exemple :** *Il a « piloté » cette réunion avec brio.*
Parenthèses	Les parenthèses permettent d'indiquer un élément accessoire à une phrase principale. **Exemple :** *Les pièces visitées (séjour, chambre et cuisine) présentent une grande vétusté.*
Point d'interrogation	Employé à la fin des phrases, le point d'interrogation marque une interrogation directe. **Exemple :** *Est-ce que tu as fini ton travail ?*
Point d'exclamation	Le point d'exclamation sert à témoigner un sentiment vif. **Exemple :** *Il est temps que tout cela se termine !* Dans un texte argumentatif, l'usage du point d'exclamation est à proscrire.

B. Améliorer votre expression écrite

N'employez que des mots dont vous êtes certain du sens exact.

Évitez les répétitions de mots, d'adjectifs ou de verbes : votre devoir sera nécessairement court et chaque répétition se verra immédiatement.

L'emploi d'adjectifs variés vous permettra de vous démarquer positivement des autres candidats.

Entraînement

1. Trouvez des synonymes à l'adjectif « positif » (dans le sens « une conséquence positive »).
2. Trouvez des synonymes à l'adjectif « mauvais ».
3. Trouvez des synonymes à l'adjectif « adroit ».
4. Trouvez des synonymes à l'adjectif « laid » employé pour qualifier une personne.

Corrigé

1. Constructif, pratique, utile, rationnel, valable, correct, solide, utilitaire...
2. Négatif, malsain, abominable, cruel, méchant, fâcheux, pénible, déplorable, calamiteux...
3. Dextre, habile, débrouillard, ingénieux, retors, rompu, preste, dégourdi...
4. Repoussant, difforme, hideux, vilain, affreux, monstrueux, ignominieux, disgracieux, turpide...

Essayez toujours de diversifier votre vocabulaire : le plus souvent possible, employez d'autres verbes que « être », « avoir » ou « faire ».

Exercice : trouvez des synonymes au verbe « faire » (dans le sens « faire une action »).

Corrigé : entreprendre, réaliser, concevoir, mettre en œuvre, créer, établir, composer, accomplir, agir, effectuer, pratiquer...

C. Progresser au jour le jour

Le meilleur moyen pour améliorer son style rédactionnel est de rédiger chaque fois que l'occasion se présente (exemples : écrivez des lettres à vos proches, envoyez des courriels intégralement rédigés, tenez un journal personnel, rassemblez par écrit des souvenirs personnels, chargez-vous des courriers à rédiger au sein de votre famille...).

Prenez également pour habitude de relire vos écrits quelques jours ou quelques semaines après les avoir rédigés : vous vous rendrez mieux compte de votre style et de la manière de le faire progresser. Vous pouvez choisir de vous relire à haute voix ou de vous faire lire par un proche : ces deux méthodes vous donneront une idée assez précise de la qualité de votre style.

Outre les conseils ci-dessus, un bon moyen d'améliorer son style d'écriture (et son orthographe également) est de lire régulièrement. Lisez les grands auteurs classiques (tels Balzac, Chateaubriand, Flaubert, Maupassant...), ainsi que les articles des principaux quotidiens, vous y trouverez de bons modèles. Si vos préférences vont plutôt vers la littérature contemporaine, lisez de préférence des auteurs français soignant leur style (par exemple : Jean Rolin, Roger Nimier, Paul Morand ou Sébastien Lapaque).

8. La relecture du devoir

Dernière étape de votre devoir, la relecture est essentielle. Essayez de conserver une dizaine de minutes pour avoir le temps de vous relire. Trop de fautes d'orthographe ou des oublis vous pénaliseront rapidement aux yeux du correcteur.

Annales corrigées

SUJET N° 1 : Composition

Session septembre 2023

DURÉE : 3 HEURES

Question

Quelles sont les conséquences du vieillissement des populations ?

Corrigé

Lire et comprendre le sujet

Le sujet ne pose aucune difficulté particulière dans sa compréhension.

Il concerne principalement les sociétés occidentales, dans lesquelles le renouvellement des populations ne s'effectue pas réellement et où le nombre de personnes âgées ne cesse d'augmenter.

La recherche des idées au brouillon

Les idées peuvent concerner à la fois les dimensions sociales, humaines, économiques et étatiques.

Il conviendra dès lors de lister les idées dans chacune des deux colonnes (parties 1 et 2).

Établir un plan

Le plan le plus simple et le plus cohérent est induit par le libellé du sujet :

- Première partie : Les contributions positives des personnes âgées à la société ;
- Deuxième partie : Les actions de la société envers les personnes âgées.

Rédiger l'introduction et la conclusion au brouillon

L'introduction doit, en quelques phrases, définir et présenter le sujet. Le plan doit être brièvement annoncé à la fin de cette partie du devoir.

Quant à la conclusion, elle doit présenter une synthèse globale de votre devoir et peut se terminer par un élargissement du sujet dans une perspective plus globale.

La rédaction de la copie

Introduction

La démographie des pays occidentaux peut être résumée par la donnée suivante : une augmentation constante de la population âgée. En effet, l'espérance de vie continue de progresser, tandis que la natalité diminue. Par conséquent, le nombre de personnes âgées au sein de nos sociétés ne cesse d'augmenter.

Cette réalité soulève des questions sur les conséquences du vieillissement des populations. Le nombre croissant des personnes âgées, leur vitalité, mais parfois aussi leur vulnérabilité, engendrent inévitablement de nouveaux rapports sociaux et économiques avec les personnes âgées.
Il est donc essentiel de d'abord considérer les contributions positives des personnes âgées à la société. Ensuite, consciente de leurs défis et de leur fragilité, la société met en place diverses formes d'aide en faveur des personnes âgées.

Développement

Première partie. Les contributions positives des personnes âgées à la société

S'interroger sur la place des personnes âgées au sein de notre société revient d'abord à reconnaître les contributions positives qu'elles apportent dans de nombreux domaines. Souvent, loin d'être des bénéficiaires passifs, les personnes âgées jouent un rôle actif dans l'enrichissement de la vie sociale et économique de notre pays.
Les personnes âgées, généralement à la retraite et libérées des responsabilités parentales, endossent fréquemment le rôle de grands-parents. L'allongement de l'espérance de vie et l'évolution de la structure familiale traditionnelle ont ainsi donné naissance à de nouvelles relations intergénérationnelles. Les grands-parents apportent leur aide dans l'éducation des enfants, et, parfois, ils jouent un rôle central dans le maintien des liens familiaux à travers les générations.
De plus, leur disponibilité permet aux personnes âgées de s'engager activement dans des activités bénévoles. De nombreuses associations caritatives dépendent largement du soutien humain et matériel apporté par les personnes âgées.
Dans le domaine de la vie familiale et de l'entraide sociale, la contribution des personnes âgées est précieuse. Elle leur permet de conserver un rôle social actif, de maintenir une activité significative et de tisser des liens interpersonnels variés.
Sur le plan culturel, les personnes âgées apportent des contributions indéniables. Dotées d'une expérience de plusieurs décennies et riches d'une longue histoire professionnelle et familiale, elles représentent une véritable mémoire vivante. Elles témoignent de l'évolution du pays, des événements historiques et des moments de joie et de tristesse. Leurs récits et témoignages revêtent une importance capitale pour transmettre l'histoire nationale aux générations plus jeunes.
En raison de leur disponibilité, les personnes âgées favorisent également une vie culturelle locale dynamique. Elles jouent un rôle essentiel, notamment dans la gestion de petits musées locaux, l'organisation de festivals et la mise en place d'animations locales.
Enfin, l'économie des pays occidentaux repose en partie sur la contribution des personnes âgées. Souvent dotées d'un pouvoir d'achat substantiel en raison de leur parcours professionnel, de la propriété de leur résidence principale et de leurs économies, elles contribuent de manière significative à la consommation de biens et de services, soutenant ainsi l'activité économique nationale.
Ainsi, les personnes âgées jouent un rôle actif et précieux dans de multiples aspects de la société, de la famille à la culture en passant par l'économie. Leur expérience, leur engagement et leur influence positive méritent d'être reconnus et valorisés.

Deuxième partie. Les actions de la société envers les personnes âgées

En raison de problèmes de santé, d'un éventuel dénuement matériel ou d'une potentielle solitude, les personnes âgées font l'objet d'une attention particulière de la part de l'État et de la société dans son ensemble. Cette assistance est particulièrement cruciale en raison de la fragmentation des liens intergénérationnels.
Le domaine social est l'endroit où l'on trouve les aides les plus significatives en faveur des personnes âgées en France. Le pays dispose d'un vaste réseau de structures médicales et d'accueil pour les personnes âgées. Le régime de la Sécurité sociale offre une couverture assez étendue des frais médicaux pour les personnes âgées. La gérontologie est une discipline médicale en constante expansion, et le nombre de maisons de retraite ne cesse d'augmenter.

Du point de vue moral, la solitude des personnes âgées est désormais prise en compte de manière plus sérieuse. Les décès de personnes âgées isolées lors de la canicule de l'été 2003 ont provoqué une prise de conscience particulièrement durable. Les autorités publiques et des associations telles que les Petits Frères des pauvres s'efforcent de briser ce cercle de solitude, reconnu comme ayant des conséquences dévastatrices.
Malgré des préoccupations subsistantes concernant certaines situations individuelles, il est indéniable que d'énormes efforts sont déployés pour aider les personnes âgées sur les plans médical et moral.
Dans le domaine culturel, des politiques significatives sont également mises en œuvre pour éviter que les personnes âgées soient exclues. Les collectivités locales jouent un rôle essentiel en ce sens. Les communes, les départements et les régions se mobilisent pour créer des clubs du troisième âge, des bibliobus et des services de transports publics, urbains et ruraux, visant tous à maintenir les personnes âgées connectées à la vie culturelle.
De manière générale, les personnes âgées bénéficient de plus en plus de livres en gros caractères, de livres audio, d'émissions culturelles à la radio, ainsi que du sous-titrage à la télévision. Ces aides, tenant compte de leurs besoins spécifiques, contribuent également à prévenir l'isolement culturel des personnes âgées.

La liste des initiatives visant à rapprocher les personnes âgées de la culture est vaste et variée, ce qui reflète une prise de conscience croissante de leur importance dans notre société.
Enfin, l'État a adapté sa politique fiscale et d'aide sociale en faveur des personnes âgées. Ainsi, de nombreuses personnes âgées, confrontées à des difficultés financières importantes dues au veuvage ou à une pension de retraite insuffisante, voire inexistante, bénéficient de diverses formes d'aides gouvernementales. La plus connue d'entre elles est le minimum vieillesse, qui permet aux personnes âgées en difficulté de recevoir une allocation de l'État. Cette politique sociale de l'État est souvent complétée par des initiatives au niveau local.
Les personnes âgées disposant d'un patrimoine bénéficient également d'avantages fiscaux. Par exemple, le coût des aides à domicile qu'elles peuvent employer est fortement exonéré d'impôts. De plus, des dispositifs fiscaux favorables ont été récemment mis en place pour encourager les dons et les héritages. Les personnes âgées peuvent ainsi plus facilement transmettre leur patrimoine à leurs descendants.
Quelle que soit leur situation matérielle, les personnes âgées bénéficient d'une politique fiscale et d'aides de la part de l'État. Il semble donc que la prise en compte du rôle des personnes âgées dans notre société soit devenue de plus en plus prédominante. De nombreuses initiatives, principalement d'origine publique, sont entreprises pour soutenir les personnes âgées.

Conclusion

Au sein de nos sociétés occidentales, il semble que les personnes âgées découvrent un rôle renouvelé et exercent une influence croissante dans de nombreux domaines. En effet, elles jouent un rôle significatif dans la vie associative du pays et bénéficient désormais d'une reconnaissance bien plus marquée qu'auparavant.
Cependant, on peut exprimer le regret que la plupart des initiatives en faveur des personnes âgées proviennent principalement de l'État et des autorités locales. En réalité, la solidarité et l'entraide devraient demeurer la responsabilité de chaque individu.

SUJET N° 2 : Composition

Session septembre 2022

DURÉE : 3 HEURES

Question

Télétravail : avantages et inconvénients

Corrigé

Lire et comprendre le sujet

Le sujet ne pose aucune difficulté particulière dans sa compréhension.
Le fait qu'il ne soit pas posé sous forme de question laisse le champ libre à la réponse des candidats, selon leurs propres opinions et réflexions.
Le télétravail est le fait de pouvoir effectuer des tâches de bureau, d'assurer des rendez-vous ou bien de participer à des réunions depuis son domicile personnel.

La recherche des idées au brouillon

Les avantages du télétravail sont multiples : économies d'énergie, meilleure conciliation entre vies familiale et professionnelle, autonomie et responsabilisation personnelle.
Les principaux inconvénients du télétravail restent l'isolement social et professionnel des personnes.
Il conviendra dès lors de lister les idées dans chacune des deux colonnes (partie 1 et partie 2).

Établir un plan

Le plan le plus simple et le plus cohérent est induit par le libellé du sujet :
- Première partie : Les avantages du télétravail
- Deuxième partie : Les inconvénients du télétravail

Rédiger l'introduction et la conclusion au brouillon

L'introduction doit, en quelques phrases, définir et présenter le sujet. Le plan doit être brièvement annoncé à la fin de cette partie du devoir.
Quant à la conclusion, elle doit présenter une synthèse globale de votre devoir et peut se terminer par un élargissement du sujet dans une perspective plus globale.

La rédaction de la copie

Introduction

Le télétravail existait déjà en France, dans le secteur public comme dans le secteur privé, avant la crise sanitaire de la covid-19. Néanmoins, il est absolument certain que les confinements successifs ont permis son développement exponentiel. Dès lors, à partir du moment où, au cours de ces confinements, entreprises et administrations avaient pu fonctionner correctement en généralisant, plus ou moins, le télétravail de leurs personnels, il devenait difficile de refuser la généralisation du télétravail.

À n'en pas douter, le télétravail constitue une véritable révolution dans l'organisation du travail et dans les modes de vie, du moins pour ceux dont tout ou une partie des tâches professionnelles demeurent possibles en télétravail.
Si les avantages du télétravail demeurent largement reconnus **(I)**, il n'en demeure pas moins que ses inconvénients sont rarement soulignés **(II)**.

Développement

Première partie (Les avantages du télétravail)

Le fait que le télétravail soit amplement plébiscité par ceux pouvant y recourir est signe qu'il présente de nombreux avantages.
En premier lieu, le télétravail exclut, par définition, tout trajet entre le domicile et le lieu de travail. Pour les salariés et fonctionnaires vivant en périphérie d'agglomération et travaillant au cœur de celles-ci, il s'agit d'un changement aussi radical que positif, notamment pour ceux vivant en Île-de-France.
Lors des jours de télétravail, la fatigue liée au transport disparaît.
De même, le télétravail permet une meilleure conciliation entre la vie personnelle et la vie professionnelle. Les rythmes familiaux s'accordent mieux avec les impératifs du travail, notamment pour les enfants, partant ou rentrant de l'école ou de la crèche, ou bien ayant des activités extrascolaires.
Les salariés et fonctionnaires pourront également utiliser le temps libre dégagé par l'absence de trajet domicile-travail pour pratiquer du sport, s'adonner à des loisirs ou bien passer davantage de temps avec leurs proches. Ces derniers éléments sont de nature à améliorer significativement leur moral et leur santé.
De même, le stress pour arriver au travail à l'heure le matin disparaît, ainsi que le soir à la maison. Le stress individuel est également minoré dans la mesure où, puisque la personne travaille dans un environnement familier, elle peut plus facilement organiser son travail et aménager en partie ses horaires.
Sur un plan collectif, l'absence de déplacement lié au trajet domicile-travail contribue à diminuer la pollution liée à l'automobile, les dépenses énergétiques et le bruit consécutif à la circulation routière.
Les dépenses énergétiques, principalement d'électricité et de chauffage, sont également minorées sur les lieux de travail en l'absence de tout ou partie des personnels. Sur le long terme, la généralisation du télétravail va conduire à diminuer le développement de la construction de bureaux, limitant d'autant la progression de l'artificialisation des sols.

Seconde partie (Les inconvénients du télétravail)

Il convient néanmoins de se garder d'un enthousiasme absolu en matière de télétravail. En effet, le retour d'expérience des confinements successifs a mis en lumière un certain nombre de risques importants.
Le premier de ces risques est celui de l'isolement. Pour beaucoup de personnes, le bureau ou le lieu de travail, quel qu'il soit, reste un lieu de socialisation essentiel. De nombreuses personnes trouvent dans les liens professionnels des liens également de nature amicale, des gens à qui se confier, un moyen de se sentir utile et de se réaliser personnellement. Ce phénomène d'isolement est particulièrement vif pour les personnes célibataires et celles qui ont une vie sociale réduite.
Plus prosaïquement, le fait de devoir se rendre au travail impose une forme de discipline personnelle en termes d'horaires et de présentation personnelle, ce qui n'est pas négligeable pour un certain nombre de personnes.
En ce qui concerne le travail de suivi et d'encadrement des responsables hiérarchiques, il devient difficile à réaliser lorsque leurs personnels sont en télétravail. Par conséquent, la productivité – à la fois d'un point de vue quantitatif et qualitatif – de certains personnels peut fortement baisser sans que la hiérarchie puisse s'en rendre compte ni être en capacité d'intervenir.

De même, le droit à la déconnexion est parfois difficile à respecter. En ayant, au travers de l'ordinateur, l'outil de travail à la maison, la frontière entre la vie privée et la vie professionnelle tend parfois à s'estomper fortement. Cette problématique peut être autant le fait d'un personnel qui ne parvient pas à se fixer de limites que celle d'un responsable hiérarchique qui impose des charges de travail excessives à ses personnels.

Par ailleurs, de nombreux métiers se réalisent en équipe et, finalement, rares sont les tâches qui peuvent strictement s'exercer en totale autonomie et de manière solitaire. Il existe des formes d'intelligence et de créativité collectives qu'il est difficile de solliciter en télétravail. En effet, les échanges restent tout de même limités, malgré l'essor des outils informatiques et de visioconférences.

Enfin, l'un des principaux inconvénients du télétravail demeure qu'il est impossible à mettre en place pour un grand nombre de métiers. En effet, par nature, il se limite aux emplois de bureau, liés au secteur tertiaire. Par conséquent, l'impossibilité de télétravail contribue à rendre moins attractifs un certain nombre d'emplois essentiels, comme dans l'industrie, l'agriculture et le secteur médical.

Conclusion

En dépit de ses inconvénients, il est indéniable que le télétravail constitue une amélioration significative de la vie personnelle et professionnelle de nombreuses personnes. Néanmoins, il ne faut pas oublier que l'épanouissement principal réside dans le sens que l'on peut trouver à l'exercice de son travail.

SUJET N° 3 : Composition

Session 2021

DURÉE : 3 HEURES

Question

Quels sont les enjeux et les conséquences d'une transition vers l'agriculture biologique ?

Corrigé

Lire et comprendre le sujet

Le sujet ne pose aucune difficulté particulière dans sa compréhension.
Le fait qu'il soit posé sous forme de question laisse le champ libre à la réponse des candidats, selon leurs propres opinions et réflexions.
L'agriculture biologique doit ici être entendue comme une agriculture bannissant le productivisme et les pesticides. Le respect des cycles naturels est également un élément constitutif de l'agriculture biologique.

La recherche des idées au brouillon

Les enjeux de la transition vers l'agriculture biologique sont les raisons qui poussent à ce que ce secteur se développe jusqu'à devenir potentiellement majoritaire. Ici, les questions d'environnement et de santé publique seront essentielles.
Les conséquences de la transition vers l'agriculture biologique seront, quant à elles, de nature économique et sociétale.
Il conviendra dès lors de lister les idées dans chacune des deux colonnes (partie 1 et partie 2).

Établir un plan

Le plan le plus simple et le plus cohérent est induit par le libellé du sujet :
- Première partie : les enjeux de la transition vers l'agriculture biologique.
- Deuxième partie : les conséquences de la transition vers l'agriculture biologique.

Rédiger l'introduction et la conclusion au brouillon

L'introduction doit, en quelques phrases, définir et présenter le sujet. Le plan doit y être brièvement annoncé à la fin.
Quant à la conclusion, elle doit présenter une synthèse globale de votre devoir et peut se terminer par un élargissement du sujet dans une perspective plus globale.

La rédaction de la copie

Introduction

La crise de la covid-19 a remis au centre des débats la question de l'indépendance nationale et des capacités de résilience du pays en cas d'évènements graves. Aux côtés de la défense nationale, de l'énergie, de la santé, des industries et services essentiels, la souveraineté alimentaire occupe une place essentielle.
Toutefois, la transition vers l'agriculture biologique ne se limite pas exclusivement à la question, certes fondamentale, de la souveraineté alimentaire.

En effet, des impératifs environnementaux et de santé publique sont au cœur des enjeux de la transition vers l'agriculture biologique **(I)**. Au cours de cette transition, des bénéfices en matière environnementale et sociale sont également attendus **(II)**.

Développement

Première partie : les enjeux de la transition vers l'agriculture biologique

L'interdiction de certains pesticides, notamment le glyphosate, est un pas significatif vers une agriculture plus respectueuse de la nature. La stérilisation des sols et la pollution des nappes phréatiques sous l'effet de certains pesticides et même d'engrais, doivent être soulignées. L'usage massif de produits phytosanitaires dans l'agriculture est la résultante d'une course effrénée au productivisme. Ainsi, les dernières décennies ont été marquées par la fin d'un grand nombre de petites exploitations agricoles, augmentant d'autant la taille moyenne des exploitations, notamment dans la culture céréalière.

La hausse des rendements à l'hectare du blé et des différentes céréales s'explique en partie par la mécanisation, mais aussi par la généralisation des engrais et traitements phytosanitaires. Si, avec des surfaces agricoles relativement modestes, la France est la première industrie agro-alimentaire d'Europe et la deuxième du monde, c'est en partie grâce au recours à ces produits pourtant néfastes pour l'environnement.

La transition vers une généralisation ou, *a minima*, une massification de l'agriculture biologique se traduira donc par des conséquences positives pour l'environnement, notamment en ce qui concerne la pollution des sols et des eaux. Mais, elle aura aussi pour corollaire la baisse des rendements agricoles et un besoin important de main-d'œuvre et de surfaces cultivables pour maintenir un niveau de production suffisant à satisfaire une forme relative de souveraineté alimentaire.

S'agissant de la santé publique, les bénéfices de l'agriculture biologique ne sont plus à démontrer. Les cultures issues de terres polluées, irriguées avec des eaux elles-mêmes polluées et ayant subi des traitements chimiques ne peuvent avoir les mêmes bénéfices de santé pour le consommateur qu'un produit cultivé localement, en respectant les rythmes des saisons et une croissance naturelle.

Le cas de l'élevage est également symptomatique de la nécessité de revenir à une forme de saine raison. Plusieurs scandales alimentaires (« vache folle », lasagnes supposées au bœuf mais contenant de la viande de cheval de réforme...), ainsi que les conditions concentrationnaires d'élevage et inhumaines d'abattage sont autant d'éléments impliquant une large réforme de la filière d'élevage. Le recours au plein air, à des périodes normales de croissance avant abattage, la traçabilité de la viande tuée par égorgement (rite hallal) et le contrôle général des modes d'abattage sont autant de décisions-clés favorisant à la fois le respect des animaux et la garantie d'une réelle sécurité alimentaire.

Seconde partie : les conséquences de la transition vers l'agriculture biologique

En ce qui concerne les conséquences économiques d'un développement significatif de l'agriculture biologique, elles sont de plusieurs ordres. Dans un sain contexte de souveraineté et d'indépendance, l'agriculture biologique est de nature à favoriser l'autonomie alimentaire du pays. De nouvelles crises sanitaires, énergétiques ou guerrières étant toujours à redouter, cette autonomie alimentaire apparaît comme une indispensable sécurité.

Sur le plan de la société, le recours massif à une agriculture respectueuse de l'environnement et des cycles naturels est de nature à redonner un sens à ce métier. Le retour à la terre, la relocalisation des activités humaines et la quête de sens sont autant de préoccupations légitimes qui sont en accord avec les principes et valeurs de l'agriculture biologique. Organisés dans des exploitations à taille humaine, les néo-agriculteurs auront alors des débuts professionnels facilités. Ces éléments sont de nature à favoriser des reconversions professionnelles ou des vocations d'agriculteurs dans un secteur qui connaîtra un besoin croissant de main-d'œuvre.

De même, la France des oubliés n'est pas tant celle des banlieues que celles des campagnes. Le vieillissement de la population, le départ des services publics et des commerces frappent

douloureusement ces territoires. L'arrivée de jeunes, notamment de couples, s'installant dans des villages pour y mener des activités de culture ou d'élevage est de nature à redynamiser fortement ces territoires.
Dans le même ordre d'idée, l'artificialisation des sols (par extension pavillonnaire, constructions de parkings, de zones industrielles et d'entrepôts...) progresse annuellement de l'équivalent d'un dixième de la superficie moyenne d'un département. La réimplantation d'agriculteurs en milieu rural sera de nature à limiter ce phénomène en favorisant la reprise ou la rénovation d'habitations jusque-là délaissées.
Parmi les transformations sociales issues de la crise de la covid-19, le très fort développement du télétravail pourra également avoir des conséquences positives en ce qui concerne la réorientation vers une agriculture biologique. Désormais, les lieux de vie et de travail ne sont plus systématiquement liés, ce qui a déjà conduit au départ de certaines familles vers les campagnes. Les besoins financiers étant moindres que dans les métropoles, et le fait de vivre au contact de la nature, ces mouvements de populations peuvent être à l'origine de vocations d'agriculteurs ou de reconversions vers des secteurs proches, comme la viticulture ou la sylviculture.

Conclusion

La modernité et la course aux profits ont eu pour conséquence la prédation marchande de la nature. Terres, bêtes, forêts, océans et rivières sont devenus des variables économiques abstraits déconnectés du monde réel et de l'existence vécue.
Plusieurs signaux d'alarme ont retenti, loin des effets de mode et des icônes promues par le système libéral. La malbouffe et les maladies induites, la pollution de la nature, la réalité de la souffrance animale élevée en batterie, la nécessité de l'autonomie alimentaire et la relocalisation des activités humaines sont autant d'éléments rendant indispensable le développement massif de l'agriculture biologique dans notre pays.

SUJET N° 4 : Composition

Session 2020

DURÉE : 3 HEURES

Question

Existe-t-il encore des héros?

Corrigé

Lire et comprendre le sujet

Le sujet ne pose aucune difficulté particulière dans sa compréhension.
Le fait qu'il soit posé sous forme de question laisse le champ libre à la réponse des candidats, selon leurs propres opinions et réflexions.
Dans ce sujet, le terme « encore » a son importance: si l'on ne conteste pas qu'il y ait eu des héros par le passé, très souvent associés à un engagement guerrier, il faut se demander s'il en existe encore de nos jours.
Autrement dit, dans une période de paix, des héros existent-ils toujours?
Après avoir pris soin de définir le terme de héros, il convient de s'interroger sur la permanence de certains actes qui font de leurs auteurs de véritables modèles pour la société tout entière.
Il se posera également la question de la définition des actes relevant de l'héroïsme.
Telles sont les principales questions qui doivent guider la réflexion du candidat dans le traitement de ce sujet.

La recherche des idées au brouillon

Une fois le sujet analysé par le candidat, celui-ci doit logiquement articuler sa réflexion en deux parties distinctes:

- les héros existent toujours
- mais l'héroïsme peut également prendre des formes non guerrières

Il conviendra dès lors de lister les idées dans chacune des deux colonnes (partie 1 et partie 2).

Établir un plan

Le plan suivant pourrait être suivi:

- Première partie: les héros existent toujours
- Deuxième partie: mais l'héroïsme peut également prendre des formes non guerrières

Rédiger l'introduction et la conclusion au brouillon

L'introduction doit, en quelques phrases, définir et présenter le sujet. Le plan doit être brièvement annoncé à la fin de celle-ci.
Quant à la conclusion, elle doit présenter une synthèse globale de votre devoir et peut se terminer par un élargissement du sujet dans une perspective plus globale.

La rédaction de la copie

Introduction

Le terme de héros renvoie directement à l'Antiquité. Il apparaît donc dès le début de la civilisation européenne. Il entend désigner celui qui accomplit des actes le plaçant, de manière symbolique et exemplaire, au-dessus de ses contemporains. De tels actes s'inscrivent nécessairement dans la manifestation d'un courage exceptionnel agissant en faveur d'un intérêt commun et supérieur. C'est en ce sens que le héros entend servir la collectivité à laquelle il appartient, en étant prêt, si besoin est, à engager sa vie.

Si l'on s'en tient strictement à ces principes fondateurs de l'héroïsme, les sociétés contemporaines peuvent sembler peu enclines à faire émerger et à célébrer la figure du héros. En effet, dans nos sociétés prévalent le confort matériel, le consensus social et la mise à l'écart des valeurs viriles.

Pour autant, il convient de se garder d'une opinion si tranchée. En effet, la paix n'est qu'une certaine forme d'illusion car le danger et la menace restent bien présents, et des hommes continuent de lutter pour protéger leurs semblables. De même, des formes d'héroïsme autres que guerrières méritent d'être pleinement reconnues.

Développement

Première partie : les héros existent toujours

La geste guerrière est indéniablement une constante du héros, de Sparte jusqu'aux monuments aux morts des deux guerres mondiales présents dans chaque village. Ceux qui ont pris les armes pour défendre leur pays et lutter contre l'oppression méritent d'être reconnus comme héros. La prise de risque – et en particulier celui de sacrifier sa vie pour une cause supérieure – justifie à elle seule la qualification de héros.

Depuis la fin de la Seconde Guerre mondiale, et en dehors des conflits qui ont déchiré l'ex-Yougoslavie, le continent européen connaît une paix durable. Il s'agit d'une chance que ne mesurent certainement pas les jeunes générations. À cette paix s'ajoute la prospérité matérielle. L'État-providence a développé amplement l'éducation, l'accès aux soins, le droit au logement et a lutté efficacement contre la faim et les conditions indignes de travail. La société de consommation, quant à elle, a endormi nombre de consciences et a substitué aux valeurs héroïques les valeurs marchandes.

Pour autant, les menaces n'ont pas disparu de nos sociétés aseptisées. L'État continue d'exercer son devoir de vigilance et de protection à l'égard de ses citoyens. Dans le désert sahélien ou aux confins du Moyen-Orient, nos soldats agissent - parfois dans l'ombre - à la fois pour protéger d'autres peuples de la barbarie et pour détruire les avant-postes du terrorisme frappant notre pays.

De même, les différents attentats terroristes qui ont eu lieu en France depuis 2015 ont permis à chacun de mesurer combien la sensation de paix est illusoire et que le danger pouvait se trouver partout. Des modes opératoires très rudimentaires, mais très efficaces, et une dissémination de l'action terroriste sur l'ensemble du territoire national rendent cette menace particulièrement sensible. Or, quotidiennement, des hommes et des femmes s'engagent dans une lutte constante contre cette menace. Outre le travail quotidien, ingrat et méconnu des services de renseignement et d'investigation, on peut citer ici l'exemple des policiers du RAID et celui de leurs camarades gendarmes du GIGN lors des deux assauts menés en 2015 contre les auteurs de la campagne d'attentats. De même, l'engagement du lieutenant-colonel Arnaud Beltrame, prenant la place d'une femme otage, présente tous les caractères exemplaires de l'héroïsme.

Seconde partie : mais l'héroïsme peut prendre des formes non guerrières

Si, historiquement, le caractère de héros est reconnu à ceux portant les armes pour leur pays, cette définition reste quelque peu restrictive. En effet, que cela soit en temps de paix ou en temps de guerre, d'autres formes d'héroïsme méritent d'être reconnues et célébrées.

Alors que le monde entier connaît de manière durable et dévastatrice la pandémie de la covid, le corps médical a manifesté un sens remarquable du devoir. Dans des conditions dégradées, y compris au sein de pays pourtant jugés riches et développés, il s'est investi avec une totale abnégation au service des malades. Les médecins et personnels soignants ont lourdement payé le tribut à cette pandémie en comptant un nombre particulièrement élevé de décès dans leurs rangs. Il ne viendrait à l'idée de personne de nier le caractère exemplaire de leur comportement, jusqu'à une dimension quasi sacrificielle dans certains cas.

Le fait de sauver une ou plusieurs vies au péril de la sienne est en soi un acte héroïque. Les sapeurs-pompiers, les techniciens intervenant sur l'accident nucléaire de Fukushima ou le passant qui se jette à l'eau pour sauver un enfant de la noyade sont assurément des héros. La collectivité nationale leur accorde symboliquement un certain nombre de récompenses non matérielles attestant de sa reconnaissance.

Et, si les médias sont souvent prompts à qualifier de héros de simples quidams n'ayant fait que leur devoir quotidien ou manifestant leurs idées sans qu'aucun réel danger ne les menace, il n'en demeure pas moins que certains actes sont réellement héroïques. On pourrait ici évoquer certaines performances sportives, lorsqu'un homme ou une femme va chercher au fond de lui-même le dépassement total de soi. L'alpiniste gravissant la face nord en plein hiver ou le navigateur en solitaire affrontant les quarantièmes rugissants accomplissent des exploits faisant d'eux des héros.

Enfin, répondant de manière remarquable, désintéressée et avec la plus totale abnégation, le caractère de héros pourrait notamment être donné à des scientifiques effectuant une découverte bénéfique à l'humanité tout entière.

Conclusion

Si un footballeur ou un chanteur décédé, si populaire soit-il, ne peut être qualifié sérieusement de héros, on ne peut dénier ce caractère à des hommes et des femmes qui n'ont pas nécessairement pris les armes, mais se sont toujours sacrifiés pour un intérêt général. C'est précisément en ce sens qu'il existe encore des héros et qu'il en existera toujours.

Et toute époque n'a-t-elle pas besoin de ces figures, de ces caractères exemplaires et désintéressés?

Connaissances professionnelles (concours interne)

DURÉE

3 HEURES

COEFFICIENT

7

Planning de révisions

Le programme de l'épreuve de connaissances professionnelles est particulièrement large. De plus, cette épreuve implique de bien vous exprimer à l'écrit. Épreuve éliminatoire et disposant d'un important coefficient, elle doit être préparée avec sérieux.

À titre indicatif, nous vous indiquons un planning de préparation à l'épreuve de connaissances professionnelles :

PÉRIODES	CONTENU DES RÉVISIONS	NOS OUTILS
Période 1 (1 ou 2 semaines)	Présentation de l'épreuve de connaissances professionnelles	Page 61
Période 2 (1 ou 2 semaines)	Méthodologie de l'épreuve	Page 63
Période 3 (1 ou 2 semaines)	Révision du premier tiers du programme de l'épreuve	Page 61
Période 4 (1 ou 2 semaines)	Révision du deuxième tiers du programme de l'épreuve	Page 62
Période 5 (1 ou 2 semaines)	Révision du dernier tiers du programme de l'épreuve	Page 62
Période 6 (1 ou 2 semaines)	Entraînement	Page 67
Période 7 (1 ou 2 semaines)	Entraînement dans les conditions de l'épreuve avec des annales corrigées	Page 73

Présentation de l'épreuve

Cette épreuve consiste pour le candidat à répondre à plusieurs questions, avec ou sans documentation, sur des problématiques relatives à la sécurité intérieure et à la défense. Le programme de l'épreuve est présenté ci-dessous.

Il est attendu des candidats qu'ils aient une bonne connaissance des textes qui régissent le travail des agents de police judiciaire adjoints (APJA), de la gendarmerie et de leur environnement professionnel.

Cette épreuve a également pour objectif d'évaluer l'expression écrite du candidat. Les réponses aux questions devront être organisées (introduction-argumentation-conclusion). Une attention particulière sera portée à la maîtrise de la langue française.

Cette épreuve dure 3 heures et est affectée d'un coefficient 7. Toute note inférieure à 6 sur 20 est éliminatoire.

PROGRAMME DE L'ÉPREUVE DE CONNAISSANCES PROFESSIONNELLES DU CONCOURS INTERNE

Information importante : le programme de l'épreuve de concours de connaissances professionnelles du concours interne (dit aussi second concours) de sous-officier de gendarmerie a été modifié par un arrêté du 20 février 2018.

Le programme peut paraître très différent du programme précédent, mais il n'en est rien dans la mesure où le socle de connaissances attendues est celui du programme de formation des gendarmes adjoints volontaires.

La principale différence réside dans la disparition de la sous-partie consacrée aux aspects socioculturels contemporains de la délinquance. Le nouveau programme de l'épreuve introduit, quant à lui, une sous-partie consacrée aux institutions françaises et aux libertés publiques.

Voici le nouveau programme de l'épreuve de connaissances professionnelles :

1. Préparation militaire opérationnelle

- **Le gendarme, militaire de la gendarmerie et connaissance du milieu militaire :**

- le gendarme, militaire de la gendarmerie ;
- la militarité et la gendarmerie ;
- les récompenses et les sanctions.

- **Sécurité et service de garnison :**

- sécurité de la caserne et service de garnison ;
- sécurité des systèmes d'information.

2. Contact de proximité et numérique

- **Formation à la proximité, au contact et à la victimologie :**

- la France administrative ;
- les institutions françaises et européennes ;
- les autres acteurs de la sécurité publique ;

- éducation civique et libertés fondamentales ;
- les libertés publiques ;
- principes de proximité et contact avec la population ;
- l'accueil téléphonique ;
- la charte et la logique d'accueil ;
- l'accueil physique par le chargé d'accueil ;
- le renseignement d'ordre public.

• **Connaissances de la gendarmerie :**
- organisation de la gendarmerie ;
- les missions de service public ;
- la gendarmerie et le service public.

• **Déontologie et éthique militaire :**
- le serment, la charte du gendarme et le code de déontologie ;
- sensibilisation aux réseaux sociaux ;
- la lutte contre les discriminations ;
- le devoir d'agir et de réagir du gendarme ;
- le respect de la personne humaine.

3. Sécurité du gendarme en intervention

• **Formation générale à l'intervention professionnelle :**
- les fondements légaux de l'intervention – généralités ;
- la coercition ;
- l'usage des armes par les militaires de la gendarmerie.

• **Formation aux techniques d'intervention :**
- les fondamentaux de la progression tactique ;
- les conduites sous escorte.

• **Maîtrise sans arme de l'adversaire :**
- les fondamentaux de la maîtrise sans arme de l'adversaire ;
- réglementation du menottage et des fouilles.

4. Sécurité des territoires et des mobilités

• **L'agent de police judiciaire adjoint :**
- infraction, classification des infractions et circonstances aggravantes ;
- acteurs de la police judiciaire, les compétences juridictionnelles, la police judiciaire, les différents types d'enquêtes et les missions de l'APJA ;
- le droit d'arrestation et les mandats de justice ;
- l'enquête de voisinage ;
- l'alerte, le transport et le gel des lieux – le rôle de l'APJA lors du gel des lieux, de la garde-à-vue et de la perquisition ;
- la pré-plainte en ligne ;
- le rapport d'infraction et la main-courante « gendarmerie ».

• **Agent de la sécurité des mobilités :**
- les missions et principes d'action de la police de la route, les postes de contrôle ;
- les conduites addictives ;
- l'accident.

• **Formation aux systèmes d'information et de communication :**
- La procédure radio et le réseau Rubis.

1. Se préparer aux questions

Le questionnaire de connaissances lors du concours interne est un questionnaire de connaissances professionnelles. En pratique, les questions font exclusivement appel à la culture professionnelle des gendarmes (ou policiers) en tenue : cadre légal (contrôle d'identité, flagrant délit / préliminaire, verbalisations, etc.), pratiques professionnelles en intervention, armement, régime disciplinaire, registres tenus au poste, etc. Aussi, si ces notions vous sont peu familières ou éloignées de vos missions habituelles, ou que votre formation initiale est trop lointaine, faites un réel effort d'approfondissement en la matière.

Pour approfondir vos connaissances professionnelles, il existe plusieurs possibilités :

– si ces documents ne sont pas trop anciens (les textes juridiques deviennent vite obsolètes), reprenez vos livrets et modules de formation de gendarme adjoint volontaire (ou d'adjoint de sécurité) ;

– rapprochez-vous du correspondant « formation » de votre unité. Essayez de travailler sur des documents internes à la Gendarmerie nationale (ou à la Police nationale) : livrets de formation de gendarme (ou gardien de la paix), manuels de préparation aux examens internes de gradé, etc. ;

– au cours de vos missions, portez une attention particulière aux notes de service et aux textes de loi dont vous pouvez-vous avoir connaissance ;

– reportez-vous au programme de l'épreuve, définissez quels sont vos points faibles et travaillez particulièrement dans les domaines concernés.

2. Répondre aux questions sur la forme

Le questionnaire sera composé de quatre ou cinq questions, qui renvoient chacune de manière précise au programme de formation des gendarmes adjoints volontaires.

Avant de répondre aux questions, relisez bien (le cas échéant, à plusieurs reprises) chacune des questions posées afin d'être certain de bien en comprendre le sens. Ensuite seulement, vous commencerez à répondre aux questions posées.

En règle générale, chaque réponse attendue doit être d'une longueur comprise entre 20 et 30 lignes manuscrites. Il est également important que chaque réponse soit construite de la manière suivante : introduction, développement, conclusion.

De même, il est important de rendre une copie :

– bien présentée (pas de ratures, écriture lisible et aérée) ;

– correctement orthographiée (si vous n'êtes pas doué en orthographe et en grammaire, faites des dictées pour vous exercer) ;

– convenablement rédigée (faites des phrases simples, courtes et équilibrées : un sujet, un verbe, puis un ou plusieurs compléments).

Ne formulez ainsi qu'une idée ou un fait par phrase. Si vous avez deux idées ou deux faits à formuler dans votre réponse, faites deux phrases, que vous lierez par des mots de liaison (*donc, mais, par conséquent, ensuite, en effet, d'une part / d'autre part*, etc.).

Dans chaque phrase, le verbe doit être conjugué. Essayez, dans la mesure du possible, de n'employer qu'un seul temps de conjugaison : le choix du présent ou de l'imparfait est le plus souhaitable pour vous.

La forme active est préférable à la forme passive (exemple : écrivez « Le train a percuté la voiture » plutôt que « La voiture a été percutée par le train »).

Il faut proscrire de votre copie les abréviations, le langage familier (ou, pire encore, de type « SMS ») et les énumérations (listes avec des tirets par exemple).

Répondez de préférence aux questions dans l'ordre posé. Si vous n'avez pas la réponse à une question, passez à la suivante. Mais essayez d'y revenir par la suite : il est très pénalisant de ne pas répondre à toutes les questions posées.

Enfin, n'oubliez surtout pas de vous relire avant de rendre votre copie. En imaginant vos réponses lues à haute voix, vous identifierez mieux les lourdeurs d'écriture et les fautes de style.

De plus, en relisant votre copie, vous pourrez corriger de nombreux oublis ou fautes d'orthographe.

3. Répondre aux questions sur le fond

Pour la partie « **a. Préparation militaire opérationnelle** », il est important que le candidat soit, en premier lieu, conscient qu'un gendarme est un militaire. À ce titre, il doit savoir définir les qualités fondamentales exigées par le statut militaire de la gendarmerie : la discipline, la disponibilité, la loyauté, le sens du service public, l'esprit de corps, la moralité et l'abnégation (ou esprit de sacrifice).

Une partie importante du programme est également consacrée au comportement du gendarme adjoint volontaire. Un candidat doit connaître les grades et appellation en gendarmerie, la manière d'accueillir une autorité militaire et de se présenter physiquement et au téléphone, les attitudes négatives à proscrire et les attitudes positives à adopter, ainsi que le comportement à adopter en dehors du service.

Enfin, s'agissant de la sécurité des casernes, le candidat doit savoir les raisons d'être d'un service de garde : surveillance du casernement, garde de l'armement, garde des moyens de transmissions, surveillance des véhicules, garde des documents classifiés et cachets d'autorité.

Pour la partie « **b. Contact de proximité et numérique** », il faut avoir une bonne connaissance de base des institutions et des libertés publiques, ainsi que des règles d'accueil (pensez notamment à consulter la Charte Marianne, dans sa dernière version).

La notion de renseignement est également importante pour un gendarme. À ce titre, le candidat doit savoir définir le renseignement, connaître ses domaines d'application en matière d'ordre public et la manière de s'approprier son territoire.

La connaissance de la gendarmerie doit être approfondie dans les domaines suivants : les missions de la gendarmerie (militaires, administratives et judiciaires), les principes d'action de la gendarmerie (prévention, protection, secours, répression), les grands principes d'organisation de la gendarmerie, la notion de service public et son implication pour un gendarme (intérêt général, continuité et égalité du service public).

Les questions déontologiques figurent souvent parmi les annales du concours. Il est donc important que le candidat soit familier du serment du gendarme, de la charte du gendarme et du code de déontologie commun à la Police nationale et à la Gendarmerie nationale. Le bon usage des réseaux sociaux, la définition d'une discrimination, la lutte contre les discriminations et le rôle du Défenseur des droits, la définition de la non-assistance à personne en danger et les fondements légaux des droits de la personne mise en cause (présomption d'innocence, droits du gardé à vue, procédure particulière pour les mineurs, etc.) sont également des notions à connaître pour un candidat.

Pour la partie « **c. Sécurité du gendarme en intervention** », une bonne maîtrise des techniques d'intervention professionnelle est nécessaire. À cet égard, les fondamentaux des techniques d'intervention (attitude, appui, protection, communication), les techniques de progression et leur chronologie doivent être maîtrisés. De même, la définition de l'intervention graduée, les phases de l'intervention graduée et les règles fondamentales de sécurité commune sont des notions importantes.

Le cadre légal du contrôle d'identité, des palpations, des fouilles, du menottage et de la légitime défense sont des questions fondamentales pour un gendarme adjoint volontaire se préparant au concours de sous-officier de gendarmerie.

Enfin, les techniques professionnelles de menottage, de triangulation, de distance de sécurité, d'attitudes de sécurité et de placements doivent également être connues.

Pour la partie « **d. Sécurité des territoires et des mobilités** », un effort particulier de préparation doit être réalisé en matière de connaissance de prérogatives juridiques et judiciaires d'un gendarme adjoint volontaire. À ce titre, les différents cadres d'enquête, les actes pouvant être accomplis par un gendarme adjoint volontaire, le rôle d'un gendarme adjoint volontaire sur le lieu d'une infraction, la pré-plainte en ligne et le rapport d'infraction sont les principales notions à maîtriser.

Outre une connaissance de base de la police de la route, un gendarme adjoint volontaire doit savoir quelles sont les règles professionnelles et juridiques en matière de contrôle routier et d'un accident de la route. Les conduites sous l'empire d'un état alcoolique et sous stupéfiants doivent être des infractions connues d'un candidat au concours interne de sous-officier de gendarmerie.

Enfin, la procédure radio (alphabet phonétique, nombres, appel radio et contrôle radio, termes de procédures) et le réseau Rubis (caractéristiques et modalités d'utilisation) doivent être connus des candidats.

DÉFINITIONS UTILES

- **Agent de police judiciaire (APJ) :** qualité judiciaire donnant un certain nombre de prérogatives judiciaires, comme celle de pouvoir procéder à un contrôle d'identité, prendre une plainte, auditionner une personne mise en cause dans une affaire judiciaire ou bien encore rédiger un procès-verbal d'interpellation.
- **Coercition :** désigne l'emploi de la force, notamment pour procéder à l'interpellation d'un individu.
- **Commission rogatoire (ou instruction) :** mission donnée par un juge à un autre juge, ou à un officier de police judiciaire (le plus souvent), de procéder, en son nom, à des mesures d'enquête (surveillances, audition, perquisition, saisie, etc.).
- **Contravention :** infraction pénale la moins grave, punie d'amende ou de peines complémentaires, comme la suspension du permis de conduire. En fonction de la gravité des faits à sanctionner et des peines qui leurs sont applicables, les contraventions sont divisées en 5 classes.
- **Flagrant délit :** délit en train de se commettre ou qui vient d'être commis et constaté par les forces de l'ordre. Cette situation permet de disposer de prérogatives judiciaires étendues, comme celle de pouvoir en interpeller l'auteur.
- **Garde à vue :** pour les besoins d'une enquête, un officier de police judiciaire peut retenir une personne dans les locaux du commissariat ou de la gendarmerie s'il la soupçonne d'avoir commis une infraction. En droit commun, la durée de la garde à vue est de 24 heures, renouvelables une fois sur autorisation du procureur de la République.
- **Infraction :** action ou comportement interdit par la loi et passible de sanctions pénales. Il existe trois catégories d'infractions, selon leur gravité et les peines encourues : contraventions, délits et crimes.
- **Interpellation :** action de procéder à l'arrestation d'un individu en vue de le présenter à un officier de police judiciaire.
- **Légitime défense :** si une personne riposte à une atteinte immédiate et injustifiée à sa personne, à autrui ou à ses biens, et si les moyens de défense sont proportionnels à la gravité de l'atteinte, elle sera considérée comme en état de légitime défense. Sa responsabilité pénale n'est pas engagée s'agissant des atteintes qu'elle a pu elle-même causer en état de légitime défense.
- **Officier de police judiciaire (OPJ) :** l'officier de police judiciaire (OPJ, régi par l'article 16 du Code de procédure pénale) dispose de prérogatives judiciaires étendues. Il pourra notamment ainsi procéder à des actes en exécution d'une commission rogatoire reçue d'un juge d'instruction, pratiquer une perquisition, rédiger des réquisitions (auprès de banques, d'opérateurs téléphoniques, de personnes qualifiées, etc.) et placer un individu en garde à vue.
- **Parquet (ou ministère public) :** ensemble des magistrats chargés de représenter les intérêts de la société et de veiller au respect de l'ordre public et à l'application de la loi.
- **Perquisition :** mesure d'enquête consistant à rechercher des éléments de preuves d'une infraction, au domicile d'une personne mise en cause ou dans tous lieux où ils peuvent se trouver (bureaux, véhicule, etc.).
- **Procès-verbal (PV) :** dans le cadre d'une enquête, il s'agit de la retranscription écrite d'un fait (perquisition, interpellation, surveillance, etc.) ou d'une audition.
- **Siège :** ensemble des magistrats chargés de juger les infractions commises.

Entraînement

QCM

Pour chaque proposition, choisissez la bonne réponse.

❶ Un agent de police municipale est compétent sur le ressort :
☐ a. du département ☐ b. de la commune ☐ c. du canton

❷ La vérification d'identité est prévue à l'article :
☐ a. 78-3 du CP ☐ b. 78-2 du CPP ☐ c. 78-3 du CPP

❸ Laquelle de ces sanctions administratives est la moins grave ?
☐ a. la rétrogradation ☐ b. le blâme ☐ c. l'avertissement

❹ Le non-respect du signal « stop » entraîne un retrait de :
☐ a. 3 points sur le permis de conduire
☐ b. 4 points sur le permis de conduire
☐ c. 5 points sur le permis de conduire

❺ La possibilité de procéder au menottage d'un individu est prévue par :
☐ a. le règlement intérieur de la Gendarmerie nationale
☐ b. le Code de procédure pénale
☐ c. la Charte du gendarme

❻ Quelle est la signification du sigle « ITT » ?
☐ a. incapacité temporaire de travail
☐ b. incapacité totale de travail
☐ c. impossibilité temporaire de travailler

❼ L'auteur d'une infraction condamné à une période de travail d'intérêt général a commis :
☐ a. un crime ☐ b. une contravention ☐ c. un délit

❽ Le pistolet à impulsion électrique Taser est une arme classée en :
☐ a. catégorie A ☐ b. catégorie B
☐ c. catégorie C ☐ d. catégorie D

❾ Lorsque plusieurs infractions sont commises simultanément, les retraits de points se cumulent dans la limite de :
☐ a. 6 points ☐ b. 8 points ☐ c. 10 points

❿ Le fait qu'un homme profite du train de vie de sa femme reconnue coupable de détournement au préjudice de son employeur :
☐ a. ne constitue pas une infraction
☐ b. constitue un recel
☐ c. constitue une escroquerie

⓫ **Les mandats de justice peuvent être exécutés par :**
☐ a. uniquement les officiers de police judiciaire (OPJ)
☐ b. tout agent de la force publique
☐ c. uniquement les magistrats

⓬ **La palpation de sécurité est une mesure de sécurité prévue par :**
☐ a. le Code de procédure pénale
☐ b. le Code pénal
☐ c. le règlement intérieur de la Gendarmerie nationale

⓭ **Parmi ces zones corporelles directement accessibles, laquelle est considérée comme une zone prioritaire de palpation ?**
☐ a. les chevilles ☐ b. le creux lombaire ☐ c. les bras

⓮ **Le non-port de la ceinture de sécurité par le conducteur d'un véhicule automobile réceptionné avec cet équipement est réprimé par une contravention de :**
☐ a. 1re classe ☐ b. 2e classe ☐ c. 4e classe

⓯ **L'élément matériel de toute infraction est :**
☐ a. exclusivement prévu par le Code pénal
☐ b. un acte de commission ou d'omission
☐ c. un acte volontaire

⓰ **Un individu qui commet un vol simple va être jugé devant :**
☐ a. le tribunal de police
☐ b. le tribunal correctionnel
☐ c. la cour d'assises

⓱ **Deux collégiens, Kéba et Ryan, portent des coups de bâton à l'un de leurs camarades de classe. Leïla a fourni le bâton en toute connaissance de cause la veille. Quel est le rôle de Leïla ?**
☐ a. auteur ☐ b. coauteur ☐ c. complice

⓲ **Un magistrat du siège est :**
☐ a. un procureur de la République
☐ b. un avocat du barreau
☐ c. un juge

⓳ **Une personne se présente à la brigade pour vous déclarer que son locataire ne s'acquitte plus de son loyer. Vers quelle juridiction allez-vous la diriger ?**
☐ a. juridiction spécialisée
☐ b. juridiction pénale
☐ c. juridiction civile

⓴ **L'enquête de flagrance s'applique à :**
☐ a. toutes les contraventions
☐ b. tous les crimes et délits
☐ c. tous les crimes

㉑ **Le montant de l'amende forfaitaire « ordinaire » de 4e classe est de :**
☐ a. 135 euros ☐ b. 136 euros ☐ c. 137 euros

㉒ **Le récépissé de déclaration de perte du permis de conduire est valable :**
☐ a. 15 jours ☐ b. 1 mois ☐ c. 2 mois

23 Le procès-verbal de contravention relatif aux excès de vitesse commis par le conducteur d'un véhicule terrestre à moteur est de couleur :
☐ a. verte ☐ b. rose ☐ c. jaune

24 L'ivresse publique et manifeste est sanctionnée par :
☐ a. le Code de la santé publique
☐ b. le Code des débits de boissons
☐ c. le Code pénal

25 Le vol simple est défini par l'article :
☐ a. 311-3 du Code pénal
☐ b. 311-2 du Code pénal
☐ c. 311-1 du Code pénal

26 Le montant de l'amende minorée pour les contraventions de 3e classe est de :
☐ a. 35 euros ☐ b. 45 euros ☐ c. 90 euros

27 Parmi les mandats suivants, lequel n'existe pas ?
☐ a. le mandat de recherche
☐ b. le mandat de perquisition
☐ c. le mandat d'amener

28 La cour d'assises est une juridiction :
☐ a. civile de droit commun
☐ b. administrative
☐ c. pénale de droit commun

29 Le non-changement d'adresse sur un certificat d'immatriculation est une contravention de :
☐ a. 1re classe ☐ b. 2e classe ☐ c. 4e classe

30 Quel élément ne figure pas sur la « petite identité » ?
☐ a. la nationalité ☐ b. la profession ☐ c. la filiation

31 L'article 122-5 du Code pénal traite :
☐ a. du menottage
☐ b. de la légitime défense
☐ c. de la tentative punissable

32 La législation relative aux chiens classés dangereux est énoncée dans les articles L. 211-1 et suivants :
☐ a. du Code pénal ☐ b. du Code rural ☐ c. du Code civil

33 Selon le régime français, les produits dits « stupéfiants » sont classés en trois catégories. L'héroïne fait partie des :
☐ a. hallucinogènes ☐ b. excitants ☐ c. calmants

34 Quel est le calibre du pistolet automatique Sig Sauer SP 2022 ?
☐ a. 9 mm ☐ b. 9 pouces ☐ c. 7,65 mm

35 À l'audience, le procureur de la République occupe le siège du ministère public :
☐ a. vrai ☐ b. faux

36 Un individu interpellé sur la voie publique pour ivresse publique et manifeste encourt :
☐ a. une contravention de 2e classe
☐ b. une contravention de 4e classe
☐ c. une contravention de 5e classe

37 La personne qui aide à la commission d'une infraction en prêtant son véhicule est :

☐ a. auteur ☐ b. complice ☐ c. receleur

38 Par quels éléments peut-on vérifier sur le fichier « FVV » qu'un véhicule automobile est signalé volé ?

☐ a. le numéro d'immatriculation, la marque et le type du véhicule
☐ b. le nom et le prénom du propriétaire du véhicule automobile
☐ c. le numéro et la date d'enregistrement de la plainte

39 Le permis de conduire probatoire existe depuis :

☐ a. 2002 ☐ b. 2003 ☐ c. 2004

40 À partir de quel seuil le taux d'alcoolémie est-il délictuel ?

☐ a. 0,30 mg/litre d'air expiré
☐ b. 0,40 mg/litre d'air expiré
☐ c. 0,80 mg/litre d'air expiré

41 Conduire un véhicule sans être détenteur de la catégorie du permis de conduire exigée est puni par la loi :

☐ a. d'une amende
☐ b. d'une peine d'emprisonnement
☐ c. d'une peine d'emprisonnement et d'une amende

42 L'éthylomètre permet de déterminer le taux d'alcool :

☐ a. dans le sang ☐ b. dans l'air expiré ☐ c. dans les urines

43 La procédure de vérification d'identité est de la responsabilité exclusive de l'officier de police judiciaire :

☐ a. vrai ☐ b. faux

44 En contact avec le public, un gendarme critique l'institution policière, ce faisant, quelle obligation professionnelle transgresse-t-il ?

☐ a. le secret professionnel
☐ b. la discrétion professionnelle
☐ c. le devoir de réserve

45 La rébellion est une infraction classée :

☐ a. délit ☐ b. délit aggravé ☐ c. contravention

46 Il existe en France métropolitaine :

☐ a. une cour de cassation par région
☐ b. une cour d'assises par département
☐ c. une seule cour d'assises

47 En France, le nouveau système d'immatriculation des véhicules (SIV) est entré en vigueur le 15 avril 2009. Le numéro d'immatriculation se compose de :

☐ a. 2 lettres - 3 chiffres - 2 lettres
☐ b. 3 lettres - 2 chiffres - 3 lettres
☐ c. 2 lettres - 2 chiffres - 3 lettres

48 Le tonfa est une arme classée en :

☐ a. catégorie A ☐ b. catégorie B
☐ c. catégorie C ☐ d. catégorie D

49 Un manche de pioche utilisé pour tuer ou blesser constitue :

☐ a. une arme par nature ☐ b. une arme factice ☐ c. une arme par destination

50 De ces juridictions, laquelle est du 2e degré ?
☐ a. la cour de cassation
☐ b. la cour d'appel
☐ c. le conseil des prud'hommes

51 Un particulier se présente à vous pour effectuer les formalités relatives au décès (cause naturelle) d'un proche, vous l'orientez vers :
☐ a. la préfecture
☐ b. le tribunal judiciaire
☐ c. la mairie

52 Les délits sont jugés devant :
☐ a. un tribunal de police
☐ b. un tribunal correctionnel
☐ c. une cour d'assises

53 Le vol aggravé est caractérisé par :
☐ a. le montant du butin
☐ b. la pluralité des auteurs
☐ c. l'âge des auteurs

54 La visite technique périodique des véhicules de plus de 4 ans a lieu tous les :
☐ a. 2 ans ☐ b. 4 ans ☐ c. 5 ans

55 La déclaration d'un chien classé en 1re catégorie doit se faire :
☐ a. à la préfecture
☐ b. à la mairie
☐ c. à la brigade territoriale de gendarmerie

56 Dans la procédure radio, comment se prononcent les lettres R et S ?
☐ a. Robert - Simone
☐ b. Roméo - Suzanne
☐ c. Roméo - Sierra

57 Pour conduire un autocar, quel permis doit posséder le conducteur ?
☐ a. C ☐ b. D ☐ c. E

58 De ces juridictions, laquelle est une juridiction civile de premier degré ?
☐ a. le tribunal de police
☐ b. le tribunal judiciaire
☐ c. la cour d'assises

59 La peine maximale pour une contravention de 5e classe est de :
☐ a. 1 000 euros ☐ b. 1 500 euros ☐ c. 1 800 euros

60 Quelle pièce ne fait pas partie du pistolet automatique Sig Sauer SP 2022 ?
☐ a. la culasse ou glissière
☐ b. le barillet
☐ c. le chargeur

Corrigé

1 b.	2 c.	3 c.	4 b.	5 b.	6 b.	7 c.	8 b.	9 b.	10 b.
11 b.	12 a.	13 b.	14 c.	15 b.	16 b.	17 c.	18 c.	19 c.	20 b.
21 a.	22 c.	23 c.	24 a.	25 c.	26 b.	27 b.	28 c.	29 c.	30 c.
31 b.	32 b.	33 c.	34 a.	35 a.	36 a.	37 b.	38 a.	39 c.	40 b.
41 c.	42 b.	43 a.	44 c.	45 a.	46 b.	47 a.	48 d.	49 c.	50 b.
51 c.	52 b.	53 b.	54 a.	55 b.	56 c.	57 b.	58 b.	59 b.	60 b.

Annales corrigées

SUJET N° 1 : Connaissances professionnelles

DURÉE : 3 HEURES

Session septembre 2023

Questions

❶ Après avoir présenté la sécurité des systèmes d'information, vous indiquerez 3 des dispositifs de sécurité existants pour contrer leur vulnérabilité.

❷ Qu'est-ce que la « discrimination », et quels sont les moyens mis en œuvre pour lutter contre ?

❸ Après avoir défini le contrôle d'identité, vous développerez dans quel cadre légal et par qui il peut être réalisé.

❹ Quelles sont les démarches à effectuer par un agent de police judiciaire en arrivant sur les lieux d'un accident ?

❺ Détaillez les sanctions disciplinaires encourues par un militaire.

Corrigé

❶ La sécurisation des systèmes d'information est essentielle pour défendre les données et les ressources contre diverses menaces. Dans le cadre d'une stratégie de sécurité informatique intégrée, les mesures de sécurité ne se limitent pas aux dispositifs de protection ; elles englobent aussi la sécurisation des données, l'élaboration de politiques de gestion des risques, la mise à jour constante des logiciels et l'éducation des utilisateurs afin de réduire les failles de sécurité et améliorer la défense des systèmes informatiques.
Un pare-feu régule le trafic entrant et sortant sur le réseau. Disponible sous forme matérielle ou logicielle, il opère selon des règles définies pour autoriser ou restreindre certaines connexions réseau. Les pare-feu jouent un rôle crucial dans la prévention des intrusions, des attaques par déni de service et d'autres menaces en filtrant le trafic non autorisé.
Un système de détection d'intrusion identifie les intrusions et émet des alertes, tandis qu'un système de prévention d'intrusion peut en outre prendre des mesures pour contrer ou neutraliser les menaces détectées.
Les systèmes de gestion des identités et des accès centralisent la gestion de l'authentification et de l'autorisation des utilisateurs et appareils accédant aux ressources informatiques. Ils garantissent que seuls les individus autorisés ont accès à certaines données ou systèmes et disposent des privilèges adéquats. Les fonctionnalités de ces systèmes incluent l'authentification à deux facteurs, la gestion des droits d'accès et la révocation des accès, si nécessaire.

❷ Le principe d'égalité est régi par l'article premier de la Déclaration des droits de l'Homme et du citoyen de 1789 : « Les hommes naissent et demeurent libres et égaux en droit. » Il est également régi par l'article 7 de la Déclaration universelle des droits de l'Homme de 1947 : « Tous sont égaux devant la loi et ont droit sans distinction à une égale protection de la loi. »

De plus, le principe d'égalité a valeur constitutionnelle. Il figure à la fois dans la devise de la République et dans la Constitution du 4 octobre 1958.

La discrimination est le fait de distinguer et de traiter différemment (le plus souvent en mal) quelqu'un ou un groupe par rapport au reste de la collectivité ou une autre personne.

Selon l'article 225-1 du Code pénal constitue une discrimination toute distinction opérée entre les personnes physiques et personnes morales à raison de 23 critères :

- origine, sexe, situation de famille, grossesse, apparence physique, patronyme, lieu de résidence, état de santé, perte d'autonomie, handicap, caractéristiques génétiques, mœurs, orientation sexuelle, identité du genre, âge, opinions politiques, activités syndicales, particulière vulnérabilité de la situation économique (apparente ou connue de l'auteur), capacité à s'exprimer dans une langue autre que le français ;
- appartenance ou non-appartenance, vraie ou supposée, à une ethnie, une nation, une race ou une religion déterminée.

Les seules discriminations légales sont celles autorisées par la loi. Par exemple, l'article 225-3, 3° du Code pénal évoque une « discrimination fondée sur une condition déterminante d'un emploi ou d'une activité professionnelle ».

Toute autre discrimination non prévue par la loi est sanctionnée par le droit pénal, ce qui entraîne l'annulation de la décision discriminatoire et la condamnation pénale de ses auteurs.

La lutte contre les discriminations repose à la fois sur la sanction pénale et les moyens complémentaires de lutte. La sanction pénale est prévue par l'article 225-2 du Code pénal. Il existe en outre deux conditions d'aggravation de la sanction. En effet, selon l'article 432-7 du Code pénal, la discrimination commise à l'égard d'une personne physique ou morale par une personne dépositaire de l'autorité publique ou chargée d'une mission de service public, dans l'exercice ou à l'occasion de l'exercice de ses fonctions ou missions, consiste :

- au refus du bénéfice d'un droit accordé par la loi ;
- à l'entrave à l'exercice normal d'une activité économique quelconque.

Les moyens complémentaires de lutte sont principalement le Défenseur des droits (autorité administrative indépendante, chargée de la protection des droits et libertés du citoyen et de la promotion de l'égalité) et la Délégation interministérielle de lutte contre le racisme, l'antisémitisme et la haine anti-LGBT (qui élabore, met en œuvre et suit la politique nationale de lutte contre le racisme, l'antisémitisme et la haine anti-LGBT).

❸ Le contrôle d'identité est l'examen d'un document supportant une photographie et justifiant l'identité d'une personne. Il se déroule sur les lieux de l'intervention. Il est de la compétence des officiers de police judiciaire (art. 16 du Code de procédure pénale), des agents de police judiciaire (art. 20 du Code de procédure pénale) et agent de police judiciaire adjoint (art. 21 du Code de procédure pénale), sur ordre et sous la responsabilité de l'officier de police judiciaire.

La base légale du contrôle d'identité est l'article 78-2 du Code de procédure pénale. Cet article prévoit que les officiers de police judiciaire et, sur l'ordre et sous la responsabilité de ceux-ci, les agents de police judiciaire mentionnés aux articles 20 et 21-1° de ce même Code peuvent inviter à justifier, par tout moyen, de son identité toute personne à l'égard de laquelle existe une ou plusieurs raisons plausibles de soupçonner :

- qu'elle a commis ou tenté de commettre une infraction ;
- ou qu'elle se prépare à commettre un crime ou un délit ;
- ou qu'elle est susceptible de fournir des renseignements utiles à l'enquête en cas de crime ou de délit ;
- ou qu'elle fait l'objet de recherches ordonnées par une autorité judiciaire.

En matière de police administrative, le contrôle d'identité est autorisé par l'article 78-2, alinéa 7, du Code de procédure pénale en cas de troubles à l'ordre public, ainsi que pour assurer la sécurité des personnes et des biens.

❹ À la suite de la réception d'une alerte, pour se préparer à une intervention, il est essentiel de s'équiper d'un véhicule adéquatement outillé pour répondre aux exigences de la mission. Cela inclut l'emport de deux panneaux triflash, de cônes de Lübeck, de balises de chantier, d'équipements réfléchissants, de lampes torches, d'appareils photo, d'un double décamètre, d'un odomètre, de craie ou de bombe de peinture, et du matériel nécessaire pour le dépistage de l'alcoolémie et/ou des stupéfiants.
En cas de besoin, il peut être impératif de communiquer des informations spécifiques sur un incident ou accident pour faciliter une intervention rapide et efficace des services de secours.
Le déplacement vers le site de l'intervention doit s'effectuer avec célérité. Cela est crucial pour éviter un nouvel accident, porter assistance aux victimes, protéger les personnes et les biens, mener l'enquête et recueillir des informations.
À l'arrivée sur les lieux, les premières actions à mener sont l'autoprotection du personnel (notamment par le port de gilets fluorescents réfléchissants) et la sécurisation des biens des victimes. Parallèlement, il faut prendre des mesures pour prévenir d'autres accidents, comme l'utilisation de panneaux triflash, de cônes de Lübeck, d'une rampe lumineuse et de bâtons lumineux, tout en portant secours aux victimes.
Les étapes suivantes comprennent l'identification des victimes, le dépistage de l'alcoolémie, la mise en place de mesures conservatoires, la réalisation de prises de vue photographiques, la création d'un croquis de l'état des lieux et la régulation de la circulation.
Enfin, un rapport d'intervention mis à jour sera rédigé et transmis au centre opérationnel de la Gendarmerie nationale.

❺ Les sanctions disciplinaires encourues par un militaire sont organisées en un système hiérarchisé, reflétant la gravité de l'infraction et les conséquences pour le militaire concerné. Elles sont classées en quatre groupes principaux, définis comme suit :

1. Premier groupe :

- **avertissement** : il s'agit d'une mise en garde formelle contre le comportement du militaire, sans conséquence directe sur son dossier ou sa carrière ;
- **blâme** : c'est une réprimande plus sévère inscrite au dossier du militaire, signalant une faute plus grave.

2. Deuxième groupe :

- **radiation du tableau d'avancement** : cela empêche temporairement le militaire de progresser dans sa carrière ;
- **baisse d'échelon** : le militaire est rétrogradé à un échelon inférieur, affectant son salaire et sa progression de carrière ;
- **exclusion temporaire** : suspension du militaire pour une durée maximale de 15 jours, durant laquelle il n'est pas autorisé à exercer ses fonctions ;
- **déplacement d'office** : transfert forcé à un autre poste ou lieu, souvent perçu comme une rétrogradation non officielle.

3. Troisième groupe :

- **rétrogradation** : le militaire est dégradé à un grade inférieur, avec un impact significatif sur sa carrière et son salaire ;
- **exclusion temporaire de 16 jours à 2 ans** : suspension des fonctions pour une période beaucoup plus longue, indiquant une faute grave.

4. Quatrième groupe :

- **mise à la retraite d'office** : le militaire est contraint de prendre sa retraite, indépendamment de son souhait ou de son âge de retraite prévu ;

- **révocation** : il s'agit de la sanction la plus grave, entraînant la perte du statut militaire et de tous les avantages y afférents.

Pour imposer ces sanctions, le processus suit des règles strictes visant à protéger les droits du militaire :
- les sanctions du premier groupe peuvent être prononcées par l'autorité disposant du pouvoir disciplinaire ;
- les sanctions des deuxième, troisième et quatrième groupes nécessitent une décision du conseil de discipline ;
- le militaire a le droit à un procès équitable, y compris le principe du contradictoire (droit d'être entendu et de consulter son dossier) ;
- il existe une possibilité de faire appel des sanctions devant la juridiction administrative ;
- toute décision de sanction doit être motivée et expliquée.

Les sanctions inscrites au dossier individuel du militaire (comme le blâme) peuvent être effacées après trois ans sans nouvelle infraction. En cas de litige, la juridiction compétente pour les affaires impliquant des militaires est la juridiction administrative, et non la juridiction prud'homale, qui est réservée aux litiges relatifs aux contrats de travail de droit privé. La juridiction administrative est donc l'instance appropriée pour les militaires souhaitant contester les sanctions disciplinaires.

SUJET N° 2 : Connaissances professionnelles

DURÉE : 3 HEURES

Session 2022

Questions

❶ **Les sanctions disciplinaires**

Après avoir rappelé les dispositions générales des sanctions disciplinaires, vous citerez les sanctions du premier groupe et expliquerez succinctement chacune d'entre elles.

❷ **L'accueil téléphonique en Gendarmerie nationale**

Citez les cinq phases de la logique d'accueil en gendarmerie.

❸ **L'intervention graduée**

Après avoir défini l'« intervention graduée », vous en présenterez les différentes phases.
L'intervention graduée concerne l'ensemble des militaires de la gendarmerie : vous indiquerez qui sont ces « militaires de la gendarmerie » (article L. 4145-1 du Code de la défense).

❹ **L'enquête judiciaire**

Après avoir donné la définition et les buts de l'« enquête judiciaire », vous citerez les missions de l'APJA dans l'enquête de flagrance.

❺ **Le contrôle d'identité**

Après avoir donné la définition du « contrôle d'identité », vous citerez les personnels habilités à procéder à ce contrôle.
Vous exposerez ensuite les modalités de réalisation d'une palpation de sécurité.

Corrigé

❶ À l'exception de l'avertissement, les sanctions disciplinaires sont inscrites au dossier individuel des militaires. Il ne peut être infligé de sanction disciplinaire collective. Elles sanctionnent les fautes ou les manquements du militaire. Les sanctions disciplinaires sont classées en trois groupes.

Les garanties du militaire sont les suivantes :
- le militaire a le droit de s'expliquer oralement ou par écrit, seul ou accompagné d'un militaire en activité de son choix, sur les faits qui lui sont reprochés ;
- le militaire peut prendre connaissance de son dossier disciplinaire ;
- l'application d'un barème ;
- la motivation de la sanction : le bulletin de sanction doit comporter l'énoncé de droit et de fait qui constitue le fondement de la décision ;
- le droit de recours : un militaire qui s'estime lésé par la décision d'une autorité hiérarchique peut en demander l'annulation ou la révision. L'exercice du droit de recours n'est pas suspensif de l'exécution de la décision ;
- le contrôle hiérarchique.

Le premier groupe comprend six sanctions :
- l'avertissement est notifié verbalement ;

- la consigne est notifiée par écrit. Un tour de consigne correspond à la privation d'une matinée, d'une après-midi ou d'une soirée de sortie. La privation d'une journée entière de sortie équivaut à 3 tours de consignes. Le nombre de tours de consigne, pour une même faute, ne peut être supérieur à 20 ;
- la réprimande est notifiée par écrit ;
- le blâme est notifié par écrit ;
- les arrêts sont notifiés par écrit. Ils sont exécutés dans les conditions suivantes : le militaire effectue son service dans les conditions normales, mais il lui est interdit, en dehors du service, de quitter sa formation. Le nombre de jours d'arrêt susceptibles d'être infligés, pour une même faute, ne peut être supérieur à 40. Pendant l'exécution de ses jours d'arrêt, le militaire ne peut prétendre au bénéfice d'une permission, sauf pour événements familiaux ;
- le blâme du ministre est notifié par écrit.

❷ Les cinq phases de la logique d'accueil à la brigade sont les suivantes :
- la présentation (en tenue correcte et en arme) : le gendarme chargé d'accueil à la brigade se lève pour accueillir toute personne, la salue, lui fait décliner son identité ;
- l'écoute et analyse la situation : le gendarme écoute, prend des notes, analyse le problème et questionne ;
- la reformulation : le gendarme montre qu'il a compris le problème ;
- la résolution : le gendarme apporte une réponse précise à la demande de son interlocuteur ;
- les salutations : « au revoir, Madame/Monsieur, bonne journée... »

❸ Le modèle d'intervention graduée permet de concilier les nécessités opérationnelles d'emploi de la force armée avec les exigences légales. Par ailleurs, sur un plan concret, elle permet d'assurer un cadre sécurisé à des interventions présentant une dangerosité indéniable.
Ce modèle garantit une réelle continuité entre ses différentes phases, ce qui permet d'accroître les niveaux de réussite des interventions de gendarmerie.
Il existe quatre phases, dans un ordre croissant d'emploi de la force. Un gendarme, en fonction des nécessités de terrain, cherchera toujours à utiliser le plus faible niveau.

Les phases de l'intervention graduée sont les suivantes :
- la coercition sans contact physique avec l'individu ;
- l'emploi de la force au contact physique de l'individu et avec des moyens corporels (clé de bras, mise au sol...) ;
- l'emploi de la force au contact physique de l'individu avec des moyens de force intermédiaire (Taser, flash-ball...) ;
- l'usage des armes.

Selon l'article L. 4145-1 du Code de la défense, le personnel militaire de la Gendarmerie nationale comprend :
- les officiers et les sous-officiers de gendarmerie ;
- les officiers du corps technique et administratif de la Gendarmerie nationale et les sous-officiers du corps de soutien technique et administratif de la Gendarmerie nationale ;
- les volontaires des armées, en service au sein de la Gendarmerie nationale (c'est-à-dire les gendarmes adjoints volontaires) ;
- les officiers, sous-officiers et militaires du rang réservistes de la Gendarmerie nationale.
Les officiers, sous-officiers et militaires du rang réservistes de la Gendarmerie nationale renforcent les unités d'active, individuellement ou en formations constituées. Employés par priorité dans des fonctions opérationnelles, ils participent aussi aux fonctions de soutien.

❹ L'enquête judiciaire est l'ensemble des opérations qui permettent de confondre et d'appréhender le ou les auteurs d'une infraction pénale.
Les buts de l'enquête judiciaire sont les suivants : établir ce qui s'est passé, déterminer si l'infraction existe, rassembler les preuves et identifier les auteurs.

Un gendarme adjoint volontaire est agent de police judiciaire adjoint (APJA, comme le prévoit l'article 21 du Code de procédure pénale). La police judiciaire est une mission essentielle de la Gendarmerie nationale, qui représente près de 50 % du total de ses missions.

Sur un plan concret, en cas de crime ou de délit flagrants, aucune qualité judiciaire n'est exigée pour en appréhender l'auteur, à la condition de présenter l'individu dans les plus brefs délais à l'officier de police judiciaire territorialement compétent. Cette possibilité est permise par l'article 73 du Code de procédure pénale.

Les autres actes que l'agent de police judiciaire adjoint peut réaliser dans le cadre de l'enquête de flagrance sont les suivants :
- transport sur les lieux ;
- gel des lieux ;
- compte rendu d'infraction (article D. 15 du Code de procédure pénale) ;
- aide physique à l'interpellation ;
- aide matérielle à l'enquête.

❺ Le contrôle d'identité est l'examen d'un document supportant une photographie et justifiant l'identité d'une personne. Il se déroule sur les lieux de l'intervention. Il est de la compétence des officiers de police judiciaire (art. 16 du Code de procédure pénale), des agents de police judiciaire (art. 20 du Code de procédure pénale) et agent de police judiciaire adjoint (art. 21 du Code de procédure pénale), sur ordre et sous la responsabilité de l'officier de police judiciaire.

La base légale du contrôle d'identité est l'article 78-2 du Code de procédure pénale. Cet article prévoit que les officiers de police judiciaire et, sur l'ordre et sous la responsabilité de ceux-ci, les agents de police judiciaire mentionnés aux articles 20 et 21-1° de ce même Code peuvent inviter à justifier, par tout moyen, de son identité toute personne à l'égard de laquelle existe une ou plusieurs raisons plausibles de soupçonner :
- qu'elle a commis ou tenté de commettre une infraction ;
- ou qu'elle se prépare à commettre un crime ou un délit ;
- ou qu'elle est susceptible de fournir des renseignements utiles à l'enquête en cas de crime ou de délit ;
- ou qu'elle fait l'objet de recherches ordonnées par une autorité judiciaire.

En matière de police judiciaire, le contrôle d'identité est prévu par l'article 78-2 du Code de procédure pénale. Cet article dispose que le contrôle d'identité est possible envers les personnes à l'encontre desquelles il existe une ou plusieurs raisons plausibles de soupçonner :
- qu'elle a commis ou tenté de commettre une infraction ;
- qu'elle se prépare à commettre un crime ou un délit ;
- qu'elle est susceptible de fournir des renseignements utiles à l'enquête en cas de crime ou de délit ;
- qu'elle fait l'objet de recherches ordonnées par une autorité judiciaire.

En matière de police administrative, le contrôle d'identité est autorisé par l'article 78-2 alinéa 7 du Code de procédure pénale en cas de troubles à l'ordre public, ainsi que pour assurer la sécurité des personnes et des biens.
D'autre part, la palpation de sécurité est une mesure administrative qui a pour finalité la sécurité des policiers et gendarmes, de la personne contrôlée et du public. Elle consiste à détecter sur une personne, ou sur les accessoires qu'elle porte, tout objet susceptible de constituer un danger pour elle-même ou pour autrui.

La palpation de sécurité est exclusivement une mesure de sûreté. Elle ne revêt pas un caractère systématique. Elle est réservée aux cas dans lesquels elle apparaît nécessaire à la garantie de la sécurité du gendarme qui l'accomplit ou de celle d'autrui.

Elle a pour finalité de vérifier que la personne contrôlée n'est pas porteuse d'un objet dangereux pour elle-même ou pour autrui. Chaque fois que les circonstances le permettent, la palpation de sécurité est pratiquée à l'abri du regard du public.

Sur le plan des modalités pratiques, la palpation de sécurité est obligatoirement effectuée par une personne du même sexe sur les personnes gardées à vue.

La palpation de sécurité a lieu en plusieurs temps :
- invitation à remettre volontairement les objets dangereux ;
- utilisation de moyens de détection (si en dotation) ;
- explication à la personne qu'on va réaliser les palpations et de quelle manière ;
- exécution : « appliquer les mains par-dessus les vêtements et accessoires pour déceler la présence d'objets dangereux ».

SUJET N° 3 : Connaissances professionnelles

DURÉE : 3 HEURES

Session 2021

Questions

❶ Vous êtes engagé sur un accident de la circulation routière. Quelles sont les premières mesures que vous devez prendre ?

❷ Après avoir donné la définition de la perquisition et son but, vous expliquerez les rôles de l'APJA lors de cette opération de police judiciaire.

❸ Issus du droit européen et repris dans la réglementation nationale, deux principes s'appliquent dans tous les cas d'usage de la force armée. Quels sont-ils et en quoi consistent-ils ?

❹ Après avoir défini le dispositif QUARO, vous expliquerez son fonctionnement et définirez ses objectifs.

Corrigé

❶ L'alerte est la communication de certaines informations relatives à un incident ou accident permettant une intervention rapide et adaptée des secours spécialisés. Elle peut être faite sous la forme d'un appel à la brigade (le gendarme de permanence déclenche l'alerte pour le transport sur les lieux et avise les secours) ou à un centre opérationnel de gendarmerie (qui répercutera l'alerte sur la brigade et la patrouille et informera les secours).

Le compte rendu est effectué depuis les lieux de l'accident par moyen radio ou téléphone. Il indique les éléments suivants :

- le lieu précis de l'accident (lieu, axe, PK ou PR, point particulier permettant de situer aisément le lieu) ;
- l'ampleur et la description de l'accident ;
- les éventuels autres intervenants (services de secours, dépannage...) ;
- les missions effectuées par l'équipe sur place (secours, régulation, test d'alcoolémie...) ;
- les besoins éventuels (renfort de gendarmerie, services de secours, dépannage, société d'autoroute, voirie...).

Le compte rendu permet de gérer au mieux l'accident en rendant compte des besoins opérationnels et médicaux sur place, de rendre compte à la hiérarchie directe du gendarme, de demander des renforts, d'avertir le maire en cas de décès, d'informer le procureur de la République, de faire prévenir les familles des éventuelles victimes de l'accident.

Ensuite, le fait de vouloir éviter un suraccident conduira à la mise en place d'un ou plusieurs postes de surveillance. Le poste de surveillance est un stationnement temporaire, installé en un endroit difficile ou dangereux d'un itinéraire routier, qui vise à imposer aux usagers de la route le respect des règles de circulation et, finalement, à réduire le risque de suraccident.

❷ Une perquisition est une mesure d'enquête consistant à rechercher des éléments de preuves d'une infraction au domicile d'une personne mise en cause ou dans tous lieux où ils peuvent se trouver (bureaux, véhicule, etc.).

Seul un officier de police judiciaire a la qualité judiciaire lui permettant de perquisitionner. Durant une perquisition, l'agent de police judiciaire adjoint (APJA) apporte une aide matérielle. En effet, procéder à une perquisition au domicile d'un individu est toujours un moment particulier et stressant pour les enquêteurs. Il est nécessaire de rester vigilant pour faire face à tout comportement ou à toute réaction de la personne pouvant se sentir en position de force. Concrètement, le rôle de l'agent de police judiciaire adjoint lors de la perquisition sera d'exercer la surveillance permanente de la personne chez qui la perquisition a lieu, ainsi que celle des lieux. Le cas échéant, il peut également assurer la sécurité des abords du domicile perquisitionné.

❸ L'article 2 de la convention européenne de sauvegarde des droits de l'homme et des libertés fondamentales consacre le droit à la vie comme valeur fondamentale des sociétés démocratiques. Issus du droit européen et repris par le droit national, deux principes s'appliquent dans tous les cas d'usage de la force armée :
- le principe d'absolue nécessité (article du code de déontologie repris par le Code de la sécurité intérieure à l'article R. 434-18) ;
- le principe de proportionnalité (concept de l'intervention graduée).

Le principe d'absolue nécessité implique qu'avant certains recours à la force, le dialogue et la négociation seront privilégiés : évaluation des situations où l'action prime le dialogue/le dialogue prime l'action.

Concernant l'emploi de la force, le gendarme doit parvenir au juste équilibre dans le cadre de son intervention. Cette obligation vise à prévenir un emploi considéré comme inutile de la force ou de la contrainte, un usage disproportionné d'une arme (arme individuelle, arme de force intermédiaire - lanceurs de balles de défense, pistolet à impulsions électriques...). À ce titre, il appartient à chaque militaire et policier de connaître parfaitement les règles d'emploi des moyens de force intermédiaire et armes mises à sa disposition.

En tout état de cause, le recours à la force doit être proportionné à l'objectif à atteindre ou à la gravité de la menace et ne pas aller au-delà de ce qui est nécessaire.

Le Code de la sécurité intérieure reconnaît dans le cadre de l'usage des armes le principe jurisprudentiel d'absolue nécessité.

Le modèle d'intervention graduée, quant à lui, permet de concilier les nécessités opérationnelles d'emploi de la force armée avec les exigences légales. Par ailleurs, sur un plan concret, il permet d'assurer un cadre sécurisé à des interventions présentant une dangerosité indéniable.

Ce modèle garantit une réelle continuité entre ses différentes phases, ce qui permet d'accroître les niveaux de réussite des interventions de gendarmerie. Il existe quatre phases, dans un ordre croissant d'emploi de la force. Un gendarme, en fonction des nécessités de terrain, cherchera toujours à utiliser le plus faible niveau. Les phases de l'intervention graduée sont :
- la coercition sans contact physique avec l'individu ;
- l'emploi de la force au contact physique de l'individu et avec des moyens corporels (clé de bras, mise au sol...) ;
- l'emploi de la force au contact physique de l'individu avec des moyens de force intermédiaire (Tazer, flash-ball...) ;
- l'usage des armes.

❹ Le dispositif QUARO (QUAlité de la Réponse Opérationnelle) vise à améliorer l'efficacité des interventions de la gendarmerie lors des appels d'urgence.

Ce dispositif offre la possibilité à un chef de patrouille d'un véhicule de la Gendarmerie nationale de contacter directement la personne ayant sollicité l'intervention des forces de l'ordre.

Le centre opérationnel de la Gendarmerie nationale transmettra donc préalablement les coordonnées du requérant au chef de patrouille.

Le dispositif QUARO permet ainsi de rassurer les personnes victimes, par exemple les femmes battues ou les personnes agressées. Il permet aussi de lutter contre le sentiment d'insécurité en établissant un contact direct avec un requérant avant même l'intervention sur le terrain.

En termes opérationnels, cet appel permet de solliciter dès le départ d'autres renforts si nécessaires, ou bien de prendre en compte une fuite de malfaiteurs par rapport au lieu initial d'infraction.

SUJET N° 4 : **Connaissances professionnelles**

DURÉE : 3 HEURES

Session 2020

Questions

❶ Après avoir défini la COB et la BTA, vous détaillerez leurs missions et capacités opérationnelles.

❷ Exposez les qualités fondamentales qu'exige l'état de militaire, puis citez les sanctions qui relèvent du troisième groupe.

❸ Donnez la définition et le cadre légal du contrôle d'identité ainsi que les personnels habilités à procéder à ce type de contrôle.

❹ Dans le cadre d'une procédure radio, que signifie le terme « collationner »; donnez un exemple. Épelez le mot WALKYRIE en utilisant l'alphabet phonétique.

Corrigé

❶ Dans les campagnes et les zones périurbaines, la gendarmerie départementale se compose principalement de brigades territoriales présentes dans les différents chefs-lieux de canton. Environ 67 000 gendarmes (dont 30 000 sont officiers de police judiciaire) sont affectés dans la gendarmerie départementale. Elle est surnommée « la blanche », en référence à la couleur de ses insignes. Il existe environ 3 800 brigades sur tout le territoire national, toutefois il existe différents projets de regroupement sous la forme de communautés de brigades (COB).

Les COB et les brigades territoriales autonomes (BTA) sont des unités de la gendarmerie organisées de façon à pouvoir agir sur l'ensemble du territoire qui leur est confié et à être en mesure d'apporter une réponse appropriée et dans des délais compatibles avec la nature de l'intervention.

En matière de maillage territorial, si les BTA correspondent généralement aux cantons, les COB peuvent s'inspirer des évolutions concernant l'organisation du territoire (communauté d'agglomération).

Les BTA et les COB partagent les mêmes missions. En matière de sécurité publique, la mission première du gendarme consiste à préserver l'ordre public, c'est-à-dire assurer la paix, la tranquillité et la sécurité dans sa circonscription. S'agissant de la police judiciaire, ces unités luttent contre la petite et moyenne délinquance. Sur leur ressort territorial, les BTA et les COB assurent une mission de sécurité routière afin de limiter le nombre de morts et de blessés sur les routes.

Dans le domaine du renseignement, afin de préserver la paix et la tranquillité publiques, ces unités agissent en recherche permanente du renseignement et en informent leurs autorités d'emploi.

Au contact de la population, ces brigades assurent également la réponse sur le terrain aux appels sur le 17 ou le 112 sollicitant l'intervention de la gendarmerie, l'accueil et l'information du public, ainsi que la prise des plaintes.

❷ Être gendarme implique un engagement total au service de la collectivité. La mission principale étant la sécurité des personnes, il est bien évident que le métier comporte des risques physiques. Interpeller en flagrant délit des auteurs de vol à main armée conduira à se mettre en danger, quel que soit le niveau de professionnalisme des effectifs engagés. Souvent, pour contrer la folie ou la violence des hommes, des gendarmes peuvent être conduits à mettre leur propre vie dans la balance. Chacun se souvient de l'assaut, en 1994, des gendarmes du GIGN face aux islamistes ayant détourné un avion.

De même, l'assistance aux plus démunis, aux plus faibles, qui sont les proies les plus faciles pour les groupes délinquants, constitue une mission essentielle des gendarmes. À l'instar de leurs camarades policiers, les gendarmes sont parfois les seuls points de salut pour les populations souffrant au quotidien de la violence de leur propre environnement familial ou géographique.

Secourir des hommes et des femmes en péril est aussi un trait marquant de l'engagement des gendarmes. Comme les pompiers, les gendarmes sauvent souvent des vies. L'exemple des gendarmes servant dans les pelotons de gendarmerie de haute montagne est ici particulièrement évocateur.

Cet engagement au service d'autrui ne peut connaître qu'une seule limite : celle de la loi. Quelle que puisse être la situation, quel que soit le sentiment personnel du gendarme, il lui appartient de respecter le droit. Exécuter un ordre illégal conduira à l'engagement de la responsabilité disciplinaire et pénale d'un gendarme.

D'autre part, les sanctions du troisième groupe ne sont infligées qu'après avis du conseil d'enquête. Elles sont de trois types :
- le retrait d'emploi ;
- la radiation des cadres ;
- la résiliation de contrat.

❸ Le contrôle d'identité est l'examen d'un document supportant une photographie et justifiant l'identité d'une personne. Il se déroule sur les lieux de l'intervention. Il est de la compétence des officiers de police judiciaire (article 16 du Code de procédure pénale), des agents de police judiciaire (art. 20 du Code de procédure pénale) et agents de police judiciaire adjoints (art. 21 du Code de procédure pénale), sur ordre et sous la responsabilité de l'officier de police judiciaire.

La base légale du contrôle d'identité est l'article 78-2 du Code de procédure pénale. Cet article prévoit que les officiers de police judiciaire et, sur l'ordre et, sous la responsabilité de ceux-ci, les agents de police judiciaire mentionnés aux articles 20 et 21-1° de ce même Code peuvent inviter à justifier, par tout moyen, de son identité toute personne à l'égard de laquelle existe une ou plusieurs raisons plausibles de soupçonner :
- qu'elle a commis ou tenté de commettre une infraction,
- ou qu'elle se prépare à commettre un crime ou un délit,
- ou qu'elle est susceptible de fournir des renseignements utiles à l'enquête en cas de crime ou de délit,
- ou qu'elle fait l'objet de recherches ordonnées par une autorité judiciaire.

En matière de police administrative, le contrôle d'identité est autorisé par l'article 78-2 alinéa 7 du Code de procédure pénale en cas de troubles à l'ordre public, ainsi que pour assurer la sécurité des personnes et des biens.

❹ En procédure radio, « collationner » signifie répéter en entier une transmission précédemment reçue, exactement comme elle a été reçue.

Exemple : Station directrice : « Je vous demande de vous rendre immédiatement au 10 rue Victor Hugo à Chamonix. Collationnez. » Unité recevant le message : « Je collationne. Je vous demande de vous rendre immédiatement au 10 rue Victor Hugo à Chamonix. »

En alphabet phonétique, WALKYRIE s'épelle ainsi : Whisky - Alpha - Lima - Kilo - Yankee - Roméo - India - Écho.

PARTIE 2

Réussir les **épreuves d'admission**

Inventaires de personnalité (concours externe, interne et 3e voie)

Présentation

Les inventaires de personnalité sont des **tests de personnalité et d'adaptabilité** qui ont pour vocation de déterminer quelle est la structure exacte de votre personnalité. Compte tenu des pouvoirs dévolus aux gendarmes, de leur armement, des responsabilités pouvant peser sur leurs épaules et des situations de danger auxquelles ils peuvent être confrontés, il est important de s'assurer que la personnalité du candidat est stable et équilibrée.

Lors des tests de personnalité, des éléments psychologiques importants pour un gendarme, comme la **capacité d'adaptation**, l'**aptitude à l'exercice de l'autorité** ou la **force de caractère**, doivent apparaître.

Dans la mesure où il s'agit de tests de personnalité, ce sont des tests qui ne se préparent pas. Toutefois, vous devez avoir conscience que des **questions très personnelles** peuvent vous être posées. Ces tests peuvent également comporter des questions de **mise en situation professionnelle**. Pour répondre à ce type de questions, il n'est nul besoin d'être déjà gendarme ou spécialement préparé.

Répondez selon votre ressenti et après un court moment de réflexion.

La liste des questions posées peut être également **très longue**. Il n'est pas certain que vous puissiez répondre à toutes les questions dans le temps imparti.

Comme l'épreuve d'aptitude professionnelle, les inventaires de personnalité ne sont pas notés et ils sont utilisés pour **orienter l'entretien avec le psychologue**.

Typologie des questions posées lors des inventaires de personnalité

La gendarmerie nationale n'est pas véritablement à la recherche d'une « personnalité-type ». Pour autant, il est absolument essentiel de ne recruter que des hommes et des femmes pouvant répondre aux différentes exigences du métier :

- **Respect de la discipline, disponibilité, altruisme, sens des responsabilités, conscience professionnelle, engagement et honnêteté.**

Exemple : la question « Je m'arrange toujours pour finir ce que j'ai commencé : a) Oui b) Non » interroge sur la conscience professionnelle du candidat.

Exemple : la question « Il m'est arrivé de mentir pour me dégager d'une situation personnelle difficile : a) Jamais b) Parfois c) Souvent » a pour rôle de déterminer la franchise et l'honnêteté du candidat.

■ **Sociabilité, ouverture d'esprit, aptitude à travailler en équipe et à évoluer au sein de la communauté militaire (notamment en raison de la vie en logement de fonction à proximité de vos collègues).**

Exemple : la question « J'aime rencontrer de nouvelles personnes : a) Oui b) Non » a pour vocation d'interroger le candidat sur sa sociabilité.

Exemple : la question « Je parle avec mes voisins : a) Jamais b) Parfois c) Souvent d) Toujours » sera en lien avec le fait que les gendarmes et leurs familles vivent à proximité immédiate les uns des autres.

■ **Stabilité émotionnelle, équilibre psychologique personnel, capacité à rester calme, professionnel et efficace dans des situations à risque ou de stress.**

Exemple : la question « J'ai du mal à m'endormir : a) Toujours b) Souvent c) Parfois d) Jamais » évaluera le caractère potentiellement anxieux du candidat.

Exemple : la question « Il m'arrive de fortement m'énerver : a) Oui b) Non » a pour vocation de mesurer la stabilité émotionnelle.

Par conséquent, les tests de personnalité se composent à la fois de questions visant à évaluer le **caractère** et sa **capacité d'adaptation** aux missions d'un gendarme, et de questions dont le but est de déterminer sa **capacité à gérer le stress**.

Les réponses aux questions se font soit sous la forme de choix multiples (oui, non, je ne sais pas) ou bien, plus rarement, de choix préférentiels (parmi des adjectifs, des phrases…).

Les inventaires de personnalité sont désormais réalisés informatiquement. Leurs résultats seront communiqués au psychologue, qui les interprétera (sous la forme d'un graphique ou d'un tableau de scores dans différents items) en vue de l'entretien avec le candidat.

EXEMPLES DE QUESTIONS POSÉES LORS DES TESTS DE PERSONNALITÉ

Afin de vous familiariser avec les différentes questions et leur variété, nous vous indiquons ci-dessous quelques exemples de questions posées lors des tests de personnalité :

- Vous sentez-vous l'âme d'un chef ?
- Êtes-vous quelqu'un de spontané ?
- Êtes-vous superstitieux ?
- Êtes-vous toujours content de vous ?
- Croyez-vous en l'astrologie ?
- Vous arrive-t-il de vous mettre en colère ?
- Préférez-vous la ville ou la campagne ?
- Vous arrive-t-il de boire de l'alcool ?
- Votre cousin franchit un feu rouge devant vous, alors que vous êtes en service Est-ce que vous le verbalisez ?
- Avez-vous le goût du risque ?
- Réfléchissez-vous beaucoup avant d'agir ?
- Votre chambre est-elle toujours rangée ?
- Essayez-vous toujours de comprendre les autres ?

- Pensez-vous être facile à vivre ?
- Vous arrive-t-il de tricher ?
- Est-ce que vous vous vexez facilement ?
- Êtes-vous ambitieux ?
- Doit-on obligatoirement s'entendre avec ses parents ?
- Est-ce qu'un film ou une musique peut vous rendre triste ?
- Maîtrisez-vous toujours vos émotions ?
- Êtes-vous toujours à l'écoute des autres ?
- Le stress peut-il être positif ?
- Êtes-vous quelqu'un d'organisé ?
- Vous arrive-t-il de préférer les animaux aux êtres humains ?
- Faut-il sanctionner pour faire comprendre ?
- Avez-vous déjà frappé quelqu'un ?
- Le mensonge peut-il être utile ?
- La hiérarchie est-elle toujours indispensable ?
- Un de vos collègues gendarmes boit pendant le service, est-ce que vous en informez votre officier ?
- Pour vivre libre, a-t-on besoin de règles et de contraintes ?
- Avez-vous besoin d'une certaine pression pour travailler ?
- Peut-on vous qualifier de quelqu'un d'énergique ?
- Êtes-vous quelqu'un d'impulsif ?
- Vous arrive-t-il de pleurer sans raison ?
- Pensez-vous avoir eu de la chance dans la vie ?
- Êtes-vous quelqu'un de solitaire ?
- Aimez-vous l'argent ?
- Préférez-vous la solitude ou la foule ?

Méthodologie et conseils

Lors des tests écrits de personnalité et d'adaptabilité, il est important d'être sincère, quelle que soit votre réponse. De même, répondez de manière assez spontanée : les tests comportent de nombreuses questions et, en réfléchissant trop à vos réponses, vous risquez de vous contredire. Ces tests sont rédigés et analysés par des professionnels : un candidat qui chercherait à dissimuler sa véritable personnalité serait immanquablement détecté et éliminé.

Prenez également le temps de bien lire la question posée afin de ne pas commettre d'erreur dans votre réponse. La bonne compréhension de l'ensemble des termes des questions est particulièrement importante. Par exemple, le terme « stupéfiants » désigne la drogue, « l'ébriété » évoque le fait d'être ivre en raison d'une consommation excessive d'alcool, la « sociabilité » désigne la capacité à évoluer positivement en société…

De même, ne soyez pas décontenancé si certaines questions vous semblent trop personnelles, voire intimes. Par exemple, si l'on vous demande si vous pleurez souvent, il vous faut répondre avec franchise. Ne prenez pas le risque de ne pas dire la vérité car d'autres questions ou l'entretien avec le psychologue permettront inévitablement de mettre en lumière une ou plusieurs réponses mensongères, et cela vous pénalisera.

De même, ne vous inquiétez pas si vous répondez positivement, par exemple, à une question sur le téléchargement illégal de films ou de séries télévisées, ou sur la commission ponctuelle de petits excès de vitesse en voiture. Il est en effet important d'être franc et spontané, et d'être capable par la suite, lors de l'entretien avec le psychologue ou le jury, de reconnaître son erreur en s'étant comporté ainsi. Nous insistons néanmoins sur le fait qu'il s'agit ici de comportements rares et ne portant que peu à conséquence : la prise excessive de risques pour soi-même ou pour autrui n'est pas admissible pour un futur gendarme.

La difficulté est souvent de ne pouvoir répondre que par « oui » ou par « non » à des questions pour lesquelles vous auriez aimé répondre de manière plus longue et nuancée. Peu importe, répondez « oui » si vous penchez plutôt pour le « oui », et « non » dans le cas inverse. Certains tests proposent également la réponse « je ne sais pas » : ne l'utilisez que quand vous ne pouvez pas répondre franchement par « oui » ni par « non ».

Exemple : Je cherche à faire valoir mon point de vue :

- ☐ a. Jamais
- ☐ b. Parfois
- ☐ c. Souvent
- ☐ d. Toujours

Commentaire : Il n'y a pas de bonne ou de mauvaise réponse à cette question. L'important est d'y répondre avec sincérité. Une personne qui répondra « Toujours » sera considérée comme plutôt dominatrice, et une personne qui choisira de cocher la case « Jamais » sera plutôt vue comme manquant d'autorité.

Certains tests de mise en situation proposent également des réponses multiples.

Exemple : Si un collègue vous informe qu'un autre collègue dit du mal de vous à tout le monde :

☐ Vous allez trouver ce collègue et vous lui demandez des explications

☐ Vous faites comme si de rien n'était, mais vous n'adressez plus la parole à ce collègue

☐ Vous ne dites rien à ce collègue, mais vous démentez ce qu'il a dit de vous auprès de tout le monde

Commentaire : Ici aussi, répondez avec naturel et franchise.

Aptitude professionnelle (concours externe et interne)

DURÉE 35 MINUTES

Planning de révisions

L'épreuve d'aptitude professionnelle a tendance à impressionner un certain nombre de candidats, sans que cette crainte ne se justifie réellement. L'essentiel est de se préparer à ces tests et de se familiariser avec eux.

À titre indicatif, nous vous indiquons un planning de préparation à l'épreuve d'aptitude professionnelle :

PÉRIODES	CONTENU DES RÉVISIONS	NOS OUTILS
Période 1 (1 ou 2 semaines)	Les tests d'aptitude verbale	Page 98
Période 2 (1 ou 2 semaines)	Les tests d'aptitude numérique	Page 104
Période 3 (1 ou 2 semaines)	Les tests de raisonnement logique	Page 109
Période 4 (1 ou 2 semaines)	Sujets corrigés de tests psychotechniques	Page 119

Présentation de l'épreuve

L'épreuve d'aptitude professionnelle consiste en un QCM portant sur des suites ou des ensembles logiques à résoudre. Cette épreuve dure 35 minutes et est non notée.

1. La vocation de l'épreuve

Selon l'arrêté du concours de sous-officier de gendarmerie, l'épreuve d'aptitude professionnelle vise à évaluer le potentiel intellectuel général des candidats et notamment leur capacité à comprendre et à s'adapter à une situation avec rapidité et justesse, par le développement d'un système de raisonnement logique.

Destinée à préparer leur entretien individuel avec un ou plusieurs psychologues, cette évaluation n'est pas une épreuve du concours. Le but de l'épreuve est d'évaluer vos capacités d'analyse, de mémorisation et d'observation, ainsi que de déterminer votre profil psychologique.

Le sens logique et celui de l'observation sont ici particulièrement recherchés chez les candidats. Il ne s'agit pas à proprement parler de test d'intelligence, comme ceux mesurant le quotient intellectuel (QI) d'une personne. Seules certaines aptitudes intellectuelles sont mesurées lors de ces tests.

2. Les différents types de tests

Dans le cadre du concours, plusieurs types de tests peuvent vous être soumis :

- **les tests de raisonnement logique :** ils sont variés (dominos, suites de nombres à compléter, cartes à jouer, carrés à remplir, formes géométriques) et impliquent un sens logique de votre part ;
- **les tests d'aptitude verbale :** ces tests mesurent vos capacités de compréhension du langage (exercices de synonymes, de contraires, d'expressions similaires) ;
- **les tests d'aptitude numériques :** ces test auront pour but d'apprécier vos capacités au raisonnement et aux calculs mathématiques ;
- **les tests faisant appel au calcul mental** ;
- **les tests d'attention visuelle :** vous devrez trouver des ressemblances ou des différences entre des signes ou symboles ;
- **les tests de personnalité :** sous la forme d'une longue série de questions, ils ont pour rôle d'établir votre profil psychologique.

Méthodologie et conseils

Les conseils méthodologiques qui suivent ont une vocation généraliste. Dans la présentation détaillée des différents tests (tests d'aptitude verbale, tests d'aptitude numérique, tests de raisonnement logique et tests de personnalité), nous vous indiquerons une méthodologie adaptée à chacun de ces types de tests.

Très souvent, les tests se composent d'une succession d'éléments de même nature (nombres, dominos, cartes à jouer, figures géométriques, schémas). Cette succession obéit à une certaine logique : la symétrie, la progression, la similarité, la diminution, l'addition, la soustraction... La résolution du test implique de déterminer quelle est cette logique afin, par exemple, de pouvoir ensuite trouver le ou les éléments manquants de la suite ou bien l'intrus.

Exemple 1 : Trouver l'élément manquant dans la suite de nombres suivants :
1 – 3 – 5 – 7 – ?
Ici, nous observons que les nombres augmentent de 2 en 2.
L'élément manquant sera : 9 (7 + 2).

Exemple 2 : Trouver l'intrus parmi ces adjectifs :
« Puissant – Musclé – Chétif – Énergique – Dynamique »
L'intrus sera l'adjectif « Chétif », car il n'est pas en concordance (il est antonyme) avec les autres adjectifs, qui sont tous plus ou moins synonymes entre eux.

NOTE DU FORMATEUR

Il suffit donc de se montrer observateur : en observant attentivement les éléments du test, vous parviendrez à en comprendre la logique. Avec un peu d'entraînement, vous aurez acquis une certaine habitude de ces tests. La plupart des tests obéissant aux mêmes principes, il n'est pas nécessaire de s'entraîner sur un trop grand nombre de tests pour en maîtriser l'exercice.

Il existe **deux grands types de méthodes** pour parvenir à la résolution de la plupart des tests :

– vous pouvez partir de l'énoncé de la question, l'analyser, le cas échéant en le décomposant, pour trouver à quelle logique peuvent obéir les éléments de la question ;

– ou bien, vous pouvez vous baser sur les réponses ou éléments proposés. Cette dernière méthode, souvent plus longue, peut permettre de trouver une solution lorsque la logique de l'exercice n'est pas trouvée facilement.

En toute hypothèse, il n'existe pas de « méthode type » pour aborder les tests. Le plus simple, et le mieux pour vous, est de trouver, en vous exerçant, vos propres repères et manières d'aborder les questions posées.

Ces tests impliquent également chez le candidat une bonne gestion du temps. Par expérience, il est inévitable de se trouver bloqué par un exercice, dont on ne parvient pas à trouver la solution. Il faut alors éviter de stresser, de s'énerver ou de s'agacer. Ne perdez pas votre temps et passez à l'exercice suivant. S'il vous reste du temps à la fin de l'épreuve, revenez sur les questions non résolues.

S'agissant des questions non résolues, nous vous invitons fortement à ne pas répondre au hasard. Si vous ne trouvez pas la réponse à la question, il vaut donc mieux ne pas répondre.

CONSEILS POUR LE JOUR DES ÉPREUVES

En résumé, listons quelques recommandations pour le jour des tests psychotechniques :

- le temps imparti sera court. Donc ne passez pas trop de temps à répondre à une question sur laquelle vous ne trouvez pas la réponse, passez à la suivante et revenez éventuellement à cette question par la suite ;
- concentrez-vous au maximum (si cela peut aider à votre concentration, munissez-vous de bouchons d'oreilles) car les questions nécessitent de la réflexion ;
- lisez attentivement les consignes (comprenez bien ce qui vous est demandé : ne confondez pas un synonyme et un antonyme, ...)
- gardez votre calme : le stress est l'ennemi du candidat, il lui fait perdre tous ses moyens. Bien souvent, avec un peu de logique et d'observation, on vient à bout de la plupart des questions ;
- enfin, ayez conscience que les tests psychotechniques sont délibérément conçus comme très longs : pratiquement personne n'arrive à la fin.

Tout le cours et entraînement

1. Les tests d'aptitude verbale

Les tests d'aptitude verbale font appel à votre logique verbale et à votre connaissance de la langue française. Leur compréhension est généralement simple et il s'agit d'exercices connus de tous : anagrammes, synonymes, antonymes (= le contraire de), homonymes, conjugaison de verbes, correction de phrases, orthographe etc.

1. Les anagrammes

L'exercice sur les anagrammes est un exercice qui se fonde sur un renversement de lettres. Il s'agit, en inversant ou en permutant les lettres d'un mot ou d'un groupe de mots, de trouver un sens ou un mot nouveau.

Certains jeux, comme le Scrabble®, le Boggle® ou Des chiffres et des lettres®, font appel aux anagrammes.

Exemples avec un mot : « manoir » est l'anagramme de « romain » (il est composé des mêmes lettres que l'on permute). « Imaginer » est l'anagramme de « migraine ». « Chien » est l'anagramme de « Chine ».

Exemple avec un groupe de mots : « Rose de Pindare » est l'anagramme de « Pierre de Ronsard ».

Entraînement

1. Trouvez une anagramme du mot « niche ».
2. Trouvez une anagramme du verbe « dire ».

Corrigé

1. « Chien » et « Chine » sont deux anagrammes possibles.
2. « Ride » est une anagramme du verbe « dire ».

2. Les palindromes

Les palindromes sont des mots ou des phrases qui peuvent se lire de gauche à droite aussi bien que de droite à gauche.

Exemples : « non » et « kayak » sont des palindromes. La phrase « engage le jeu que je le gagne » est un palindrome.

Entraînement

Lequel de ces mots n'est pas un palindrome :
Radar - kanak - réifier - ressasser - revivre - sonos ?

Corrigé

« Revivre » n'est pas un palindrome.

3. Le vocabulaire

Lors des tests d'aptitude verbale, des questions peuvent porter sur le vocabulaire. Il s'agit alors de déterminer l'étude de votre vocabulaire et, au-delà, vos capacités de compréhension.

Selon les exercices, il peut s'agir :

– d'analogie : similitude entre des mots de nature différente (exemple : analogie de nom entre « astronomie » et « astrologue ») ;
– de donner une définition à un mot ;
– de trouver un mot à partir d'une définition ;
– d'expliquer un mot à partir de plusieurs expressions proposées ;
– de trouver un mot manquant dans une série de mots ;
– de trouver un intrus parmi une série de mots.

Comme pour les questions de synonymes et d'antonymes, vous pouvez vous préparer à cet exercice en lisant le plus possible. Prenez l'habitude de lire un quotidien de référence (par exemple, *Le Figaro* ou *Le Monde*) et un hebdomadaire d'actualité (*Le Point*, *L'Express*, *Valeurs actuelles*). De même, lisez les auteurs classiques (Balzac, Flaubert, Jules Verne) ou certains auteurs contemporains au style élégant (par exemple, Michel Déon, Jean Raspail ou Sylvain Tesson). Lorsque que vous ne connaissez pas le sens d'un mot, reportez-vous systématiquement au dictionnaire. L'idéal est de tenir un répertoire pour y inscrire tous les mots nouveaux que vous apprenez. Ces conseils vous seront également utiles pour les épreuves de rédaction et d'entretien avec le jury du concours de sous-officier de gendarmerie.

Entraînement

❶ **Trouvez le mot manquant :**
Médecin - honoraires - fonctionnaire - traitement - militaire - solde - salarié - ?

❷ **Complétez la série suivante :**
Roman - genre littéraire - commode - meuble - viande - ?

❸ **Trouvez l'intrus :**
Appliqué - attentif - sérieux - dissipé - fiable

❹ **Quel adjectif correspond à la définition suivante : « qui veut renverser un ordre établi » ?**

☐ a. notoire
☐ b. blasphématoire
☐ c. factieux
☐ d. dissipé

❺ **Dans la phrase suivante, un mot est souligné. Parmi les trois expressions proposées, laquelle peut remplacer le mot souligné ?**
« Il m'est apparu comme un être malingre. »

☐ a. à la santé fragile
☐ b. qui possède une intelligence redoutable
☐ c. dont on ne se méfie jamais assez

Corrigé

❶ Ici, on observe que chaque profession est reliée au nom que portent les revenus qu'elle génère. La réponse sera donc : « salaire ».

❷ Dans cet exercice, il s'agit de déterminer la catégorie à laquelle appartient tel ou tel mot. La viande appartient à la catégorie des « aliments ».

❸ L'adjectif « dissipé » est l'intrus car il ne présente aucune analogie de sens avec les autres adjectifs.

❹ « factieux ».

❺ « à la santé fragile ».

4. Les synonymes

Un synonyme est un mot de même sens.

Exemple : « beau » est un synonyme de « superbe ».

Entraînement

1. Trouver un synonyme à l'adjectif « avéré ».
2. Trouver un synonyme au verbe « scinder ».

Corrigé

1. « certain » est un synonyme d'« avéré ».
2. « diviser » est un synonyme du verbe « scinder ».

5. Les antonymes

Un antonyme est le contraire d'un mot, c'est-à-dire le contraire d'un synonyme.

Exemple : « petit » est l'antonyme de « grand ».

Entraînement

1. Trouver l'antonyme de « délicat ».
2. Trouver l'antonyme de « créer ».

Corrigé

1. « grossier » est l'antonyme de « délicat ».
2. « détruire » est l'antonyme de « créer ».

6. Les homonymes

Un homonyme est un mot qui a la même forme orale ou écrite qu'un autre mot, mais qui a un sens différent.

Exemple : le mot « mineur » désigne à la fois une profession (« un mineur de fond »), une personne qui n'a pas atteint l'âge de la majorité (« un mineur de 15 ans ») et quelque chose ou quelqu'un de négligeable (« un incident mineur »).

Exemple : les mots « chat » (l'animal) et « chas » (le chas d'une aiguille) ont la même forme orale, mais pas le même sens.

Entraînement

Trouver l'intrus dans la série suivante : « livre - mode - mousse - tour - stylo »

Corrigé

Le mot « stylo » est ici l'intrus car c'est le seul qui ne présente aucune homonymie possible.

7. La compréhension des phrases

Lors de certains tests d'aptitude verbale, il est possible que l'on vous interroge sur le sens d'une phrase. Il faut alors être particulièrement attentif à la structure de la phrase, au temps de conjugaison des verbes et aux figures de styles éventuelles. Il est prudent de lire la phrase à au moins deux reprises. Même s'il ne s'agit pas de vous piéger, dites-vous que la phrase en question n'est pas anodine : il faut être attentif à son sens.

Exemple : La phrase : « Je fournirai l'équipement idoine » signifie :

- Si je le peux, je m'équiperais
- Je prendrai l'équipement requis
- Les douanes me fourniront l'équipement

Corrigé : la phrase « je prendrai l'équipement requis » est la bonne réponse.

Entraînement

❶ Dans la phrase « Sa motivation au travail est inversement proportionnelle à son amour du sommeil », on fait référence à un individu :

☐ a. travailleur
☐ b. feignant
☐ c. malade

❷ Dans la phrase « Une certaine correction lui fait défaut », on évoque une personne :

☐ a. polie
☐ b. grossière
☐ c. maladroite

❸ Le proverbe « Qui ne dit mot consent » signifie :

☐ a. il vaut mieux se taire
☐ b. celui qui ne dit rien est censé accepter
☐ c. le silence porte souvent tort

Corrigé

❶ La phrase fait référence à un individu « feignant ».

❷ La phrase évoque une personne « grossière ».

❸ « Celui qui ne dit rien est censé accepter ».

8. La grammaire et l'orthographe

De façon plus rare, il est possible que certains tests d'aptitude verbale comprennent des questions de grammaire (conjugaison de verbes) ou d'orthographe (correction de mots ou de phrases).

Entraînement

❶ Compléter la phrase suivante : « Il (verbe « venir » au futur) demain si sa voiture est réparée. »

❷ Trouver l'intrus dans la suite de mots suivante : « appareil - apathie - aplication - apprentissage - apercevoir ».

Corrigé

❶ « Il viendra demain si sa voiture est réparée. »

❷ L'intrus est « aplication », qui s'orthographie « application ».

2. Les tests d'aptitude numérique

Les tests d'aptitude numérique font souvent appel au calcul mental (la calculatrice n'est pas autorisée). Il est donc important de vous préparer en vous y exerçant.

Les calculs ne sont pas difficiles par eux-mêmes. En revanche, il faut savoir agir vite sans se tromper.

Vous pouvez vous entraîner au calcul mental en posant par écrit des opérations mathématiques (additions, multiplications, soustractions, divisions, pourcentages, fractions). Au quotidien, ne négligez aucune occasion de pratiquer le calcul mental : lors de vos courses, calculs de distances ou de vitesses, lors de trajets à pied ou en voiture, calculs de moyenne, ramener à l'unité inférieure ou supérieure (exemple : convertir un salaire mensuel en un salaire annuel).

A. Les signes négatifs et positifs

Petit rappel préalable : la valeur absolue d'un nombre est la valeur de ce nombre sans son signe (exemple : la valeur absolue de – 6 est 6).

Additionner des nombres de même signe ne pose pas de problème particulier. Il suffit d'additionner les valeurs absolues de ces nombres et de donner le signe commun de ces nombres au résultat de l'addition.

Exemple : $(-6) + (-8) = -(6 + 8) = -14$

Additionner des nombres de signes contraires revient en fait à opérer une soustraction. On soustrait le plus petit en valeur absolue au plus grand en valeur absolue. Le résultat est le signe du plus grand.

Exemples :

$(-5) + 7 = 7 - 5 = 2$

$4 + (-9) = -(9 - 4) = -5$

Pour soustraire un nombre négatif, il faut ajouter un nombre positif.

Exemples :

$(-5) - (-6) = (-5) + (+6) = +(6 - 5) = +1 = 1$

$(-4) - (+2) = (-4) + (-2) = -(4 + 2) = -6$

Quand on divise ou multiplie des nombres de même signe, le résultat est toujours positif. Quand on divise ou multiplie des nombres de signes différents, le résultat est négatif.

Exemples :

$(-3) \times (-6) = +18 = 18$

$(-2) \times 3 = -6$

$(-6) \div 3 = -2$
$(-8) \div (-2) = +4 = 4$
$6 \div (-3) = (+6) \div (-3) = -2$

B. La priorité des opérations

La division et la multiplication sont prioritaires sur l'addition et la soustraction. Par conséquent, il faut toujours effectuer les divisions et multiplications, avant les additions et soustractions.

Exemples :
$5 \times 2 + 1 = (5 \times 2) + 1 = 10 + 1 = 11$
$8 \div 4 - 1 = (8 \div 4) - 1 = 2 - 1 = 1$

Si une suite de calculs comporte des parenthèses, il faut effectuer d'abord les calculs entre parenthèses.

Exemple :
$[(5 \times 2) - 3] + 4 = (10 - 3) + 4 = 7 + 4 = 11$

C. Les fractions

Pour le concours, vous devez savoir simplifier une fraction, comparer deux fractions et effectuer les quatre opérations sur les fractions.

En considérant que a et b sont des nombres entiers, $\frac{a}{b}$ est une fraction, dont a est le numérateur et b le dénominateur.

QUELQUES ASTUCES DE CALCUL MENTAL

Afin de simplifier le calcul mental et de vous faire gagner un temps précieux lors des épreuves, il existe quelques astuces simples à retenir :

- pour multiplier par 10, 100, 1 000, ..., il suffit de déplacer la virgule vers la droite autant de fois qu'il y a de 0 ;
- diviser par 10, 100, 1 000, ... revient à multiplier par 0,1 ; 0,01 ; 0,001 ;
- pour multiplier par 0,1 ; 0,01 ; 0,001 ; ..., il faut décaler la virgule vers la gauche autant de fois qu'il y a de 0 ;
- pour multiplier par 5, 50, 500, ..., il faut diviser par 2 et multiplier par 10, 100, 1 000 ;
- pour diviser par 5, 50, 500, ..., il faut multiplier par 2 et diviser par 10, 100, 1 000 ;
- multiplier par 0,5 revient à diviser par 2 ;
- diviser par 0,5 revient à multiplier par 2 ;
- multiplier par 0,25 revient à diviser par 4 ;
- diviser par 0,25 revient à multiplier par 4 ;
- multiplier par 0,75 revient à multiplier par 3 et à diviser ensuite par 4 ;
- diviser par 0,75 revient à multiplier par 4 et à diviser ensuite par 3.

Pour simplifier une fraction, il faut diviser le numérateur et le dénominateur par un nombre identique.

Exemple :

$$\frac{6}{21}=\frac{2\times 3}{7\times 3}=\frac{2}{7}$$

$$\frac{270}{330}=\frac{2\times 3\times 5\times 3\times 3}{2\times 3\times 5\times 11}=\frac{9}{11}$$

Il est simple de comparer deux fractions qui ont un dénominateur identique : il suffit de comparer leurs numérateurs.

Exemple :

$$\frac{9}{11}<\frac{10}{11}$$

Si les deux fractions n'ont pas le même dénominateur, il faut d'abord leur donner un dénominateur commun.

Exemple :

$\frac{3}{5}$ et $\frac{1}{3}$

$$\frac{3}{5}=\frac{3\times 3}{5\times 3}=\frac{9}{15}$$

$$\frac{1}{3}=\frac{1\times 5}{3\times 5}=\frac{5}{15}$$

Pour additionner ou soustraire deux fractions, il faut d'abord les simplifier au besoin. Ensuite, il faut les réduire au même dénominateur, puis additionner ou soustraire les numérateurs. Enfin, on doit simplifier si possible la fraction obtenue.

Exemple :

$$\frac{1}{12}+\frac{5}{14}$$

$12 = 6\times 2$

$14 = 7\times 2$

$6\times 2\times 7 = 84$

Donc : $\frac{1}{12}+\frac{5}{14}=\frac{1\times 7}{84}+\frac{5\times 6}{84}=\frac{7+30}{84}=\frac{37}{84}$

Pour multiplier des fractions, on doit d'abord multiplier les numérateurs et dénominateurs entre eux. Puis, si cela est possible, simplifier la fraction obtenue.

Exemple :

$$\frac{3}{4}\times\frac{7}{9}=\frac{3\times 7}{4\times 9}=\frac{21}{36}=\frac{7}{12}$$

Pour diviser une fraction par une autre, il faut multiplier la première fraction par l'inverse de la seconde.

Exemple :

$$\frac{8}{11}\div\frac{1}{5}=\frac{8}{11}\times\frac{5}{1}=\frac{8\times 5}{11\times 1}=\frac{40}{11}$$

D. La règle de trois

La règle de trois vous sera très utile pour résoudre de nombreux problèmes de mathématiques lors du concours.

Le principe de la règle de trois est de ramener à l'unité.

Exemple : Il faut 9 heures de travail à un ouvrier pour produire 4 portières de voiture. Combien de temps lui faut-il pour produire 11 portières de voiture ?
En 9 heures, 4 portières sont fabriquées. Donc, il faut 9/4 heures pour produire une portière.
Par conséquent, pour produire 11 portières, il faut à un ouvrier $(9 \times 11) \div 4 = 99 \div 4 = 24{,}75$ heures.

E. Les pourcentages

Pour calculer le pourcentage d'un nombre, on multiplie ce nombre par le pourcentage.

Exemple : Une caserne de 45 sapeurs-pompiers compte 20 % de filles, le nombre de filles est donc de : $(45 \times 20) \div 100 = 9$.

Pour calculer un pourcentage, il faut procéder à une division et multiplier par 100.

Exemple : Sur 439 interventions des pompiers, seules 38 étaient des incendies. Le pourcentage d'incendies parmi les interventions des pompiers est : $38 \div 439 \approx 0{,}0865 \times 100 = 8{,}65$ %.

Pour augmenter un nombre d'un certain pourcentage, on multiplie ce nombre par le coefficient obtenu par l'addition de 1 et du résultat de la division par 100 du chiffre du pourcentage.

Exemple : La caserne des pompiers, d'une superficie de 1 890 m^2, aurait besoin de 20 % de surface supplémentaire. Les pompiers auraient donc besoin d'une caserne d'une superficie de $1\,890 \times [1 + (20 \div 100)] = 1\,890 \times (1 + 0{,}2) = 1\,890 \times 1{,}2 = 2\,268$ m^2.

Pour diminuer un nombre d'un certain pourcentage, on multiplie ce nombre par le coefficient obtenu par la soustraction de 1 et du résultat de la division par 100 du chiffre du pourcentage.

Exemple : Le budget de fonctionnement était de 45 millions d'euros l'an passé et cette année il vient de baisser de 5 %. Le budget de fonctionnement de cette année sera donc de : $45 \times [1 - (5 \div 100)] = 45 \times (1 - 0{,}05) = 45 \times 0{,}95 = 42{,}75$ millions d'euros.

F. La mesure du temps

Une minute (min) compte 60 secondes (s).
Une heure (h) compte 60 minutes.
Un jour compte 24 heures.

Ces règles permettent de convertir les unités de temps entre elles.

Exemple : 135 min = 135 ÷ 60 = 2,25 = 2 h 15 min ($25 \times \frac{60}{100} = 15$ min).

Pour additionner ou soustraire les unités de temps entre elles, il faudra les convertir.

Exemple : 7 h 32 min 26 s + 1 h 40 min 37 s = 8 h 72 min 63 s
en convertissant les unités, on a 72 min = 1 h 12 et 63 s = 1 min 03 s
donc le résultat de l'addition est : 9 h 13 min 3 s.

G. La vitesse

La vitesse en kilomètre/heure d'un objet en mouvement est égale au rapport de la distance parcourue en kilomètre (km) par la durée du trajet en heure (h).

Exemple : Un train parcourt 300 kilomètres en 1 heure 30 minutes. Sa vitesse et donc de 300 ÷ 1,5 = 200 km/h.

H. Les conversions d'unités

L'unité légale des mesures de longueur est le mètre (m).

10 m = 1 dam	1 dm = 0,1 m
10 dam = 1 hm	1 cm = 0,01 m
10 hm = 1 km	1 mm = 0,001 m

Un mètre carré (m^2) est l'aire d'un carré de 1 m de côté.
1 centiare = 1 ca = 1 m^2
1 are = 1 a = 100 m^2
1 hectare = 1 ha = 10 000 m^2

1 m^3 est le volume d'un cube de 1 m d'arête.
1 m^3 équivaut à 1 000 litres.
1 m^3 = 1 000 dm^3
1 dm^3 = 1 000 cm^3

3. Les tests de raisonnement logique

Le rôle de ces tests est d'analyser votre capacité de logique et de raisonnement, et également la faculté que vous avez à utiliser de façon successive différents modes de raisonnement.

Ces tests sont souvent utilisés lors des concours administratifs et peuvent prendre des formes très variées. Le niveau de difficulté des questions est également très variable. Le plus souvent, les tests de raisonnement logique se présentent sous la forme d'un cahier avec une feuille de réponse à côté, ou sur une feuille où les réponses sont à écrire en face de chaque exercice. La plupart du temps, il s'agit de suites de lettres ou de chiffres à compléter. Pour trouver les chiffres et les lettres manquants, il faut observer les suites proposées et trouver la logique les liant entre eux.

Comme pour les autres tests psychotechniques, le temps est limité. En pratique, vous aurez environ de 10 à 30 secondes par question suivant la difficulté du test.

Les mauvaises réponses enlevant des points, il est donc préférable de répondre d'abord aux questions que vous trouvez faciles ou dont vous êtes certain de la réponse.

A. Suites logiques, codes, exercices divers

Les types de raisonnement employés sont particulièrement nombreux. Il est difficile d'en établir une typologie exhaustive. En revanche, le tableau ci-dessous vous présentera les principaux tests de raisonnement de logique et l'explication de leur logique intrinsèque.

Utilisez ce tableau pour vous entraîner à ces tests. Ne trichez pas : ne regardez que la colonne de gauche, ou recopiez-la sur un papier libre pour faire ensuite les tests.

Entraînement

❶ 2 - 11 - 21 - 32 - 44 - 57 - 71 - ? - ?

❷ 15 - 43 - 127 - 379 - 1 135 - ? - ?

❸ 61 - 56 - 51 - 46 - ? - ?

❹ 147 - 140 - 133 - 126 - ?

❺ 9 - 27 - 81 - 243 - ?

❻ Lors des soldes, un blouson a vu son prix baisser de 20 % et coûte désormais 152 €. Quel était son prix de départ ?

❼ Paul a le quart de l'âge de son père et tous les deux ont ensemble 60 ans. Trouver l'âge de Paul et celui de son père.

❽ Un train effectue son parcours à 85 km/h et un trajet entre deux villes dure une heure et trente minutes. Quelle distance sépare les deux villes ?

❾ Si une moto parcourt 200 kilomètres en deux heures et vingt minutes, combien de kilomètres parcourt-elle en cinq heures ?

❿ A - B - D - G - K - ?

⓫ 935 - 329 = ?

⓬ ZERESIB est l'anagramme de quelle ville française ?

⓭ RQML - FEPO - DCU?

⓮ Trouver l'intrus : suralimentation - manger - alimentation - alimenté - alimentaire - aliment

⓯ 0 - 1 - 3 - 6 - ?

⓰ Trouver l'intrus : 27 - 45 - 82 - 108 - 909

⓱ Trouver l'intrus : encoller - recoller - décoller - colle - école

⓲ 1 - 20 - 300 - ?

⓳ C8 - E10 - G13 - I17 - ?

⓴ 255L - 121D - 413H - 226?

㉑ 319 - 287 - 255 - 223 - ?

㉒ 124 - 112 - 101 - 91 - 82 - ? - ?

㉓ 42 - 36 - 30 - 24 - 18 - ?

㉔ VOGEYA CACOTLI : VOYAGE ?

㉕ Chat 20 - Souris 19 - Chien 14 - Abeille ?

㉖ Répondre - Surgeler - Floraison - Pondre - Geler - ?

㉗ N - M - L - K - J - ?

㉘ Beau/Laid - Intelligent/Bête - Riche/?

㉙ Nacre - Crâne - Rance - ?

㉚ CHCDHICDEHIJ ????????

㉛ Trouvez la syllabe qui permet de compléter ces 2 mots :
OCCU??? et ???CUTER.

㉜ 38 - 2 - 19 - 9 - 3 - 3 - 40 - 4 - ?

㉝ L - K - C - J - I - C - H - G - ?

㉞ Rotor - Kayak - Ici - Ressa????

㉟ Trouvez l'intrus :
Aimer - Chérir - Protéger - Amour

㊱ 5 - 11 - 7 - 13 - 9 - 15 - 11 - ? - ?

37 XI + V = XVI
XVI + XIV = XXX
II + III = V
XIII + III = ?

38 Vingt 22 - Trois 20 - Quarante 17 - Soixante ?

39 130 - 126 - 124 - 120 - 118 - 114 - ?

40 Huit 4 - Dix 3 - Un 2 - Quatre 6 - Neuf ?

41 VIII 5 - XXXI 7 - IIV 4 - XXVI 7 - XVI ?

42 413126975 PARACHUTE
239265 ??????

43 Jours - Heures - Mois - 365 - 8 760 - ?

44 1 - 11 - 30 - 22 - 41 - 15 - 4?

45 213 - 212 - 210 - 207 - 206 - 204 - ?

46 A - E - I - M - ?

47 1 - 2 - 3 - 5 - 7 - 11 - 13 - ?

48 ARRIVER 7332413
RIVE ????

49 233C - 567F - 678G - 799?

50 N10 - Q13 - T16 - W19 - ?

51 54 000 - 10 800 - 2 700 - 900 - 180 - 45 - ?

52 Trouvez l'intrus :
Tigre - Lion - Requin - Guépard

53 11 - 13 - 10 - 12 - 9 - ?

54 24 - 48 - 37 - 74 - 58 - 116 - 41 - ?

Corrigé

1 **86** et **102**. Cette série est croissante. À partir de 11, chaque nombre est le nombre précédent auquel on ajoute un nombre augmentant de 1 à chaque fois : 2 + 9 = 11 ; 11 + 10 = 21 ; 21 + 11 = 32 ; 32 + 12 = 44 ; 44 + 13 = 57 ; 57 + 14 = 71 ; 71 + 15 = 86

2 **3 403** et **10 207**. Cette série est croissante. Il faut multiplier par 3 le nombre précédent, puis lui ôter 2.

3 **41** et **36**. Cette série est décroissante. Il suffit de soustraire 5 du nombre précédent.

4 **119**. Cette série est décroissante. Il suffit de soustraire 7 du nombre précédent.

5 **729**. Dans cette série, on multiplie par 3 le nombre précédent.

6 Le prix de départ du blouson était de : (152 ÷ 80) × 100 = **190 €**.

❼ Considérons que x est l'âge de Paul et y l'âge de son père. Nous obtenons :
$x = y \div 4$, donc $y = 4x$
D'autre part : $60 = x + y = x + 4x = 5x$, donc $x = 60 \div 5 = 12$
Par conséquent $y = 4 \times 12 = 48$
Paul a **12 ans** et son père **48 ans**.

❽ Il faut commencer par convertir en chiffres la durée du trajet, qui est d'une heure et trente minutes.
1 heure trente minutes = 1,5 heure
85 × 1,5 = 127,5
La distance entre les deux villes est donc de **127,5 kilomètres**.

❾ Il faut convertir en chiffres la durée de deux heures et vingt minutes.
2 h 20 = 2 h + 1/3 d'heure = 7/3 d'heure
Donc 7/3 = 200
5 heures = 15/3 d'heure
Donc la moto parcourt en 5 heures : 200 × (15 ÷ 7) = 200 × 2,14 (chiffre arrondi à deux décimales après la virgule) = **428,57 kilomètres**.

❿ **P**. En effet, la suite suit l'ordre alphabétique en sautant une lettre de plus à chaque fois.

⓫ **606**.

⓬ **BÉZIERS**.

⓭ **T**. Dans chaque série de lettres, deux sous-séries qui coexistent : FE/PO et RQ/ML
Dans chaque sous-série, la deuxième lettre précède la première dans l'alphabet : E puis F.
La quatrième lettre est donc celle qui précède la troisième : O puis P.
La solution est donc T (qui précède U).

⓮ **Manger**.

⓯ **10**. Il faut ajouter 1, puis 2, puis 3... au nombre précédent.

⓰ **82**. Ce n'est pas un multiple de 3 (l'addition de ses chiffres n'est pas un multiple de 3).

⓱ **École**.

⓲ **4 000**. Le premier chiffre croit de 1 en 1, et on place un zéro de plus derrière à chaque fois.

⓳ **K22**. Les lettres avancent de 2 et les chiffres de 2, puis 3, puis 4, puis 5.

⓴ **J**. Le cumul des chiffres de chaque nombre donne la place de la lettre dans l'alphabet.

㉑ **191**. Il faut soustraire 32 pour passer d'un nombre au suivant.

㉒ **74 - 67**. Il faut soustraire 12, puis 11, puis 10 et ainsi de suite.

㉓ **12**. On soustrait 6 à chaque nombre.

㉔ **Calicot**. Les deux dernières syllabes de chaque mot sont inversées.

㉕ **5**. Le nombre correspond à la place de la dernière lettre dans l'alphabet.

㉖ **Raison**. La première syllabe des 3 premiers mots est supprimée pour créer les 3 derniers.

㉗ **I**. Il s'agit d'un alphabet inversé.

㉘ **Pauvre**. Ce sont des antonymes.

㉙ **Écran**. Ce sont des anagrammes.

㉚ **CDEFHIJK**. On part de la lettre C et de la lettre H, puis on reprend C en ajoutant sa suivante et H en ajoutant sa suivante, ensuite on prend CD et on ajoute la suivante, et ainsi de suite.

㉛ **PER**. OCCU**PER** et **PER**CUTER

㉜ **10**. La division du premier par le deuxième vous donne le troisième. Même chose pour les trois suivants.

㉝ **C**. Il s'agit d'un alphabet inversé intercalant la lettre C toutes les deux lettres.

㉞ **SSER**. Tous ces mots sont des palindromes : on peut les lire dans les deux sens.

㉟ **Amour**. Ce n'est pas un verbe.

㊱ **17 - 13**. Il s'agit de deux suites imbriquées avec une progression de + 2.

㊲ **XVI**. Ce sont des additions de chiffres romains.

㊳ **19**. Le nombre correspond à la place de la première lettre dans l'alphabet.

㊴ **112**. La progression est : - 4, - 2.

㊵ **4**. Il s'agit du nombre de lettres dans chaque mot.

㊶ **5**. Il faut compter le nombre de traits dans ces chiffres romains.

㊷ **Cruche**. Chaque chiffre correspond à une lettre.

㊸ **12**. Il s'agit du nombre de mois dans une année, comme 365 = nombre de jours et 8 760 = nombre d'heures.

㊹ **3**. La somme des chiffres constituant chaque nombre est croissante (1 = 1 ; 11 = 1 + 1 = 2 ; 30 = 3 + 0 = 3 ; 22 = 2 + 2 = 4 ; 41 = 4 + 1 = 5...).

㊺ **201**. La progression est : - 1, - 2, - 3.

㊻ **Q**. Il y a une progression de + 4 entre chaque lettre.

㊼ **17**. Ce sont des nombres premiers : ils sont divisibles seulement par 1 et par eux-mêmes.

㊽ **3241**. Chaque lettre correspond à un chiffre.

㊾ **I**. Le chiffre central de chaque nombre indique la position de la lettre dans l'alphabet.

㊿ **Z22**. Les lettres progressent de 3 et les chiffres de 3 également.

51 **15**. La progression est : ÷ 5, ÷ 4, ÷ 3.

52 **Requin**. Ce n'est pas un félin.

53 **11**. La progression est de : + 2 puis - 3.

54 **82**. Les chiffres vont deux par deux, et pour chaque couple le deuxième est le double du premier.

B. Matrices et mouvements

Les exercices de matrice consistent à trouver une figure qui vient compléter ces systèmes de 9 éléments, dont les logiques sont diverses (dénombrement, symétrie, superposition positive ou négative, mouvement, etc.).

D'autres exercices consistent à déduire certains mouvements d'éléments dans un damier ou casier.

Entraînement

1
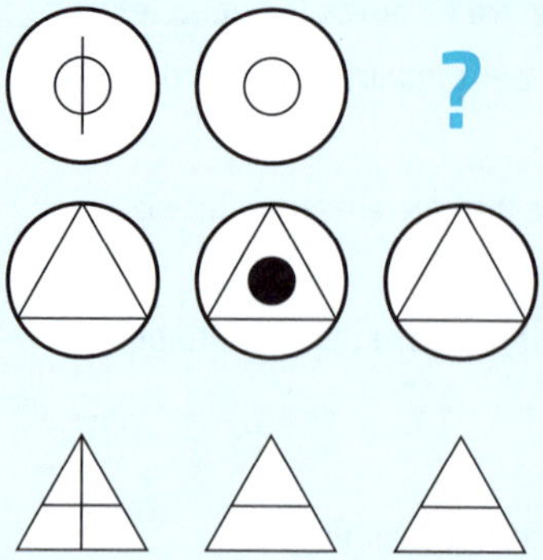

2
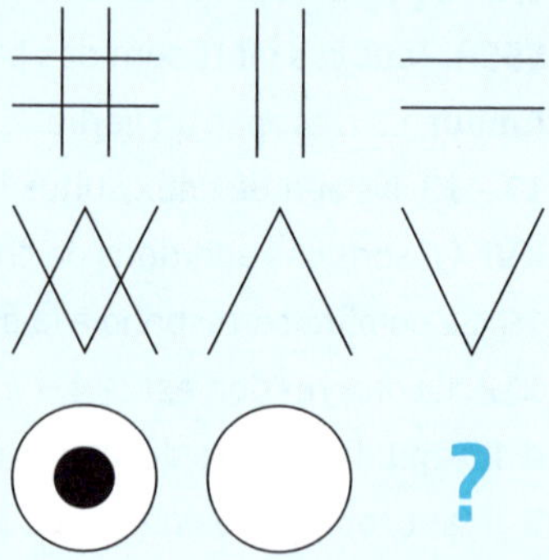

3
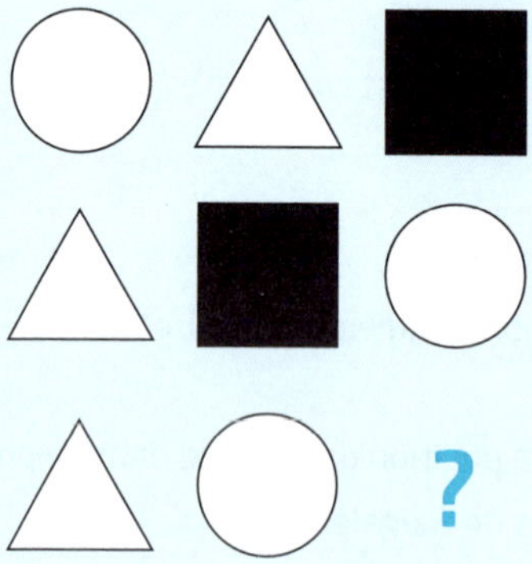

4
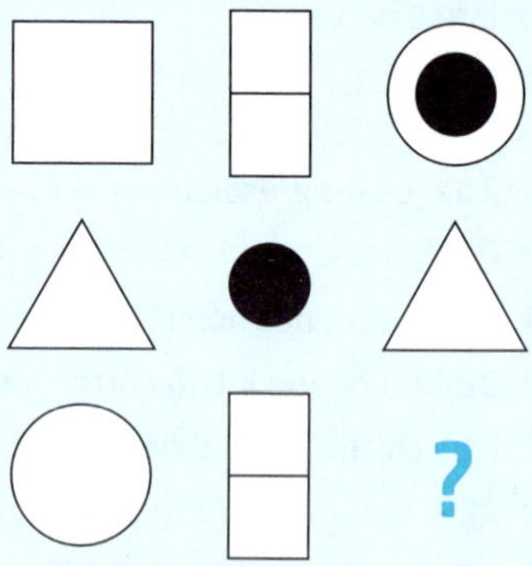

5
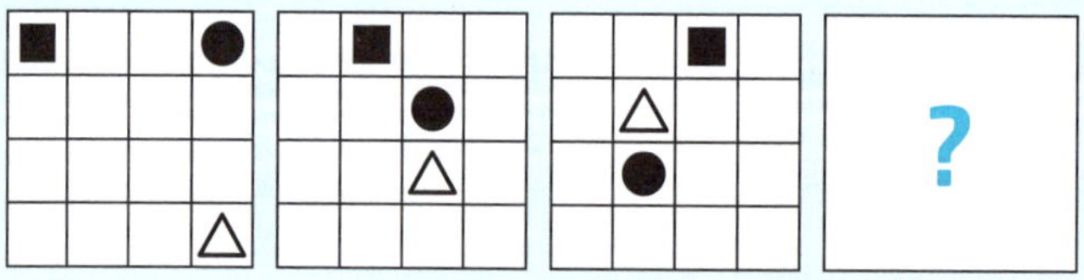

Corrigé

1 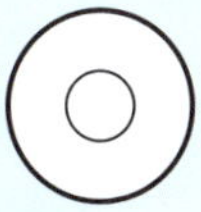

Dans chaque ligne, la figure qui ne comporte pas d'élément supplémentaire apparaît deux fois.

2 

La première figure de chaque ligne est le résultat de l'addition (ou superposition positive) des deux autres figures de la même ligne.

3 

Dans chaque ligne figurent trois éléments différents, qui apparaissent chacun trois fois dans la matrice, mais un carré rouge est manquant.

4 

Dans les diagonales, les figures de droite sont le résultat d'une superposition positive (addition) des deux autres (carré + point pour la figure manquante).

5 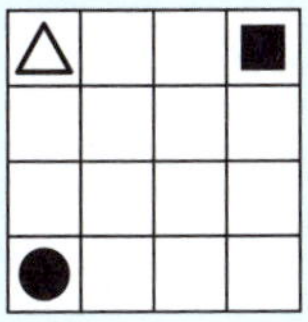

Chacun des éléments doit être observé séparément des autres : le carré se déplace horizontalement ; le rond se déplace en diagonale (de droite à gauche en descendant) ; le triangle se déplace en diagonale (de droite à gauche en montant).

C. Les dominos

Le plus souvent, les suites de dominos font appel à des lois mathématiques simples ou à des principes faciles à distinguer : additions ou soustractions de valeurs, symétries de valeurs ou d'aspect, système croissant ou décroissant.

Entraînement

1 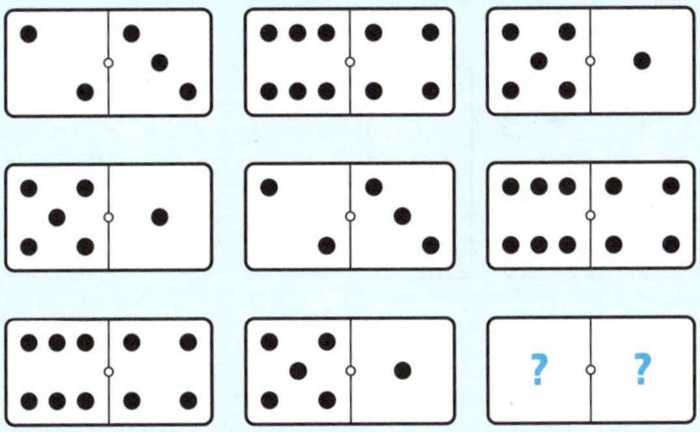

2

3

4

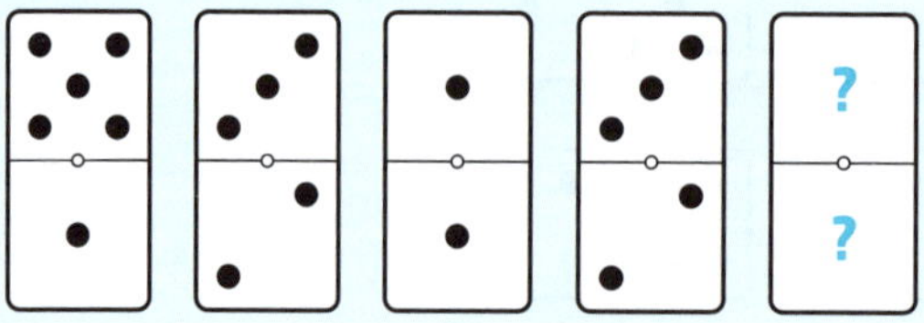

Corrigé

❶ 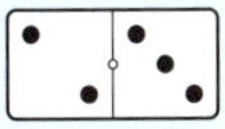

Le test est simple : il suffit d'observer la répétition sur chaque ligne et sur chaque colonne de la même série de trois dominos.

❷ 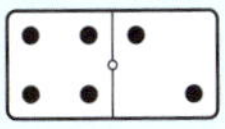

Ici, la solution est trouvée en faisant appel à la symétrie des dominos autour du centre.

❸ 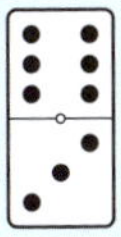

Cette série se compose de 6 dominos. Les 5 premiers dominos, dans le sens des aiguilles d'une montre, répondent à la progression suivante :
+ 2 / + 1, puis - 2 / + 1, et ainsi de suite.

❹ 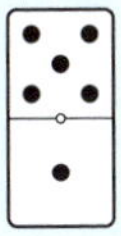

Exemple de dominos avec une symétrie de valeurs : le domino central constitue l'axe de symétrie.

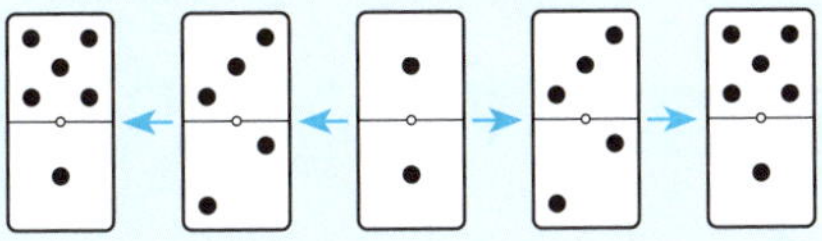

D. Les cartes à jouer

Examinez ces suites de cartes et trouvez sur quelle logique chacune d'elles est construite.

Entraînement

❶

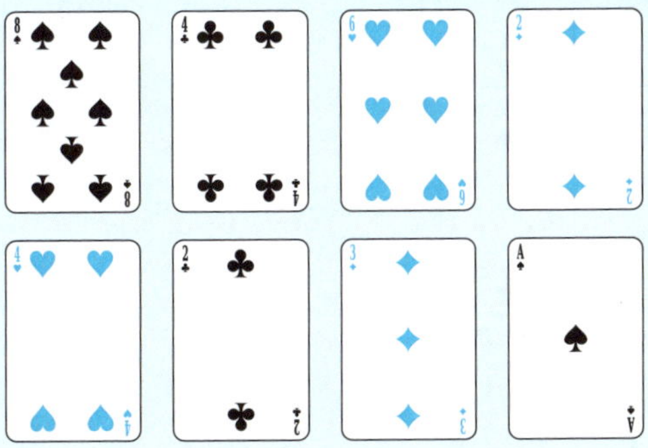

❷

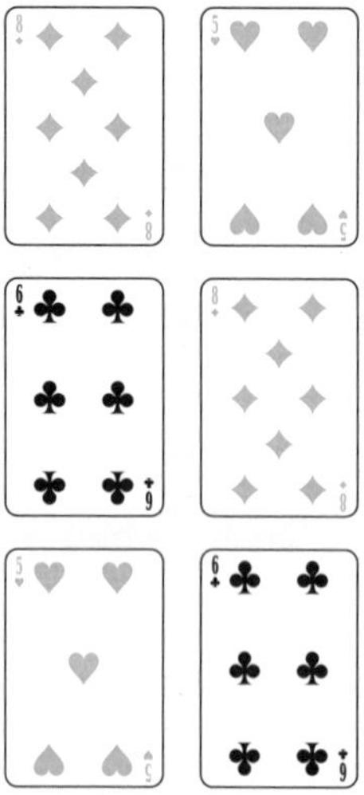

❸

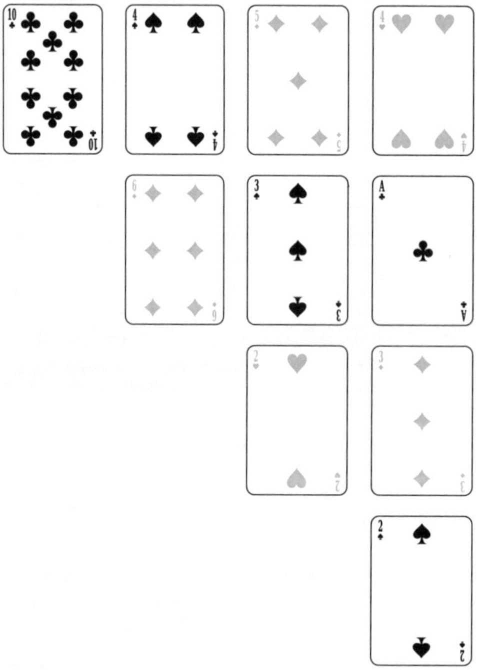

Corrigé

❶ Dans cette suite de cartes, la valeur de la carte du haut correspond au double de celle du bas. D'autre part, sur chaque ligne, les quatre couleurs sont présentes.

❷ Les trois cartes se retrouvent dans chaque colonne (8, 6 et 5).

❸ Ici, la somme de chaque colonne est la même (10). Il y a autant de cartes noires (5) que de rouges.

Sujets corrigés

SUJET N° 1 : Aptitude professionnelle

DURÉE : 35 MINUTES

Questions

1 Si : Jean est plus grand qu'Étienne, qu'Étienne est plus petit que William, qu'Olivier est plus petit qu'Étienne, qu'Étienne est plus grand que David, que William est plus grand que Jean, que David est plus petit qu'Olivier, qui est alors le plus petit ?

☐ a. David ☐ b. Étienne ☐ c. Jean ☐ d. Olivier

2 Lors d'une course, vous dépassez le troisième. Quelle place occupez-vous alors ?

☐ a. La première ☐ b. La deuxième ☐ c. La troisième ☐ d. La quatrième

3 Si la veille d'avant-hier était mardi. Aujourd'hui, c'est :

☐ a. Jeudi ☐ b. Vendredi ☐ c. Samedi ☐ d. Dimanche

4 Complétez la suite logique : 13 ; 169 ; 26 ; 338 ; 39 ; ?

☐ a. 299 ☐ b. 312 ☐ c. 507 ☐ d. 1 014

5 Pour fabriquer des drapeaux, on dispose de 3 couleurs : le bleu, le vert et le blanc. Les couleurs sont placées verticalement. Combien de drapeaux différents peut-on faire avec ces couleurs ?

☐ a. 5 ☐ b. 6 ☐ c. 9 ☐ d. 12

6 Quelle proposition n'est pas une conséquence directe de l'énoncé : « Il faut être touriste pour être client de ce restaurant. »

☐ a. Certains touristes sont clients de ce restaurant
☐ b. Être client de ce restaurant implique d'être touriste
☐ c. Tous les touristes sont des clients de ce restaurant
☐ d. Tous les clients de ce restaurant sont touristes

❼ **Quelle est la figure manquante ?**

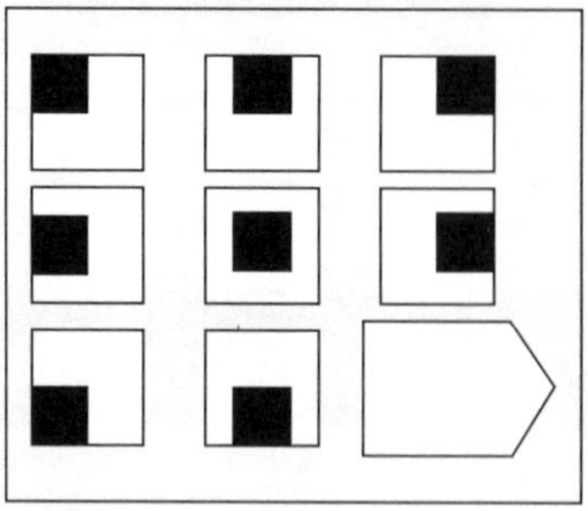

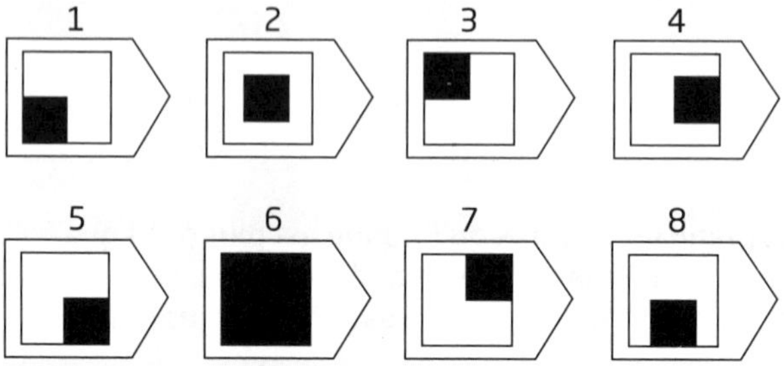

❽ **Voici une suite logique de nombres : 1 ; 1 ; 2 ; 3 ; 5 ; 8 ; 13.**
Quel est le nombre suivant ?

❾ **Arthur a 2 ans de plus que Thomas. Pierre a 5 ans de moins que Paul. Lise a 6 ans de moins que Thomas. Paul a 16 ans. Thomas a 8 ans de moins que Paul.**
Quel est le plus jeune de ces enfants ?

❿ **Continuez la série suivante : 42 - 46 - 51 - ?**

⓫ **Quelle est la figure manquante ?**

4	5	6	7
5	8	?	14
6	8	?	12
7	11	15	19

☐ a. 11 / 10 ☐ b. 9 / 4 ☐ c. 10 / 10

⓬ **Complétez la série suivante : N10 - Q13 - T16 - W19 - ?**

⓭ **Quelle est la suite logique ? Jours - Heures - Mois - 365 - 8 760 - ?**

⓮ **Quelle est la suite logique ? CHAT 20 - SOURIS 19 - CHIEN 14 - ABEILLE ?**

⓯ **Trouvez l'intrus parmi ces anagrammes : NHCEE - BALERE - NEFRE - ETOILLE**
☐ a. NHCEE ☐ b. BALERE ☐ c. ETOILLE ☐ d. NEFRE

⑯ Dans le proverbe « La fin justifie les moyens », que signifie « La fin » ?

☐ a. L'appétit ☐ b. La destruction ☐ c. Le but

⑰ « Monter en haut » ou « descendre en bas » sont des :

☐ a. Hyperboles ☐ b. Métaphores ☐ c. Pléonasmes

⑱ L'expression « bâtir des châteaux en Espagne » signifie :

☐ a. Avoir des projets dans un pays étranger
☐ b. Avoir des projets qui vont coûter très cher
☐ c. Avoir des projets qui ne se réaliseront jamais

⑲ Que signifie l'expression « loin des yeux, loin du cœur » ?

☐ a. Les absents ont toujours tort
☐ b. Le cœur perçoit ce que l'œil ne peut voir
☐ c. L'absence diminue beaucoup les affections

⑳ Complétez la série : Lyon - Nîmes - Rennes - ?

☐ a. Paris ☐ b. Moulins ☐ c. Colmar

㉑ Parmi les propositions suivantes, laquelle complète la suite logique et remplace le point interrogation : 41 - 62 - 83 - 104 - 125 - ?

☐ a. 146 ☐ b. 147 ☐ c. 134 ☐ d. 166

㉒ Quel est l'intrus dans la série suivante : 58CT - 74SE - 32TX - 25VQ - 91QG - 63SS ?

☐ a. 58CT ☐ b. 91QG ☐ c. 74SE ☐ d. 63SS

㉓ Blanc est à rouge, bleu est à noir, ce qu'orange est à ... :

☐ a. Jaune ☐ b. Violet ☐ c. Vert ☐ d. Rose

㉔ Trouvez le nombre manquant : LUCIOLE - 2 4 6 8 3 2 1 / CIEL - 6 8 1 2 / OEIL - 3 1 8 2 / OUÏE - ????

☐ a. 4 3 2 1 ☐ b. 3 4 8 1 ☐ c. 4 8 3 2 ☐ d. 1 3 4 2

㉕ 561342 est à GESIER ce que 162543 est à :

☐ a. ERIGES ☐ b. GRISEE ☐ c. REGIES ☐ d. SERGEI

Corrigé

❶ a.

❷ c. Si on dépasse le troisième, on devient de fait le troisième.

❸ b.

❹ c. 507

❺ b.
Drapeaux possibles :
bleu-vert-blanc
bleu-blanc-vert
vert-bleu-blanc
vert-blanc-bleu
blanc-vert-bleu
blanc-bleu-vert

6 c.

7 Figure 5.

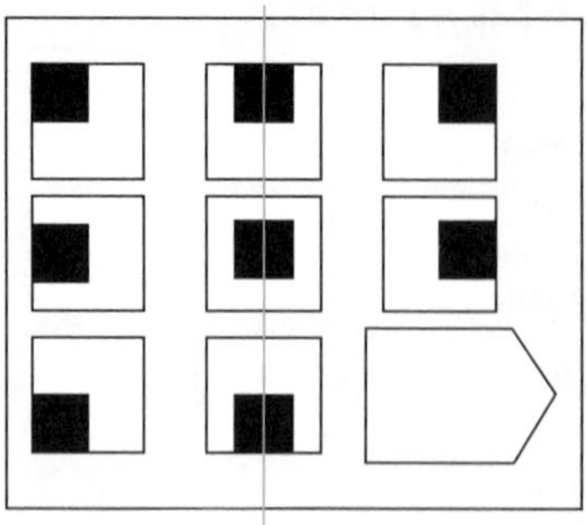

5

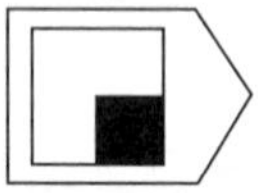

En observant la figure, vous constaterez une symétrie (ici formalisée par la ligne bleue)

8 21

9 Lise

10 57.
Entre 42 et 46, + 4 ; entre 46 et 51, + 5 .
Donc 51 + 6 = 57

11 a.

4	5	6	7
5	8	**11**	14
6	8	**10**	12
7	11	15	19

Le tableau doit être analysé ligne par ligne pour en comprendre la logique :
Première ligne : 4 - 5 - 6 - 7 (+ 1 à chaque case)
Deuxième ligne : 5 - 8 - ? -14 (+ 3 à chaque case donc ? = 11)
Troisième ligne : 6 - 8 - ? -12 (+ 2 à chaque case donc ? = 10)
Quatrième ligne : 7 - 11 - 15 - 19 (+ 4 à chaque case)

12 Z22.

13 12.
Jours dans l'année : 365
Heures dans l'année : 8 760 (365 × 24)
Mois dans l'année : 12
La réponse est donc 12

14 ABEILLE5.
Il faut ici utiliser une grille alphanumérique. On constate alors que le chiffre à la fin du mot correspond au rang dans l'alphabet de la dernière lettre.

A	B	C	D	E	F	G	H	I	J	K	L	M	N	O	P	Q	R	S	T	U	V	W	X	Y	Z
1	2	3	4	5	6	7	8	9	10	11	12	13	14	15	16	17	18	19	20	21	22	23	24	25	26

Pour le mot ABEILLE, la dernière lettre est E, dont la place dans l'alphabet est 5.

⑮ c.
NHCEE = CHENE
BALERE = ERABLE
NEFRE = FRENE
L'intrus est donc c. ETOILLE.

⑯ c.

⑰ c.

⑱ c.

⑲ c.

⑳ b. Il faut compter le nombre de lettres de chaque ville :
Lyon = 4 lettres
Nîmes = 5 lettres
Rennes = 6 lettres
Moulins = 7 lettres

㉑ a. Dans cette suite, l'augmentation est de + 21.
41 + 21 = 62
62 + 21 = 83
83 + 21 = 104
104 + 21 = 125
125 + 21 = 146

㉒ b. Dans la suite, la première lettre correspond à la première lettre du premier chiffre. La seconde lettre correspond à la dernière lettre du second chiffre.

58CT
Le nombre = cinquante-huit
1re lettre du nombre : C
dernière lettre du nombre : T

74SE
soixante-quatorze
1re lettre du nombre : S
dernière lettre du nombre : E

32TX
trente-deux
1re lettre du nombre : T
dernière lettre du nombre : X

25VQ
vingt-cinq
1re lettre du nombre : V
dernière lettre du nombre : Q

㉓ b. La logique est ici la suivante : « blanc » et « rouge » comportent chacun 5 lettres ; « bleu » et « noir » comportent chacun 4 lettres ; « orange » comporte 6 lettres, comme « violet ».

㉔ b. Chaque lettre correspond à un chiffre :

O : 3
U : 4
I : 8
E : 1
OUIE : 3 4 8 1

㉕ d. 561342 est à GESIER donc
G = 5
E = 6
S = 1
I = 3
E = 4
R = 2
donc SERGEI = 162543

SUJET N° 2 : Aptitude professionnelle

DURÉE : 35 MINUTES

Questions

❶ Rouge est à ... ce que ... est à nombre.

☐ a. jaune / chiffre ☐ b. chiffre / vert
☐ c. couleur / trente-deux ☐ d. peindre / compter

❷ Quel nombre complète la suite : 2 - 3 - 5 - 8 - ?

☐ a. 10 ☐ b. 11 ☐ c. 12 ☐ d. 13

❸ Quel mot peut-on former avec les lettres suivantes ?
AAACCEPR

❹ Quel est le sens de l'expression « tenir la dragée haute à quelqu'un » ?

☐ a. Nourrir quelqu'un
☐ b. Faire sentir son pouvoir à quelqu'un
☐ c. Considérer quelqu'un comme un enfant
☐ d. Conduire quelqu'un à l'église

❺ Quelle figure complète la série suivante ?

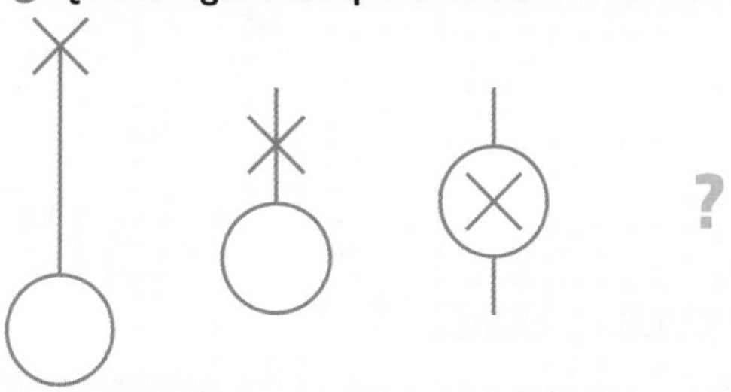

☐ a. 

☐ b. 

☐ c. 

☐ d. 

❻ Quel élément complète la suite ?
DIKA - EKNE - FMQI - ?

☐ a. GHUY ☐ b. GOAQ ☐ c. GOTM ☐ d. GRIP

❼ **Complétez la série suivante :**

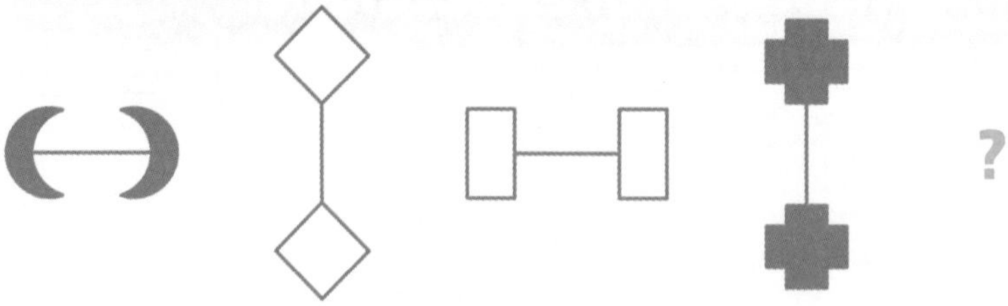

☐ a. 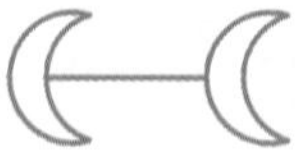 ☐ b. 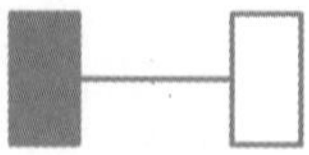 ☐ c. 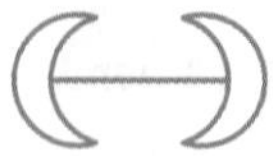 ☐ d. 

❽ **Durant un repas, Paul a mangé plus que Jean et Louis plus que Paul. Par conséquent, laquelle de ces 3 conclusions est exacte ?**

☐ a. Jean a mangé plus que Louis
☐ b. Jean a mangé moins que Louis
☐ c. Jean a mangé autant que Louis

❾ **Si Anne aime les brugnons, Coralie les dattes et Luc les mangues, qu'aime Noémie ?**

☐ a. Les ananas
☐ b. Les framboises
☐ c. Les oranges
☐ d. Les pommes

❿ **Quelle lettre complète cette série ?**

42(F) 32(E) 46(J) 34(?)

☐ a. D ☐ b. G ☐ c. K ☐ d. F

⓫ **Trouver l'intrus : batterie, triangle, timbale, violon, tambour.**

⓬ **Quel est le nombre manquant de la série ?**

98 89 - 69 96 - 38 83 - 41 ?

☐ a. 14 ☐ b. 41 ☐ c. 96 ☐ d. 43

⓭ **L'expression « faire amende honorable » signifie :**

☐ a. reconnaître ses torts
☐ b. bien payer son amende
☐ c. faire des libéralités
☐ d. donner une punition juste

⓮ **La famille de Pierre comprend : son père, sa mère et leurs parents, ses cinq sœurs dont chacune a un frère. De combien de personnes se compose la famille de Pierre ?**

☐ a. 10 ☐ b. 12 ☐ c. 14 ☐ d. 17

⓯ **30 000 secondes équivalent à :**

☐ a. 5 heures et 12 minutes
☐ b. 8 heures et 20 minutes
☐ c. 10 heures et 45 minutes
☐ d. 24 heures

⑯ En montrant Yves, Julie dit « Il est le fils de la fille unique de mon père ». Quel est le lien entre Yves et Julie ?

☐ a. Yves est le frère de Julie
☐ b. Yves est le fils de Julie
☐ c. Yves est l'oncle de Julie
☐ d. Yves est le grand-père de Julie

⑰ Quel nombre complète la série suivante ?

23 - 45 - 89 - 177 - ?

☐ a. 389 ☐ b. 90 ☐ c. 178 ☐ d. 353

⑱ Quel cube complète la série suivante ?

?

☐ a. ☐ b. ☐ c. ☐ d. ☐ e.

⑲ Quelle figure complète la série suivante ?

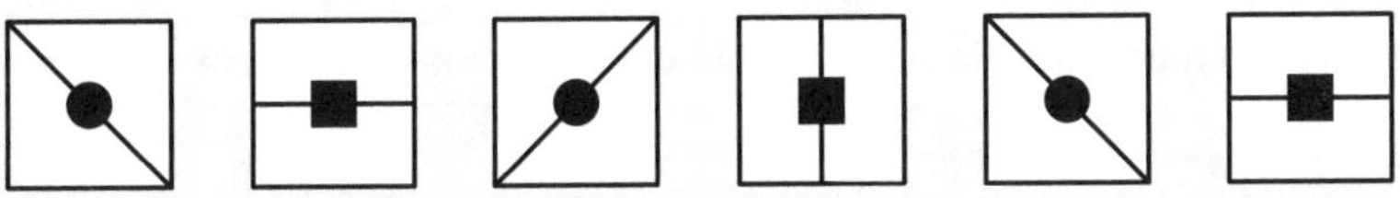

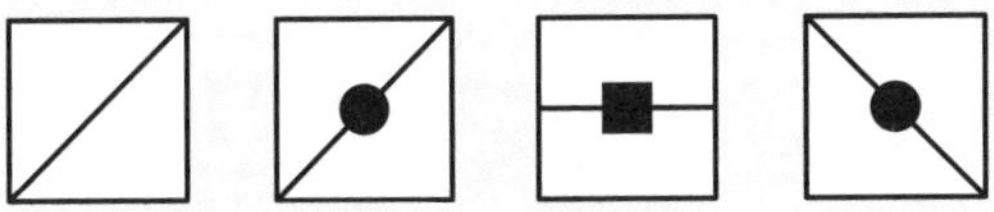

☐ a. ☐ b. ☐ c. ☐ d.

⑳ Compléter la série suivante.

F3 L9 R15 W20 J ?

☐ a. 5 ☐ b. 9 ☐ c. 6 ☐ d. 7

21 Quel cube complète la série suivante ?

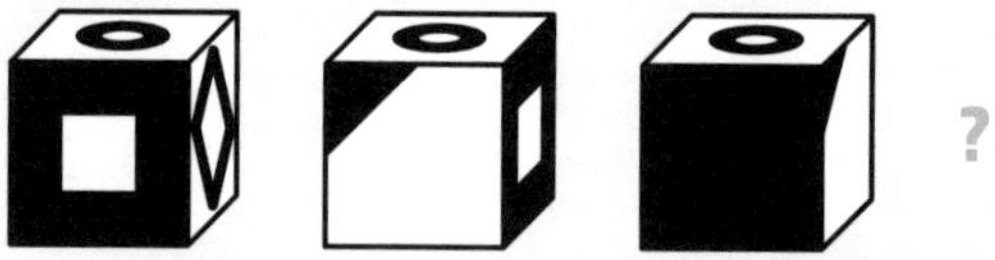

☐ a. ☐ b. ☐ c. ☐ d. ☐ e.

22 Trois personnes sont positionnées comme suit : 1/2/3. Marion est à la gauche d'Alexandre. Patricia n'est pas à côté d'Alexandre. Qui est en position n° 3 ?

☐ a. Marion
☐ b. Alexandre
☐ c. Patricia

23 Dans un escadron de gendarmes mobiles, il y a 110 gendarmes. 1/5 des effectifs ont plus de 50 ans, 1/2 de ceux qui restent ont entre 30 et 50 ans. Combien d'effectifs ont moins de 30 ans ?

24 Trouver les lettres qui complètent logiquement la série.

A Z BC YX DEF WVU ?

☐ a. GHIJ ☐ b. LDJE ☐ c. PLEN ☐ d. PGFA

25 Si Jean est mort avant la naissance de Paul, et si Michel s'est marié après la naissance de Paul, alors :

☐ a. Michel s'est marié pendant la vie de Paul
☐ b. Michel s'est marié après la mort de Paul
☐ c. Michel s'est marié avant la naissance de Paul
☐ d. aucune des conclusions précédentes n'est juste

Corrigé

1 c.

2 c. On passe d'un nombre au suivant en ajoutant : + 1, + 2, + 3, + 4...

3 CARAPACE (ou ACCAPARE)

4 b.

5 d. La croix descend le long de la ligne...

6 c. Les premières lettres de chaque groupe se suivent, les deuxièmes sautent 1 lettre, les troisièmes 2 lettres...

7 c. Les quatre premières figures, symétriques, tournent dans le sens des aiguilles d'une montre, en changeant de motifs, donc la cinquième figure droit être horizontale et symétrique.

8 b.

9 c. Le nom du fruit commence par la lettre suivant l'initiale du prénom.

10 b. Chaque lettre a pour rang dans l'alphabet la somme des 2 chiffres qui la précèdent.

11 Le violon n'est pas un instrument à percussion.

12 a. Il s'agit d'une suite de nombres « en miroir ».

13 a.

14 b.

15 b.

16 b.

17 d. 45 - 23 = 22 ; 89 - 45 = 44 ; 177 - 89 = 88 ; 177 + 176 = 353.

18 a.

19 b.

20 d. Il s'agit d'un ordre alphabétique décalé : on retire 3 au rang de la lettre dans l'alphabet

21 c.

22 b.

23 Effectifs de plus de 50 ans : 110 × 1/5 = 110 × 0,2 = 22
Effectifs restant : 110 - 22 = 88
Effectifs entre 30 et 50 ans : 88 × 1/2 = 88 × 0,5 = 44
Effectifs de moins de 30 ans : 110 - (22 + 44) = 110 - 66 = 44

24 a. L'alphabet est alternativement récité en commençant du début et de la fin.

25 a.

Entretien avec un psychologue (concours externe, interne et 3e voie)

DURÉE 30 MINUTES

Présentation

L'entretien avec le psychologue est l'une des étapes d'admission du concours de sous-officier de gendarmerie. Cet entretien dure environ 30 minutes et se déroule en face à face avec un psychologue. Il n'est pas noté.

L'entretien a pour base de départ les deux inventaires de personnalité (questionnaire de personnalité) et l'épreuve d'aptitude professionnelle réalisés par le candidat. Il a pour vocation de comprendre le parcours du candidat, sa motivation pour devenir sous-officier de gendarmerie et sa personnalité.

Par la suite, cet entretien pourra servir à orienter l'entretien avec le jury.

EXEMPLES DE QUESTIONS POSÉES LORS DE L'ENTRETIEN AVEC LE PSYCHOLOGUE

Nombre de ces questions sont très proches de celles posées dans les inventaires de personnalité (questionnaire de personnalité) et lors de l'entretien avec le jury.

- Pensez-vous être ambitieux ?
- Pensez-vous avoir eu de la chance dans votre vie ?
- Parlez-moi de vous.
- Quel est votre principal atout ?
- Quelle est votre principale faiblesse ?
- Si vous deviez recommencer vos études, choisiriez-vous les mêmes ?
- Avez-vous l'intention de reprendre vos études ?
- Avez-vous rencontré des difficultés au cours de votre scolarité ? Si oui, lesquelles et pourquoi ?
- Quel genre d'élève étiez-vous au lycée ?
- Quelles sont vos motivations pour entrer dans la gendarmerie ?
- Quel projet de carrière auriez-vous ?
- Comment réagiriez-vous face à un mort ?
- Selon vous, qu'est-ce qui est le plus dur dans le métier de gendarme ?
- Avez-vous une passion ?
- Pensez-vous avoir une bonne image de vous-même ?
- Savez-vous facilement dire non à des proches ?
- Pour quelles raisons aimeriez-vous travailler dans la gendarmerie ?
- Que savez-vous au sujet de la gendarmerie ?
- Quel type de chef préférez-vous avoir ?
- Avez-vous déjà eu des idées noires ?
- Êtes-vous du genre à vous faire des amis facilement ?

Méthodologie et conseils

Même s'il est parfaitement compréhensible qu'un entretien avec un psychologue puisse paraître anxiogène à certains candidats, cet entretien doit être abordé le plus sereinement possible. Le psychologue qui sera en face de vous cherchera simplement à comprendre comment vous vous percevez (notamment quant à vos qualités et défauts personnels), quel est votre parcours personnel et ce qui vous a conduit à vouloir devenir sous-officier de gendarmerie.

Par conséquent, cet entretien se prépare de la même manière que l'oral avec le jury en réfléchissant au préalable à vos motivations personnelles et aux éléments positifs que vous apportez à la Gendarmerie nationale.

De même, il est absolument essentiel de répondre de manière réfléchie et avec une totale franchise aux questions qui vous seront posées. N'oubliez pas que le psychologue est un professionnel averti, qui détectera très facilement les candidats qui ne se montreraient pas sincères.

Entretien avec le jury (concours externe, interne et 3e voie)

DURÉE 20 OU 30 MINUTES

COEFFICIENT 5 OU 7

Planning de révisions

De nombreux candidats appréhendent l'épreuve d'entretien avec le jury. Cette crainte est infondée : le jury ne souhaite pas vous piéger, son rôle est d'engager un véritable dialogue avec vous afin de mieux vous connaître et de déterminer votre aptitude à servir en gendarmerie. Pour autant, l'entretien avec le jury doit faire l'objet d'une préparation réelle et sérieuse par les candidats.

À titre indicatif, nous vous indiquons un planning de préparation à l'épreuve d'entretien avec le jury :

PÉRIODES	CONTENU DES RÉVISIONS	NOS OUTILS
Période 1 (1 ou 2 semaines)	Présentation de l'épreuve d'entretien avec le jury	Page 137
Période 2 (1 ou 2 semaines)	Connaissance de la Gendarmerie nationale et du métier de gendarme	Page 209
Période 3 (1 ou 2 semaines)	Se présenter devant le jury et répondre aux questions posées	Pages 137 et 140
Période 4 (2 à 4 semaines)	Connaissances indispensables (institutions, environnement territorial, histoire, géographie, actualité...)	Page 161
Période 5 (1 ou 2 semaines)	Entraînement (exposés, questions du jury, simulations d'entretien)	Pages 233, 238 et 245

Présentation de l'épreuve

Contrairement à une idée reçue chez de nombreux candidats, l'épreuve d'entretien avec le jury doit faire l'objet d'une préparation rigoureuse. Il est essentiel d'en connaître le déroulement et les finalités, ainsi que de vous entraîner à répondre aux questions pouvant vous être posées. Même s'il vous faut rester sincère et naturel au cours de l'entretien, il est possible, en vous y préparant à l'avance, de mettre davantage de chances de votre côté. Il s'agit pour vous de démontrer que le choix d'une carrière en gendarmerie est mûrement réfléchi et que vous en possédez les qualités requises.

1. L'épreuve d'entretien avec le jury du concours externe

Cette épreuve consiste en un entretien avec le jury sur un **sujet d'ordre général portant principalement sur les grandes questions d'actualité, ainsi que sur les motivations du candidat**. Après le tirage au sort d'un sujet, le candidat bénéficie d'une préparation de 10 minutes avant une restitution de 20 minutes (cette durée comprend à la fois l'exposé du candidat et les questions du jury qui s'en suivront). Le jury a toute latitude pour élargir la discussion.

Elle vise à mettre en valeur l'aptitude du candidat à l'état de sous-officier de gendarmerie au regard de sa personnalité, de sa motivation, de sa culture générale, de ses facultés d'expression et de raisonnement, de sa vivacité d'esprit et de son équilibre émotionnel.

Les inventaires de personnalité et l'entretien avec le psychologue constituent une aide à la décision des groupes d'examinateurs.

Le candidat devra se présenter à cette épreuve avec un curriculum vitæ.

Pour cet entretien, le jury dispose, à titre indicatif, du dossier du candidat.

Cette épreuve est affectée d'un coefficient 7 et toute note inférieure à 6 sur 20 est éliminatoire.

2. L'épreuve d'entretien avec le jury lors du concours interne et du troisième concours

Cette épreuve consiste en un entretien avec le jury s'appuyant sur un dossier professionnel. Le candidat se présente à cette épreuve avec son dossier professionnel.

Le jury a toute latitude pour élargir la discussion.

L'épreuve vise à mettre en valeur l'aptitude du candidat à la fonction de sous-officier de gendarmerie au regard de ses acquis de l'expérience professionnelle : durant son activité de volontaire dans les armées servant dans la Gendarmerie nationale, de titulaire du diplôme de gendarme adjoint, de policiers adjoints de la Police nationale, de militaire des forces armées autres que la Gendarmerie nationale servant en vertu d'un contrat, ou encore de réserviste de la Gendarmerie nationale. L'évaluation de l'aptitude professionnelle, les inventaires de personnalité et l'entretien avec le ou les psychologues constituent une aide à la décision des groupes d'examinateurs.

Elle vise notamment à évaluer l'aptitude du candidat au regard de sa personnalité, de sa motivation, de sa culture générale, de ses facultés d'expression et de raisonnement, de sa vivacité d'esprit et de son équilibre émotionnel.

Le candidat devra se présenter à cette épreuve avec un dossier professionnel qu'il aura lui-même constitué. L'absence éventuelle de dossier professionnel aura une incidence négative sur la note finale du candidat.

Cette épreuve dure 25 minutes.

Elle est affectée d'un coefficient 7 et toute note inférieure à 6 sur 20 est éliminatoire.

Pour le troisième concours, l'épreuve d'entretien consiste en un entretien de vingt minutes avec le président du jury et un ou plusieurs militaires de la Gendarmerie nationale ou experts civils. Elle vise à apprécier les aptitudes, la personnalité et la motivation du candidat, ainsi qu'à évaluer les **acquis de son expérience professionnelle**.

Les inventaires de personnalité et l'entretien avec le ou les psychologues constituent une aide à la décision.

Pour cet entretien, les membres disposent du **dossier** du candidat.

3. Le sujet tiré au sort (concours externe)

Le sujet tiré au sort par le candidat du concours externe concernera, le plus souvent, **une question d'actualité ou une problématique professionnelle** (exemples : La sécurité est-elle seulement le devoir de l'État ?, Que signifie pour vous le fait de servir en gendarmerie ?). Le sujet tiré au sort par le candidat permettra d'orienter l'entretien avec le jury.

EXEMPLES DE SUJETS D'EXPOSÉ TIRÉS AU SORT LORS DE L'ÉPREUVE D'ENTRETIEN

Vous trouverez ci-dessous une liste d'exemples de sujets tirés au sort lors du concours externe. Vous constaterez qu'ils peuvent être très différents et concerner une large palette de domaines :

- Le sport, école de la vie ?
- L'argent fait-il le bonheur ?
- Le sport et l'argent.
- Les différences et les ressemblances entre la Police nationale et la Gendarmerie nationale.
- Les évolutions de la famille de nos jours.
- Le droit de grève.
- La prostitution.
- Le rôle de la politesse dans la société d'aujourd'hui.
- Pour ou contre le retour du service militaire ?
- La surpopulation dans les prisons.
- La vidéosurveillance.
- Les présidents de la Ve République.
- La télévision peut-elle nous instruire ?
- Les élus en France.
- Les énergies renouvelables.
- Le tourisme en France.
- L'accès aux soins médicaux.
- Réseaux sociaux et vie privée.
- L'argent ne fait-il pas le bonheur ?
- La boxe est elle faite pour les mauvais garçons ?
- Qu'est-ce que le courage pour vous ? Donnez un exemple.
- Le stress : bon ou mauvais ?
- Pour ou contre la légalisation du cannabis ?

4. Les questions posées par le jury

Les questions posées par le jury peuvent concerner :

– votre vie personnelle (enfance, études, travail éventuel, situation de famille…) ;
– vos passions et loisirs ;
– votre culture générale ;
– votre caractère et votre personnalité ;
– votre motivation pour entrer dans la gendarmerie ;
– votre connaissance de la gendarmerie ;
– vos expériences professionnelles (notamment pour les candidats du concours interne et du troisième concours) ;
– vos projets professionnels éventuels au sein de la gendarmerie.

5. L'évaluation de l'entretien

Les questions seront donc variées. Votre **personnalité** et votre **parcours personnel** seront notamment analysés. Les différents domaines évalués lors de l'épreuve d'entretien avec le jury peuvent être résumés dans le tableau suivant :

Savoir-être	Savoir-faire
Présentation Expression orale Culture générale Motivation Cohérence	Vie collective Forme physique Sens du service public Expérience vécue

Il faut préciser ici que cet entretien sera cordial et détendu. En aucun cas, on ne cherchera à vous piéger ou à vous déstabiliser. L'important est de bien vous connaître.

D'autre part, même s'il n'existe pas de grille fixée pour l'évaluation des candidats, il est possible de distinguer plusieurs critères objectifs d'évaluation :

- **la présentation du candidat :** un candidat se doit d'avoir une tenue vestimentaire correcte et une coiffure ordonnée ;
- **l'attitude générale :** la posture physique, le regard porté sur tous les membres du jury (et pas sur la table ou les pieds du candidat…), l'aisance du candidat, le sourire et la politesse seront évalués ;
- **la manière de présenter le sujet tiré au sort et de répondre aux questions :** il faut veiller à répondre par des phrases bien construites, à employer un vocabulaire riche et adapté. La capacité du candidat à argumenter sera également évaluée par le jury. De même, le candidat doit adopter une attitude coopérative avec le jury en répondant de manière ouverte et développée aux questions posées ;
- **la connaissance de la gendarmerie et la motivation :** ces deux points sont indissociables. Vous devez démontrer que vous n'êtes pas là par hasard et que vous vous êtes renseignés sur le métier auquel vous vous destinez. Servir en gendarmerie implique également un réel sens du service public ;
- **la culture générale et l'ouverture d'esprit :** la gendarmerie recherche des personnes ouvertes, curieuses et aux profils diversifiés. L'intérêt pour l'actualité est également apprécié ;
- **les qualités morales et le caractère :** il n'existe pas de profil type en la matière. Néanmoins, un candidat se doit d'avoir un sens naturel de l'honnêteté, un goût de l'effort, une aptitude au travail en équipe et à la prise d'initiatives. De même, le candidat doit rester maître de lui face à des questions ou des situations pouvant éventuellement le déstabiliser.

Méthodologie et conseils

L'épreuve d'entretien avec le jury est importante dans la mesure où, en raison de sa nature éliminatoire, elle va véritablement déterminer si oui ou non vous allez pouvoir intégrer la gendarmerie. Il est donc essentiel de bien s'y préparer avant le concours, afin de faire la meilleure impression possible et de pouvoir mettre vos qualités en avant.

La méthodologie et les conseils qui suivent sont basés sur une chronologie simple de l'épreuve d'entretien pour le concours externe :

- le candidat tire au sort un sujet ;
- il se retire dix minutes pour préparer son exposé ;
- le candidat revient se présenter au jury, puis expose sa réflexion au jury ;
- le jury pose des questions au candidat, avant que l'entretien ne se termine.

Il est possible que cette chronologie diffère quelque peu le jour où vous vous présenterez devant le jury. Ainsi, il est possible que le jury vous demande de vous présenter avant de vous laisser tirer au sort un sujet, ou bien cela sera l'inverse. Soyez donc conscient de cet état de fait et ne soyez pas dérouté le jour de l'oral. **L'important est de se laisser guider par le déroulement que le jury choisira de donner à l'entretien.**

Enfin, **il est essentiel de se tenir informé de l'actualité** dès le début de votre préparation au concours. Pour cela il ne suffit pas d'écouter une station de radio ou une chaîne de télévision consacrée uniquement à l'information en continu. Vous devez absolument prendre le temps de lire un quotidien (idéalement un quotidien national : *Le Monde, Le Figaro, L'Opinion, Libération, La Croix…*) et un hebdomadaire d'actualité (*L'Obs, Le Point, Valeurs actuelles, L'Express, Marianne…*). Nous vous invitons fortement à varier régulièrement les titres des journaux que vous lisez, afin de vous imprégner de différents points de vue. À cette fin, le meilleur moyen est de fréquenter très régulièrement une bibliothèque publique abonnée à différents titres.

1. La présentation du candidat

Candidats du concours externe : après avoir tiré au sort un sujet et vous être préparé pendant dix minutes, vous reviendrez auprès du jury. Le jury vous demandera alors, le plus souvent, de vous présenter avant de commencer véritablement à écouter votre exposé et à vous poser des questions. Votre présentation ne devra durer que quelques instants (deux minutes au maximum). Les premiers instants seront déterminants, dans la mesure où il est difficile de revenir en peu de temps sur une mauvaise « première impression ».

Les candidats du concours interne et du troisième concours, quant à eux, seront directement invités à se présenter devant le jury.

Donc, le meilleur conseil que l'on puisse vous donner est de rester simple et naturel. Un candidat qui cherchera à dissimuler sa personnalité et ses motivations sera immédiatement détecté par le jury (n'oubliez pas qu'il s'agit de professionnels ayant l'habitude de participer à des recrutements). Restez sincère, ne cherchez pas à impressionner vos interlocuteurs, n'employez pas de formules toutes faites (« Gendarme, c'est le plus beau métier du monde »...).

Après avoir salué les membres du jury (les développements de l'introduction de ce manuel portant sur les personnels de la gendarmerie vous apprendront à reconnaître les grades) en les regardant dans les yeux et vous être assis après y avoir été invité, commencez votre présentation en déclinant :

- votre identité (prénom puis nom) ;
- votre âge ;
- le lieu où vous vivez ;
- votre situation de famille ;
- vos études passées et éventuellement actuelles ;
- vos diplômes et qualifications divers (brevet de secourisme, par exemple) ;
- vos expériences professionnelles passées et éventuellement actuelles.

Ensuite, si on vous le demande, expliquez en quelques minutes (deux ou trois) pourquoi vous voulez devenir gendarme :

- ici encore, évitez les formules toutes prêtes (« Je veux faire gendarme depuis tout petit »...) qui n'apporteront rien à votre candidature ;
- choisissez plutôt d'expliquer pourquoi ce métier vous attire, comment est né votre désir de l'exercer, quels sont pour vous les attraits de la profession de gendarme (le travail d'équipe, la cohésion, le goût de l'action, le cadre hiérarchique et l'uniforme, les missions, le sens du service public...) ;
- de même, montrez au jury que vous connaissez la gendarmerie, que vous avez rencontré des gendarmes et parlé avec eux, que vous vous êtes rendu dans une gendarmerie... ;

– éventuellement, vous pouvez préciser quel déroulement de carrière vous envisagez au sein de la gendarmerie (franchissement de grade, qualification d'officier de police judiciaire, spécialité…).

Par la suite, vous pouvez très bien évoquer votre passion pour telle ou telle chose, votre éventuel engagement associatif, vos activités sportives… Ici, vous pourrez vous démarquer des autres candidats (n'oubliez pas que vous passez un concours) et donner l'envie au jury de reparler par la suite de ces points-là avec vous.

Enfin, terminez par une conclusion ou une phrase qui permette au jury de comprendre que vous avez fini votre présentation.

Pour vous préparer à vous présenter devant le jury, vous devrez au préalable rédiger votre CV : état civil, formation (études, diplômes, qualifications), expériences professionnelles, loisirs et engagements éventuels (association…). En face de vos formations, expériences professionnelles et engagements personnels, essayez de décrire en quelques mots ce que cela vous a apporté de positif. Cet exercice vous permettra de structurer la première partie de votre présentation. D'ailleurs, les candidats doivent se présenter à cette épreuve avec leur curriculum vitæ. Ce CV devra être préalablement relu par des tiers, notamment pour être conseillé et éviter les fautes ou des oublis.

Concernant la deuxième partie de votre présentation (évocation de vos motivations pour devenir gendarme), vous pouvez vous préparer de la façon suivante :

– retracez en quelques lignes les raisons principales de votre candidature ;

– ces éléments doivent vous aider à bâtir l'architecture générale de votre propos, mais en aucun cas il ne faut apprendre un discours par cœur. Gardez donc à l'esprit uniquement les « grandes lignes » ;

– dans votre parcours, vos formations ou vos expériences, essayez de voir ce qui peut vous valoriser et faire la différence avec d'autres candidats, tout en étant bien conscient qu'il vous faut rester modeste et pondéré devant le jury qui sera en face de vous ;

– restez toujours positif au cours de votre présentation.

Votre conclusion doit, elle aussi, être préparée, mais uniquement dans son « canevas » (n'apprenez pas votre présentation par cœur : vous devrez être naturel face au jury).

Vous pouvez également vous entraîner en étant filmé par un proche :

– filmez-vous en train de vous présenter devant le jury : regardez le temps passé (il ne doit pas être supérieur à deux minutes, ni inférieur à trente secondes) et jugez par vous-même votre prestation ;

– visionnez-vous une deuxième fois, mais en coupant le son afin de pouvoir bien vous rendre compte de votre posture physique au cours de votre présentation (votre regard doit se porter en direction de tous les membres du jury, vos mains doivent se situer au-dessus de la table mais ne pas bouger exagérément, vous devez garder les genoux serrés…) ;

– si vous en ressentez le besoin, faites filmer à plusieurs reprises votre présentation, mais ne récitez jamais un discours préparé à l'avance.

2. La rédaction du CV détaillé (concours externe)

Pour le concours externe de sous-officier de gendarmerie, lors de l'épreuve d'entretien avec le jury, ce dernier dispose du résultat des tests psychotechniques, des inventaires de personnalité et du compte rendu de l'entretien avec le psychologue, ainsi que du curriculum vitæ (CV) détaillé apporté par le candidat.
Ce CV détaillé devra comporter les compétences acquises lors des parcours scolaire et extrascolaire et développer les raisons de ce choix professionnel. En ce sens, il se rapproche assez fortement du principe de la lettre de motivation.

Bien entendu, ce CV détaillé devra être préparé bien en amont par le candidat. En premier lieu, une maîtrise parfaite de l'orthographe, de la grammaire et de la syntaxe est attendue. Si vous avez des lacunes en la matière, vous devrez porter un effort particulier dans ce domaine et vous faire impérativement relire.

En second lieu, et à titre principal, il est bien évident que ce CV détaillé doit vous démarquer positivement des autres candidats en faisant valoir la maturité de votre choix de servir en gendarmerie et vos qualités personnelles.

Ce CV détaillé pourra notamment servir de fil conducteur à votre entretien avec le jury et permettra également de donner un premier aperçu positif à votre candidature.

1. Préparer les éléments de fond du CV détaillé

Afin de vous préparer à la rédaction de votre CV détaillé, nous vous invitons à réfléchir au préalable à votre parcours personnel, à vos motivations pour devenir sous-officier de gendarmerie et à ce que vous estimez pouvoir apporter à la Gendarmerie nationale.

Dans le cadre de cette préparation, nous vous recommandons très vivement de ne pas inclure d'éléments fantaisistes (expériences ou diplômes imaginaires…) ou excessifs (motivation affichée sans aucun sens de la mesure, qualités hors du commun…). En effet, cela produirait un effet désastreux sur le jury. De plus, lors de l'entretien, vous risqueriez fort de faire les frais d'un CV mensonger ou trop immodeste.

De même, puisque votre CV détaillé sera utilisé pour guider une partie de votre entretien, attendez-vous à être interrogé sur tel ou tel élément (études, expériences professionnelles et personnelles, motivation exprimée…). Ce CV vous offre ainsi une chance de tourner à votre avantage une partie de l'entretien avec le jury en présentant de manière positive votre candidature.

2. Rédiger son CV détaillé

Une fois que vous aurez préalablement établi les différents éléments de fond de votre CV (compétences acquises, qualités personnelles et motivation personnelle), il faudra mettre en forme votre CV détaillé.

Pour la mise en forme de votre CV détaillé, nous vous adressons les recommandations suivantes.

A. Présentation

- Le CV détaillé sera imprimé après une rédaction sur l'ordinateur. Présentez-le de manière lisible et aérée (faites des paragraphes et sautez des lignes entre chaque paragraphe). Plus le CV sera lisible, plus il sera lu avec intérêt par le jury.
- Les polices de caractères Times New Roman, Garamond et Cambria sont agréables à lire et correspondent aux standards d'un CV. Il est bien entendu possible d'opter pour une autre police de caractères, mais évitez les trop fantaisistes.
- La taille 12 pour le texte et la taille 14 pour les titres sont recommandées.
- En ce qui concerne la longueur, une page doit suffire.

B. Forme du CV

Nous vous recommandons la forme (rubriques) page suivante.

C. Relecture du CV détaillé

Une fois que vous aurez rédigé au préalable votre CV détaillé en respectant cette architecture, soumettez-le à la lecture critique de vos proches et essayez de l'améliorer. Lisez-le vous-même en n'y touchant pas pendant plusieurs jours. Puis tâchez d'y apporter sur le fond et la forme quelques corrections afin de chercher toujours à vous démarquer positivement des autres candidats.

Identité et adresse du candidat
Date et lieu de naissance
État civil

1. Phase de parcours scolaire et extrascolaire du candidat

Diplômes éventuels : mentionnez vos diplômes dans l'ordre chronologique de leur obtention.

Parcours professionnel : indiquez vos différents emplois, y compris les petits boulots d'été.

Loisirs : portez à l'attention du jury vos loisirs principaux, vos éventuels engagements associatifs…

2. Qualités personnelles et compétences acquises

Ces deux éléments vous permettront de valoriser votre candidature. Montrez-vous modeste et synthétique, tout en étant ferme et précis dans ce que vous avancez.

Étayez les deux ou trois qualités évoquées par des exemples ou des arguments (exemples : « Plusieurs années de judo pratiqué en compétition m'ont permis d'acquérir une certaine maîtrise de moi et un goût de l'engagement physique » ; « Mes proches reconnaissent mon sens du sérieux et du travail bien fait » ; « En étant surveillant dans un collège, j'ai appris à dialoguer avec les jeunes, et j'ai apprécié de me voir confier des responsabilités »).

Pensez aux qualités morales, physiques et intellectuelles qui sont en adéquation avec votre personnalité et qui peuvent correspondre à un emploi dans la gendarmerie. Ne cherchez pas à coller à un hypothétique profil type ou idéal d'un gendarme : il n'y en a pas. Soyez vous-même, mais restez toujours dans une démarche positive et dynamique de présentation de votre candidature.

3. Description des motivations personnelles

• Présentation de vos motivations personnelles pour devenir sous-officier de gendarmerie : plutôt que de reprendre des formules types qui émailleront les CV de la plupart des candidats, rédigez vous-même l'expression de vos motivations. Souvenez-vous de la naissance de votre vocation de gendarme et cherchez ce qui vous attire dans ce métier (goût de l'action, attrait pour l'uniforme, volonté de travailler en équipe, envie de travailler sur le terrain et au service des concitoyens, variété des missions, sentiment patriotique, défense de la France et de ses habitants face aux nouvelles menaces terroristes…). Remettez en forme ces différents éléments en quelques phrases distinctes et succinctes, en les articulant entre elles.

• Commencez par évoquer la genèse de vos motivations (exemples : « J'ai voulu devenir sous-officier de gendarmerie après avoir rencontré un gendarme qui m'a expliqué ses nombreuses missions… » ; « À la recherche d'un métier d'action au service de mes concitoyens, j'ai choisi de devenir gendarme… » ; « À la suite des derniers attentats, j'ai voulu servir directement mon pays »…).

• Par la suite, décrivez en deux ou trois phrases ce qui vous attire dans le métier de gendarme : diversité des missions, absence de routine, esprit de corps, progression de carrière, sens du service public, travail en équipe… (exemples : « J'aspire à exercer un métier qui me permette de ne pas connaître de routine quotidienne et de contribuer à la sécurité de mon pays », « Je désire travailler sur le terrain à la sécurité de mes concitoyens »).

3. La préparation du dossier professionnel (concours interne)

La préparation du dossier professionnel est nécessaire pour les candidats aux concours internes de sous-officier de gendarmerie. Elle concerne donc :

- les gendarmes adjoints volontaires ;
- les adjoints de sécurité dans la Police nationale ;
- les militaires des forces armées autres que la Gendarmerie nationale servant en vertu d'un contrat ;
- les réservistes de la Gendarmerie nationale.

L'entretien avec le jury du concours interne s'appuyant pour partie sur le dossier professionnel du candidat, ce dernier a tout intérêt à soigner son contenu afin de valoriser au mieux sa candidature. Ce dossier a ainsi pour objet de mettre en évidence les acquis de son expérience professionnelle.

Bien entendu, ce dossier professionnel devra être préparé bien en amont par le candidat. En premier lieu, une maîtrise parfaite de l'orthographe, de la grammaire et de la syntaxe est attendue. Si vous avez des lacunes en la matière, vous devrez porter un effort particulier dans ce domaine et vous faire impérativement relire avant de finaliser votre dossier professionnel.

En second lieu, et à titre principal, il est bien évident que ce dossier professionnel doit vous démarquer positivement des autres candidats en faisant valoir la maturité de votre choix de devenir sous-officier de gendarmerie et vos qualités personnelles.

Enfin, ce dossier détaillé pourra notamment servir de fil conducteur à votre entretien avec le jury et permettra également de donner un premier aperçu positif à votre candidature.

1. Réunir les pièces à fournir

Sur un plan administratif, un certain nombre de pièces sont à fournir. Veillez toujours à ce que les documents soient lisibles et à jour.

Il vous appartient de bien vérifier la liste des pièces à fournir indiquées sur la documentation que vous avez reçue dans le cadre de votre inscription au concours. De même, il est recommandé de toujours conserver une seconde copie de vos pièces.

Les pièces à fournir sont en principe les suivantes :

- photocopie d'une pièce d'identité en cours de validité (carte nationale d'identité recto verso, passeport…) ;
- photocopie du certificat individuel de participation à la journée défense et citoyenneté (JDC) ou une photocopie du certificat de dispense à la JDC ;
- photocopie de la décision du bureau du service national reclassant apte le candidat, après saisine de la commission de réforme des militaires compétente,

pour l'ancien militaire précédemment radié des cadres ou rayé des contrôles pour infirmité ou réformé définitivement depuis plus de deux ans;

– copie de la dernière feuille de notes ou du dernier compte-rendu de l'entretien professionnel;

– pour les adjoints de sécurité, un état des services civils accomplis ou une photocopie de l'attestation de l'autorité d'emploi justifiant d'au moins un an de service en cette qualité au 1er janvier de l'année du concours;

– pour les réservistes de la Gendarmerie nationale, un état signalétique et des services militaires;

– pour les militaires des forces armées autres que la gendarmerie servant en vertu d'un contrat, une fiche de synthèse des systèmes d'information des ressources humaines (SIRH) propre à chaque armée (ou un état signalétique des services) justifiant d'au moins quatre ans de service en cette qualité au 1er janvier de l'année du concours;

– un exemplaire du dossier professionnel, comportant notamment les notations, ainsi que les éventuelles sanctions et récompenses;

– éventuellement, une copie du titre ou du diplôme le plus élevé.

2. Exemplaire de dossier professionnel

Nom :	
Prénom :	
Date de naissance :	
Adresse mail :	
N° candidature :	**Téléphone :**

Photographie d'identité

DOSSIER PROFESSIONNEL – Concours SOG2 (voie interne)

*Les candidats de **métropole** admissibles au 2ème concours SOG (voie interne) **devront obligatoirement apporter leur dossier professionnel, en format « papier », le jour de leur convocation** au centre de sélection et de concours pour être remis au jury.*
*Pour les candidats **ultramarins** qui passeront leur entretien en visioconférence, le dossier devra être transmis au centre de recrutement, concours et sélection **avant le début des épreuves d'admission** pour être communiqué au jury avant l'épreuve orale.*
Toute absence** de fourniture de dossier professionnel, sur lequel le jury s'appuie lors de l'épreuve orale d'entretien, **pourra être sanctionnée dans la note finale.

STATUT DU CANDIDAT

☐ **GAV** ☐ **ADS** ☐ **Réserviste** ☐ **Militaire**

FORMATION SCOLAIRE

Année	Titre / Diplôme obtenu le plus élevé	Domaine / Spécialité

EXPÉRIENCE PROFESSIONNELLE

Période	Entreprise – Administration -Unité	Compétences acquises sur le poste
Du Au		
Du Au		
Du Au		
Du Au		

COMPÉTENCES PARTICULIÈRES

Hors champ professionnel : *conceptions, projets créatifs, compétences dans le domaine sportif, artistique, associatif, informatique etc.*

PROJET PROFESSIONNEL EN GENDARMERIE

3. Renseigner le dossier professionnel

Dans le cadre de la préparation de ce dossier professionnel, nous vous recommandons très vivement de ne pas inclure d'éléments fantaisistes (expériences ou diplômes imaginaires...) ou excessifs (motivation affichée sans aucun sens de la mesure, qualités hors du commun...). En effet, cela produirait un effet désastreux sur le jury de recrutement. De plus, lors de l'entretien, vous risqueriez fort de faire les frais d'un dossier professionnel mensonger ou trop immodeste.

De même, puisque votre dossier professionnel sera utilisé pour guider une partie de votre entretien, attendez-vous à être interrogé sur tel ou tel élément (formations suivies, expériences professionnelles et personnelles, motivation exprimée...). Ce dossier vous offre ainsi une chance de tourner à votre avantage une partie de l'entretien avec le jury de recrutement en présentant de manière positive votre candidature.

Sur le plan de la forme, d'une manière générale, ne citez aucun nom dans le dossier professionnel. Enfin, toutes les dates doivent être indiquées au format « jj/mm/aa ».

La partie « Formation scolaire »

N'indiquez ici que le diplôme le plus élevé.

Vérifiez bien l'année d'obtention.

Reprenez explicitement le libellé de la spécialité éventuelle et sans utiliser de sigle.

La partie « Expérience professionnelle »

Cette partie permet de décrire les principales activités et missions qui vous ont permis d'exercer des activités en relation directe avec l'expérience professionnelle recherchée pour servir en tant que sous-officier de gendarmerie.

Indiquer de manière précise les différents lieux d'exercices (services, unités, entreprises...) sans utiliser de sigle.

Au sein de chaque expérience professionnelle, les activités sont présentées en commençant par la plus importante, la plus significative, au regard des attendus, mais aussi de l'expérience acquise par le candidat. Elles sont décrites de la plus récente à la plus ancienne.

Les informations doivent être suffisamment précises pour permettre au jury de faire le lien entre les activités du candidat et les activités attendues d'un sous-officier de gendarmerie

La partie « Compétences particulières »

Il est clairement attendu que les compétences particulières mentionnées ici se situent hors du champ professionnel. Le document mentionne en effet : « conceptions, projets créatifs, compétences dans le domaine sportif, artistique, associatif, informatique, etc. ».

Ne cherchez pas nécessairement à remplir intégralement cette partie par de multiples éléments. Concentrez-vous plutôt sur des éléments originaux et valorisants :

– domaine sportif : pratique d'un ou plusieurs sports individuels ou collectifs en club, participation à des compétitions, niveaux validés (équitation, voile, ski), pratique régulière d'un sport de combat... ;

– domaine artistique : goût pour la peinture, les arts manuels, l'écriture et tout loisir créatif d'une manière générale ;

– domaine informatique : soyez précis quant aux logiciels et programmes que vous connaissez ;

– domaine associatif : il peut s'agir de l'organisation de réunions, de fêtes locales, d'événements particuliers… Votre implication vous a peut-être permis de développer certaines aptitudes (comptabilité, gestion, prise de parole en public, pédagogie, encadrement de jeunes…) ;

– domaine des loisirs personnels : évoquez ici uniquement les compétences particulières pouvant résulter d'un loisir (aptitudes manuelles pour un candidat aimant bricoler, connaissance des premiers secours pour un candidat formé dans le cadre d'activités de haute montagne…).

Il s'agit ici certes de distinguer des compétences spécifiques pouvant intéresser l'institution (informatique, langues étrangères), mais aussi d'apprécier, de mieux découvrir la personnalité du candidat et son ouverture d'esprit.

■ La partie « Projet professionnel en gendarmerie »

Vous pouvez indiquer en premier lieu dans cette partie vos principales motivations pour servir en gendarmerie. Pour présenter vos motivations personnelles pour devenir sous-officier de gendarmerie sans reprendre des formules types émaillant les dossiers de la plupart des candidats, rédigez vous-même l'expression de vos motivations. Souvenez-vous de la naissance de votre vocation de gendarme et cherchez ce qui vous satisfait dans votre expérience de gendarme adjoint volontaire, de réserviste de la Gendarmerie nationale, d'adjoint de sécurité ou de militaire sous contrat (goût de l'action, volonté de travailler en équipe, adhésion aux valeurs militaires, envie de travailler sur le terrain et au service des concitoyens, variété des missions, sentiment patriotique, défense de la France et de ses habitants face aux nouvelles menaces terroristes…). Remettez en forme ces différents éléments en quelques phrases distinctes et succinctes, en les articulant entre elles.

Par la suite, décrivez en deux ou trois phrases ce qui vous attire dans la carrière de sous-officier de gendarmerie : diversité des missions, absence de routine, esprit de corps, progression de carrière, sens du service à autrui, travail en équipe, engagement sur le terrain...

Exemples : « J'aspire à exercer un métier qui me permette de ne pas connaître de routine quotidienne et de contribuer à la sécurité de mon pays » ; « Je désire travailler sur le terrain à la sécurité de mes concitoyens ».

S'agissant du projet professionnel au sein de l'institution, montrez-vous relativement modeste en indiquant que vous avez conscience que les premières années d'apprentissage sur le terrain (certainement au sein de la gendarmerie départementale ou de la gendarmerie mobile) vont être très enrichissantes et vous donneront les bases pour mieux vous orienter par la suite en gendarmerie.

De même, si vous souhaitez travailler dans un domaine particulier (investigation, motard, secours en montagne, formation, unité spécialisée de la gendarmerie…), vous pouvez l'indiquer ici en précisant que ce projet est mûri et que vous vous donnerez les moyens de le réaliser.

Enfin, le certificat d'aptitude professionnelle, l'habilitation d'officier de police judiciaire, l'examen en tant que gradé ou le concours interne pour devenir officier de gendarmerie sont des étapes essentielles dans une logique de progression de carrière.

4. L'exposé des motivations

Afin de vous préparer à exposer vos motivations devant le jury, nous vous invitons à réfléchir au préalable à vos motivations pour entrer dans la Gendarmerie nationale, et à ce que vous estimez pouvoir apporter à l'institution.

Vous pouvez structurer ces éléments en trois parties distinctes :

- solidité de la motivation du candidat ;
- qualités personnelles ;
- compétences acquises.

Ainsi, en agissant de manière structurée, vous rendrez plus cohérent votre exposé et celui-ci sera de nature à valoriser votre candidature aux yeux du jury de recrutement.

Dans le cadre de la préparation de l'oral avec le jury, vous pourrez vous appuyer sur le CV que vous avez transmis (pour les candidats au concours externe de sous-officier de gendarmerie). Mais, nous vous rappelons qu'il ne faut pas reprendre mot à mot ce que contient votre CV pour exposer au jury vos motivations pour servir en gendarmerie. Néanmoins, on doit bien évidemment retrouver les mêmes éléments personnels.

De manière non exhaustive, on peut évoquer quelques éléments qui peuvent ainsi structurer la présentation de vos motivations :

Éléments structurant la présentation de vos motivations	Exemples de points a mettre en avant (ces exemples ne sont pas limitatifs : présentez-vous en fonction de votre motivation, de votre personnalité et de votre parcours)
Solidité de la motivation du candidat	• Volonté ancienne et solide de devenir gendarme (mais cela n'est en rien une obligation : ne mentez pas si votre motivation est récente ; l'important est qu'elle soit réelle est sérieuse). Exemples familiaux ou amicaux de gendarmes (sans tomber non plus dans le mimétisme : ces exemples vous ont éclairé sur l'intérêt d'une carrière dans la Gendarmerie nationale, mais vous n'êtes pas ici pour reproduire tel ou tel modèle). • Volonté de servir son pays dans un contexte de menace terroriste. • Sens du devoir et du service à la nation. • Souhait de travailler en équipe sur le terrain.

Qualités personnelles	Tout en se montrant modeste et pondéré, il est toujours utile de faire part des qualités qui peuvent être reconnues par votre entourage. Ces qualités proviennent de votre parcours personnel et de vos traits de personnalité. Les qualités essentielles pour devenir sous-officier de gendarmerie sont notamment : – le sérieux (être digne de confiance) ; – l'honnêteté ; – la capacité de travailler en équipe ; – la discipline ; – l'aptitude à l'engagement physique ; – la rigueur professionnelle ; – la capacité à mener une mission jusqu'au bout ; – le sens du devoir ; – la capacité à servir de manière désintéressée la collectivité nationale.
Compétences acquises	Vos études, vos rencontres, vos lectures, vos loisirs, vos centres d'intérêt ou vos expériences personnelles vous ont certainement fait acquérir des compétences et aptitudes qui peuvent être utiles à un gendarme. En faisant votre propre bilan de vos compétences et aptitudes personnelles, voyez large. Vous pouvez notamment penser : – aux langues étrangères ; – au droit ; – à l'informatique ; – aux sports de combat ; – aux sports d'équipe (mais les sports individuels sont tout aussi valorisants) ; – à l'endurance physique ; – au sens de l'observation ; – aux premiers secours ; – à la capacité rédactionnelle ; – à l'esprit de synthèse ; – à la volonté d'apprendre toujours davantage de choses dans l'exercice d'un métier (curiosité personnelle et ouverture d'esprit) ; – à l'aptitude à exercer des responsabilités ou à encadrer des jeunes.

5. L'exposé sur le sujet tiré au sort (concours externe)

Après vous être préparé pendant dix minutes, vous devrez présenter au jury un exposé sur le sujet préalablement tiré au sort. Un exposé durant entre cinq et dix minutes sera jugé satisfaisant quant à sa longueur. Il est important de présenter un exposé structuré : introduction, développement (en deux parties, le cas échéant) et conclusion.

La clarté de l'expression, la rigueur du raisonnement et la justesse du propos seront particulièrement appréciés par le jury.

Après avoir tiré au sort un sujet, vous allez vous retirer et vous disposerez de dix minutes afin de préparer votre exposé. Ce délai est très court, alors qu'une restitution d'une durée de cinq à dix minutes est attendue. Il est donc illusoire de vouloir rédiger entièrement votre exposé.

Vous devrez donc :

- lire attentivement le sujet tiré au sort ;
- définir rapidement les termes du sujet ou sa problématiques dans les quelques phrases d'introduction de votre exposé ;
- préparer l'articulation en deux parties de votre exposé. Soyez simple : cause/ conséquence, problème/ solution, pour/contre… ;
- établir un plan détaillé en ne listant que les grandes idées de chacune des deux parties ;
- préparer une conclusion qui synthétisera l'ensemble de votre exposé.

6. Les questions posées par le jury

Après votre présentation et votre exposé (pour les candidats du concours externe), pendant une dizaine de minutes, le jury vous posera un certain nombre de questions. N'abordez pas cette partie de façon stressée : ce n'est pas un interrogatoire. Au contraire, voyez plutôt ces questions comme une façon d'entamer un dialogue avec le jury qui sera en face de vous.

À l'occasion de ces questions, le jury cherchera à mieux vous connaître, à cerner vos motivations, la cohérence de vos choix et votre aptitude à exercer le métier de gendarme.

Dans vos réponses :

– soyez, à nouveau, franc (inutile de dire que vous faites quatre heures de sport par jour si vous êtes un sportif du dimanche) et naturel (ne soyez ni trop sérieux, ni trop intimidé) ;

– ne vous laissez pas déstabiliser par des questions qui vous sembleraient trop abruptes : répondez de manière posée et nuancée ;

– montrez que vous connaissez bien le métier de gendarme et le cadre d'emploi (vie en caserne, discipline, hiérarchie, organisation, statut, contraintes, obligations professionnelles, missions…) ;

– ne répondez pas uniquement par « oui » ou par « non ». N'oubliez pas que chaque réponse doit être l'occasion de valoriser votre candidature ;

– prenez le temps de réfléchir à ce que vous allez dire, surtout lorsque l'on vous demande votre opinion personnelle.

Avant d'aborder la préparation des questions du jury, vous devez être bien conscient qu'**il n'est pas là pour vous piéger**. Ses questions ont pour seul but de mieux vous connaître, de comprendre la cohérence de votre démarche et de déterminer si vous présentez les qualités requises pour devenir gendarme. Pour autant, afin de déterminer la sincérité de votre démarche et de vos propos, il est possible que l'on vous pose la même question à dix minutes d'intervalle, mais formulée différemment. Si vous n'avez pas été franc et naturel, cela se détectera immédiatement et vous pénalisera lourdement.

En répondant aux questions posées par le jury, vous devrez vous attacher à valoriser votre candidature. Vous démontrerez vos qualités physiques, morales et intellectuelles, en rapport avec le métier de gendarme. Vous devrez également prouver que vous connaissez la gendarmerie : vous ne vous présentez pas à ce concours par hasard.

Dans ce manuel, vous trouverez par la suite une liste de questions susceptibles de vous être posées le jour du concours. Vous pouvez donc également vous entraîner à y répondre, tout en étant filmé par un proche.

Pour vous préparer aux questions pouvant être posées par le jury, il est également important de :

– vous tenir informé de l'actualité (prenez l'habitude lire tous les jours le journal et également un hebdomadaire d'information) ;

– connaître les gendarmes et leur environnement professionnel (organisation, carrière, contraintes…) : cherchez à discuter avec des gendarmes, lisez attentivement l'introduction de ce manuel, consultez le site Internet http://www.defense.gouv.fr/gendarmerie…

Renforcer sa culture générale

Outre les qualités requises pour l'exercice du métier, le jury de l'épreuve orale s'attache à évaluer la culture générale du candidat. La culture générale est entendue ici comme les connaissances sur les institutions publiques françaises, mais aussi tous les éléments pouvant constituer le patrimoine culturel français et européen. Bien entendu, l'évaluation de la culture générale du candidat au cours des échanges avec le jury ne sera pas une suite de questions de connaissances, mais plutôt un bilan de sa curiosité intellectuelle.

Selon vos goûts, il vous appartient de vous montrer curieux et de vous intéresser à tout : l'art, l'histoire, la littérature, l'artisanat, la gastronomie, les monuments, la variété des paysages urbains et naturels… Tous ces éléments sont ceux qui ont façonné nos régions, notre pays et notre continent au cours des siècles. Chacun peut ainsi être touché par ce qui demeure notre héritage, selon sa propre sensibilité personnelle.

De manière concrète, il est nécessaire de délaisser les écrans et les réseaux sociaux pour se recentrer sur la lecture et les visites de sites ou de musées. Même si vous avez peu de connaissances ou d'intérêt pour l'histoire de France, vous pouvez débuter par un ouvrage simple de vulgarisation générale. De même, toutes les régions françaises ont été marquées par des épisodes particuliers de notre histoire (guerres, activité économique centrée sur un domaine particulier, christianisation, personnage emblématique…) dont vous pourrez trouver des traces dans les musées, les monuments, les centres-villes anciens ou les églises.

La littérature française a également parfois souffert chez les jeunes de mauvais souvenirs scolaires. Si c'est le cas, considérez cela comme un rendez-vous manqué et donnez une nouvelle chance aux auteurs classiques. Une anthologie de poésie française, un roman de Balzac ou une pièce de théâtre méritent d'être redécouverts.

D'une manière générale, la lecture est indispensable pour apprendre, pour se former intellectuellement, pour s'approprier et apprendre à utiliser au mieux la langue française, qui tend à s'appauvrir.

Développer son esprit critique

Il arrive également fréquemment que le jury interroge les candidats sur leur connaissance de l'actualité et quant à leur opinion personnelle sur des faits d'actualité.

Un travail de veille sur l'actualité est donc nécessaire. Il doit être réalisé de plusieurs manières : lecture de la presse quotidienne *(Le Figaro, Le Monde, presse quotidienne régionale...)* et des magazines *(Le Point, Valeurs Actuelles, Marianne, Le Monde diplomatique...)*, écoute de la radio et des chaînes d'information continue (LCI, Cnews...).

Les informations reçues dans le cadre de ce travail de veille sur l'actualité doivent être considérées avec un esprit critique, qu'il vous appartiendra de cultiver le plus possible. L'esprit critique désigne tout simplement la capacité à se forger sa propre opinion et être en capacité de la défendre.

Pour cela, il est nécessaire de varier les sources d'information, de consulter également des médias alternatifs aux médias de masse qui appartiennent tous ou presque à de grands groupes financiers, de chercher systématiquement les différents aspects d'un sujet et de ne pas céder à la dictature de l'émotion. Ainsi seulement, vous pourrez prendre du recul et vous extraire de partis pris idéologiques.

Cet exercice vous permettra d'apparaître aux yeux du jury comme un candidat curieux, réfléchi et rationnel, ce qui est l'un des attendus du concours.

7. Conseils pour le jour de l'épreuve

1. Conseils concernant votre tenue

Présentez vous devant le jury avec une tenue sobre :

– pour les hommes, soyez rasé de frais et bien coiffé (court, mais sans excès) ;

– pas de bijoux pour les hommes (sauf montre ou alliance), pas d'excès pour les jeunes femmes ;

– pour les hommes, le mieux est de porter une veste et une cravate (même si ce n'est en rien obligatoire) ;

– pour les femmes, une tenue correcte, type tailleur, est recommandée ;

– si votre tenue pour l'oral est neuve, essayez de la porter quelques jours avant pour vous y habituer ;

– si vous avez des tatouages ou des « piercings », faites en sorte que votre tenue ne les laisse pas apparaître.

2. Conseils concernant votre attitude

Quand vous entrez dans la salle, saluez les membres du jury (Bonjour Madame, Bonjour mon Lieutenant...) en les regardant.

Ne vous asseyez que quand le jury vous le propose.

Lors de votre présentation, ne regardez jamais votre montre (ni à aucun autre moment de l'oral).

Quand vous vous exprimez, regardez tous les membres du jury qui sont en face de vous.

Tenez-vous droit sur le dossier de votre chaise.

Conservez les mains au-dessus de la table, mais ne les agitez pas trop.

Tenez vos jambes droites.

3. Conseils pour gérer votre stress

L'épreuve d'entretien avec le jury est importante, il est donc normal qu'elle intimide ou impressionne de nombreux candidats. Par contre, elle ne doit pas vous faire perdre tous vos moyens.

Les membres du jury qui sont en face de vous sont des professionnels qui doivent évaluer votre candidature. Ils n'ont aucun *a priori* négatif sur vous et ne sont pas là pour vous piéger.

La respiration est importante : respirez bien profondément, parlez de manière calme et fluide afin de vous ménager des moments de respiration.

Si vous ressentez du stress au cours de l'entretien, essayez d'en cacher le plus possible les manifestations : tâchez de maîtriser votre voix, ne tapotez pas vos pieds, n'essuyez pas vos mains moites sur votre pantalon…

4. Conseils concernant vos propos

Ne parlez pas trop vite, gardez un débit de voix calme et pondéré.

Faites attention à ne pas vous répéter.

Ne coupez pas la parole au jury lorsqu'il s'exprime ou vous interroge (même si vous connaissez ou pressentez la réponse à donner, attendez que le jury ait effectivement posé la question).

Répondez de manière ouverte et développée aux questions posées. Ne vous contentez pas de « oui » ou « non » : l'épreuve d'entretien doit permettre de nouer un véritable dialogue avec le jury.

Si vous ne savez pas répondre à une question, n'hésitez pas à répondre « je ne sais pas ».

Parlez suffisamment fort pour que l'on puisse bien vous entendre.

Prenez le temps de réfléchir avant de répondre aux questions du jury.

Dans votre propos, restez toujours positif et nuancé

Lors de votre présentation et dans vos réponses, essayez de valoriser votre candidature, tout en restant modeste.

COMMENT RÉUSSIR L'ÉPREUVE

De manière synthétique, il est possible de considérer qu'un candidat a réussi son entretien s'il :

- a fait une bonne impression sur sa présentation générale (tenue, posture physique, absence de trac...) ;
- a pu démontrer des qualités personnelles en adéquation avec celles attendues chez un gendarme ;
- a prouvé que son choix d'une carrière en gendarmerie est bien réfléchi ;
- a retenu l'attention du jury (n'oubliez pas que le jury fait passer des entretiens toute la journée et souvent plusieurs jours d'affilée, il importe donc de captiver son attention et de se démarquer positivement des autres candidats).

1. La Ve République

La France est une République. Elle fait partie des États membres de l'Union européenne. Son régime politique est une démocratie parlementaire : les citoyens élisent leurs représentants à l'Assemblée nationale. Le président de la République est également désigné directement par les citoyens.

1. La séparation des pouvoirs

Le principe de séparation des pouvoirs a été principalement théorisé par Montesquieu (1689-1755) au moment des Lumières, qui est la période historique qui précède la Révolution française.

Comme dans toute démocratie, il existe en France une séparation des pouvoirs : chaque pouvoir est indépendant des autres. Depuis la Révolution de 1789, on distingue trois pouvoirs :

- **le pouvoir exécutif** : composé du président de la République et du gouvernement, il est chargé de mettre en œuvre la politique de l'État (ordre public, éducation, diplomatie, défense nationale…) ;
- **le pouvoir législatif** : détenu par le Parlement, il s'agit du pouvoir de décider et de voter de la loi ;
- **le pouvoir judiciaire** (en France, on parle plutôt d'autorité judiciaire) : les magistrats ont pour rôle de faire appliquer la loi et de sanctionner les manquements.

2. La Constitution de la Ve République

L'organisation des pouvoirs en France est principalement prévue par la Constitution de la Ve République. On peut définir la Constitution comme la norme fondamentale d'un pays, celle qui regroupe les principes fondamentaux et les droits essentiels des citoyens, et organise le fonctionnement des institutions publiques.

Instaurée le 4 octobre 1958, la Constitution de la Ve République est principalement l'œuvre de Michel Debré. Elle reste toutefois indissociable de la personnalité du général de Gaulle. Sa volonté principale était de remédier à l'instabilité politique de la IVe République (qui compta 28 gouvernements en douze ans) en renforçant la place du pouvoir exécutif. La crise algérienne avait alors précipité le retour au pouvoir du général de Gaulle.

À ce jour, la Constitution de la Ve République a fait l'objet de multiples modifications, notamment pour prendre en compte l'intégration de la France au sein de l'Union européenne et la mise en place de la décentralisation.

La modification de la Constitution obéit à une procédure particulière. En premier lieu, le texte modifiant la Constitution doit être voté par l'Assemblée nationale et le Sénat. Puis il peut être soumis à référendum ou bien le président de la République peut choisir de réunir l'Assemblée nationale et le Sénat. Cette réunion s'appelle le Congrès et se tient au château de Versailles. Pour être adoptée, la révision de la Constitution doit recueillir les votes favorables des 3/5 des parlementaires.

En dépit de ses nombreuses modifications, la Constitution de la Ve République est restée fidèle à ses principes fondamentaux :

– la séparation des pouvoirs ;

– le maintien d'un exécutif fort, avec en particulier l'affirmation du rôle du président de la République ;

– la reconnaissance d'une vision sociale des libertés : de manière croissante, le législateur s'attache à reconnaître des droits concrets, comme celui d'un logement ou de l'accès aux soins pour les plus démunis ;

– la souveraineté du peuple : il appartient au peuple de décider des questions importantes, soit directement par voie de référendum, soit par l'intermédiaire de ses représentants élus.

3. Le rôle du Conseil constitutionnel

La Constitution de la Ve République a mis en place un organe spécifique et indépendant qui est chargé de veiller à son respect : le Conseil constitutionnel.

Cette juridiction se compose de neuf membres nommés pour une durée de neuf ans. Trois membres sont nommés par le président de la République, trois par le président du Sénat et trois par le président de l'Assemblée nationale. Le Conseil constitutionnel se renouvelle par tiers tous les trois ans. Les anciens présidents de la République peuvent également siéger au Conseil constitutionnel.

Le Conseil constitutionnel est principalement chargé de veiller au respect de la constitutionnalité des lois, c'est-à-dire de leur respect des normes constitutionnelles. S'il constate l'inconstitutionnalité d'une loi, il en empêche la promulgation. Le Conseil constitutionnel peut être saisi par le président de la République, le Premier ministre, le président de l'Assemblée nationale ou celui du Sénat, ou bien par 60 députés ou sénateurs.

Le Conseil constitutionnel veille également à la régularité des élections nationales et des référendums. Il détient également une compétence consultative.

2. Le président de la République

En France, le président de la République occupe la plus haute fonction du pouvoir exécutif. Il est le chef de l'État et des Armées, ainsi que le garant de la Constitution. Depuis 1962, le président de la République est élu au suffrage universel direct (directement par le peuple français), ce qui renforce fortement sa légitimité.

1. L'élection du président de la République et son mandat

La principale condition pour être candidat à l'élection présidentielle est de recueillir au moins 500 signatures d'élus provenant d'au moins 30 départements de France et d'outre-mer.

Le président de la République est un élu pour un mandat renouvelable de cinq ans (un quinquennat). Avant 2002, il était élu pour un mandat de sept ans (un septennat).

En cas d'empêchement ou de vacance de la présidence de la République, le président du Sénat sera chargé d'assurer l'intérim avant l'organisation de nouvelles élections présidentielles.

2. Les pouvoirs du président de la République

L'article 5 de la Constitution de 1958 définit ainsi le rôle du président de la République : il « veille au respect de la Constitution. Il assure par son arbitrage le fonctionnement des pouvoirs publics ainsi que la continuité de l'État. Il est le garant de l'indépendance nationale, de l'intégrité du territoire, du respect des accords de communauté et des traités. ».

Le président de la République n'est pas responsable politiquement devant le Parlement et il dispose du pouvoir de dissoudre l'Assemblée nationale.

Le président de la République nomme le Premier ministre.

Dans l'hypothèse d'une cohabitation (le président de la République et le Premier ministre appartiennent à des courant politiques opposés), le président de la République n'a pas besoin de l'accord du Premier ministre pour :

- nommer le Premier ministre ;
- dissoudre l'Assemblée nationale ;
- saisir le Conseil constitutionnel ;
- présider le Conseil des ministres et le Conseil supérieur de la Défense nationale.

Le président de la République est également le chef de la diplomatie. À ce titre, il accrédite les diplomates français et étrangers. De même, il appartient au président de la République d'autoriser la négociation et la ratification des traités internationaux.

De manière exceptionnelle et dérogatoire, l'article 16 de la Constitution donne au président de la République des pouvoirs exceptionnels dans l'hypothèse d'une situation de grave crise. Dans ce cas, le président de la République peut prendre toutes les mesures qu'exigent les circonstances, toutefois ces mesures doivent être inspirées par la volonté d'assurer un retour à la normale dans les meilleurs délais. Durant la période d'utilisation de l'article 16, le Parlement se réunit de plein droit et l'Assemblée nationale ne peut être dissoute. L'article 16 n'a été jusqu'ici utilisé qu'en 1961 par le général de Gaulle pendant la guerre d'Algérie.

3. Le président de la République et l'autorité judiciaire

Le président de la République est le garant de l'indépendance de l'autorité judiciaire, que l'on appelle communément l'indépendance de la Justice. Mais, il ne préside plus le Conseil supérieur de la Magistrature ; il dispose du droit de grâce.

Au cours de son mandat, la responsabilité pénale du président de la République ne peut être engagée, sauf dans l'hypothèse d'un acte de haute trahison. Dans ce cas, il sera jugé par la Haute Cour (nouvelle appellation pour l'ancienne Haute-Cour de Justice). À ce jour, cette hypothèse ne s'est jamais présentée.

4. Chronologie des présidents de la Ve République

- **1958-1965** : premier mandat présidentiel du général de Gaulle
- **1965-1969** : second mandat présidentiel du général de Gaulle (élection au suffrage universel direct en 1965, démission en 1969 à la suite de l'échec du référendum sur la réforme du Sénat et la régionalisation)
- **1969-1974** : mandat présidentiel de Georges Pompidou (décès en cours de mandat)
- **1974-1981** : mandat présidentiel de Valéry Giscard d'Estaing
- **1981-1988** : premier mandat présidentiel de François Mittterrand (1986-1988 : cohabitation avec Jacques Chirac comme Premier ministre)
- **1988-1995** : second mandat présidentiel de François Mitterrand (1993-1995 : cohabitation avec Edouard Balladur comme Premier ministre)
- **1995-2002** : premier mandat présidentiel de Jacques Chirac (1997-2002 : cohabitation avec Lionel Jospin comme Premier ministre)
- **2002-2007** : second mandat présidentiel de Jacques Chirac
- **2007-2012** : mandat présidentiel de Nicolas Sarkozy.
- **2012-2017** : mandat présidentiel de François Hollande.
- **2017** : Depuis le 14 mai 2017, Emmanuel Macron est président de la République. Il est réélu en avril 2022.

3. Le Premier ministre et le gouvernement

Sous la Ve République, le Premier ministre est le chef du gouvernement. Le gouvernement détient le pouvoir exécutif (faire appliquer la politique de l'État).

1. Le Premier ministre

C'est au président de la République qu'il appartient de choisir et de nommer le Premier ministre. Il est habituellement choisi en fonction de la majorité parlementaire la plus importante à l'Assemblée nationale. Lorsque le président de la République et le Premier ministre appartiennent à deux courants politiques opposés, il y aura cohabitation. Dans ce cas, les deux chefs du pouvoir exécutif agiront chacun dans leurs domaines de compétence respectifs.

Le rôle du Premier ministre est défini par l'article 21 (« Le Premier ministre dirige l'action du gouvernement ») de la Constitution de 1958. Il a donc principalement un rôle d'impulsion et de direction de l'action du gouvernement. Afin d'assurer l'exécution des lois, le Premier ministre dispose de l'administration et de la force publique.

Le Premier ministre dispose également du pouvoir règlementaire. Il nomme aux emplois civils et militaires, sauf pour ceux réservés au président de la République.

L'Hôtel Matignon est la résidence officielle du Premier ministre.

2. Le gouvernement

Le gouvernement comprend le Premier ministre, les ministres et les secrétaires d'État. Les ministres et secrétaires d'État sont nommés par le président de la République sur la proposition du Premier ministre.

Selon les termes de l'article 20 de la Constitution : « Le Gouvernement détermine et conduit la politique de la nation. Il dispose de l'administration et de la force armée. »

Le gouvernement est responsable politiquement devant l'Assemblée nationale. Cette responsabilité politique peut se trouver engagée de deux manières :

– à l'initiative du gouvernement, lorsque le Premier ministre décide d'engager la responsabilité politique de son gouvernement ;

– à l'initiative d'au moins 10 % des députés, qui soumettent une motion de censure au vote de l'Assemblée nationale.

Afin de coordonner son action, le gouvernement se réunit lors du Conseil des ministres. Celui-ci se tient habituellement le mercredi matin à l'Élysée. Le président de la République préside le Conseil des ministres.

Sur le plan pénal, en cas de crimes et délits accomplis dans l'exercice de leurs fonctions, les membres du gouvernement peuvent être jugés par la Cour de justice de la République.

3. Chronologie des Premiers ministres de la Ve République

- **1958-1962 :** Michel Debré
- **1962-1968 :** Georges Pompidou
- **1968-1969 :** Maurice Couve de Murville
- **1969-1972 :** Jacques Chaban-Delmas
- **1972-1974 :** Pierre Messmer
- **1974-1976 :** Jacques Chirac
- **1976-1981 :** Raymond Barre
- **1981-1984 :** Pierre Mauroy
- **1984-1986 :** Laurent Fabius
- **1986-1988 :** Jacques Chirac (cohabitation avec François Mitterrand)
- **1988-1991 :** Michel Rocard
- **1991-1992 :** Édith Cresson
- **1992-1993 :** Pierre Bérégovoy
- **1993-1995 :** Édouard Balladur (cohabitation avec François Mitterrand)
- **1995-1997 :** Alain Juppé
- **1997-2002 :** Lionel Jospin (cohabitation avec Jacques Chirac)
- **2002-2005 :** Jean-Pierre Raffarin
- **2005-2007 :** Dominique de Villepin
- **2007-2012 :** François Fillon
- **Mai 2012-mars 2014 :** Jean-Marc Ayrault
- **Mars 2014-décembre 2016 :** Manuel Valls
- **Décembre 2016-mai 2017 :** Bernard Cazeneuve
- **Mai 2017-juillet 2020 :** Édouard Philippe
- **Juillet 2020-mai 2022 :** Jean Castex
- **Mai 2022-janvier 2023 :** Élisabeth Borne.
- **Depuis janvier 2024 :** Gabriel Attal.

4. Le Parlement

En France, le Parlement se compose de deux chambres : l'Assemblée nationale et le Sénat. On parle alors de « système bicaméral » ou de « bicaméralisme ».

L'Assemblée nationale et le Sénat se partagent le pouvoir législatif : celui de faire la loi (en débattre et la voter). En France, les lois ont deux origines :

- **le gouvernement** : projets de loi ;
- **les parlementaires** : propositions de loi.

1. L'Assemblée nationale

Située au Palais-Bourbon, l'Assemblée nationale regroupe 577 députés. Chaque député est élu pour un mandat de cinq ans au suffrage universel uninominal majoritaire à deux tours au sein d'une circonscription. Les élections législatives sont désormais organisées après l'élection présidentielle, ce qui éloigne l'hypothèse d'une cohabitation (caractérisée par l'appartenance à deux courants politiques opposés du président de la République et de la majorité au sein de l'Assemblée nationale).

Le rôle principal de l'Assemblée nationale est de représenter les citoyens (on qualifie parfois l'Assemblée nationale de « représentation nationale »). Dans cette logique, l'Assemblée nationale :

- peut proposer des lois ;
- vote la loi ;
- évalue les politiques publiques (grâce notamment aux séances de questions au gouvernement, au vote annuel du budget de l'État, aux commissions d'enquête parlementaire...) ;
- peut décider du vote d'une motion de censure à l'encontre du gouvernement (inversement, le gouvernement peut décider d'engager sa responsabilité politique devant l'Assemblée nationale en sollicitant un vote de confiance).

Le président de la République dispose du pouvoir de dissoudre l'Assemblée nationale, ce qui provoquera l'organisation de nouvelles élections législatives.

L'Assemblée nationale élit en son sein son président. Les députés se dissocient en groupes selon leur appartenance politique. Ils travaillent au sein de commissions (commissions des lois, de la défense...).

2. Le Sénat

Le Sénat siège au palais du Luxembourg. Il comporte 348 sénateurs. Ceux-ci sont élus au suffrage universel indirect pour une durée de six ans. Les sénateurs sont élus dans chaque département. Au total, le collège des « grands électeurs » qui les désigne comprend 150 000 élus locaux (députés, conseillers régionaux, conseillers généraux et délégués des conseils municipaux). Le Sénat se renouvelle par moitié tous les trois ans.

Concurremment avec l'Assemblée nationale, le Sénat dispose du pouvoir législatif. Toutefois, le Sénat ne peut décider de la responsabilité politique du gouvernement (comme dans le cas du vote d'une motion de censure ou d'un vote de confiance par l'Assemblée nationale).

Le Sénat élit en son sein son président. Le président du Sénat assurera l'intérim en cas de vacance de la présidence de la République.

Le président de la République ne peut dissoudre le Sénat.

Comme les députés, les sénateurs disposent d'un régime d'immunité parlementaire. Cette immunité présente deux aspects :

– l'irresponsabilité : elle protège le parlementaire de toute mise en cause en raison de ses actions accomplies dans le cadre de ses fonctions (discours, rapports, votes au Parlement…) ;

– l'inviolabilité : elle concerne les activités extra-parlementaires. Dans ce cadre, un parlementaire peut être mis en cause, mais son placement en détention dans le cadre de l'instruction est soumis à la condition de lui permettre de poursuivre ses activités parlementaires.

5. Les collectivités territoriales

Depuis les lois de décentralisation de 1982 et 1983, les pouvoirs des collectivités territoriales ont été considérablement renforcés. On peut définir la décentralisation comme le transfert de certaines compétences de l'État aux collectivités territoriales. Ce transfert de compétences s'accompagne du versement de moyens financiers de la part de l'État. Pour assurer leur fonctionnement, les collectivités locales disposent également des sommes prélevées au titre des impôts locaux.

La décentralisation est désormais un principe à valeur constitutionnelle.

1. La commune

Le nombre de communes était de 35 000 au 1er janvier 2024. La commune est la plus petite division administrative française. À l'exception de Paris, Lyon et Marseille, qui sont divisées en arrondissements, toutes les communes françaises présentent la même structure.

Les électeurs élisent au suffrage universel direct le conseil municipal de la commune pour un mandat de six ans. Le conseil municipal est l'assemblée délibérante de la commune. Il comprend le maire, les adjoints au maire et les conseillers municipaux. C'est le conseil municipal qui désigne en son sein le maire de la commune.

Le maire est le représentant de l'État dans la commune. Soumis à l'autorité du préfet, il publie les lois et réglements, organise les élections et peut prendre des arrêtés municipaux dans ses domaines de compétence. D'autre part, le maire est officier d'état-civil et officier de police judiciaire. Il peut déléguer une partie de ses prérogatives à ses adjoints.

Les principales compétences de la commune sont les suivantes :

– l'administration du domaine municipal (jardins, voirie, urbanisme, etc.) ;

– la gestion des services publics municipaux (crèches, bibliothèques, musées, etc.) ;

– la création et l'entretien des écoles maternelles et primaires ;

– la gestion de la police municipale (si la commune en a une) ;

– l'action sociale au sein de la commune.

De plus en plus, afin de mutualiser leurs moyens matériels et financiers, les communes se regroupent pour assurer certaines missions (gestion de l'eau, enlèvement des ordures ménagères…). Ce phénomène s'appelle « l'intercommunalité ».

2. Le département

Il y a 96 départements en France métropolitaine et 5 en Outre-mer. Leur création remonte à 1789.

Chaque département est géré par un conseil départemental (loi du 17 mai 2013). Les conseillers départementaux sont élus par binôme paritaire par canton élargi pour un mandat de six ans. Les conseillers départementaux siègent au sein du conseil départemental, qui est l'assemblée délibérative du département. Le conseil départemental élit en son sein son président, qui est l'organe exécutif du département (entendu comme collectivité territoriale, et non pas comme subdivision administrative).

Les principales compétences du département sont les suivantes :

– la création et l'entretien des collèges ;

– les Services départementaux d'incendie et de secours (SDIS : les sapeurs-pompiers) ;

– l'aide sociale et la santé (hôpitaux, allocation d'aides sociales…) ;

– la gestion des routes départementales et des routes nationales d'intérêt local, ainsi que les ports et aérodromes ;

– la gestion des voies navigables ;

– l'aménagement rural (remembrement).

3. La Région

La France métropolitaine est composée de 13 Régions, la Corse étant une collectivité territoriale (qui est administrée à la fois par l'assemblée de Corse et le conseil exécutif de Corse). Chaque région est gérée par un conseil régional. Les conseillers régionaux sont élus pour un mandat de six ans. Ils siègent au sein du conseil régional, qui est l'assemblée délibérative de la région. Le conseil régional élit en son sein son président, qui est l'organe exécutif de la région.

Nouvelles régions	Modification	Nombre de départements
Alsace-Champagne-Ardenne-Lorraine	Fusion	10
Aquitaine-Limousin-Poitou-Charentes		12
Auvergne-Rhône-Alpes		12
Bourgogne-Franche-Comté		8
Bretagne	Inchangée	4
Centre		6
Corse		8
Île-de-France		2
Languedoc-Roussillon-Midi-Pyrénées	Fusion	13
Nord-Pas-de-Calais-Picardie		5
Basse et Haute-Normandie		5
Pays de la Loire	Inchangée	5
Provence-Alpes-Côte d'Azur		6

Les principales compétences de la région sont les suivantes :
- la création et l'entretien des lycées ;
- l'enseignement supérieur ;
- la formation professionnelle ;
- les transports publics interrégionaux ;
- les grands axes routiers ;
- la partie régionale du contrat de plan ;
- la protection du patrimoine ;
- le développement des ports et aérodromes.

Il faut également noter que les politiques européennes sont mises en œuvre à l'échelon régional.

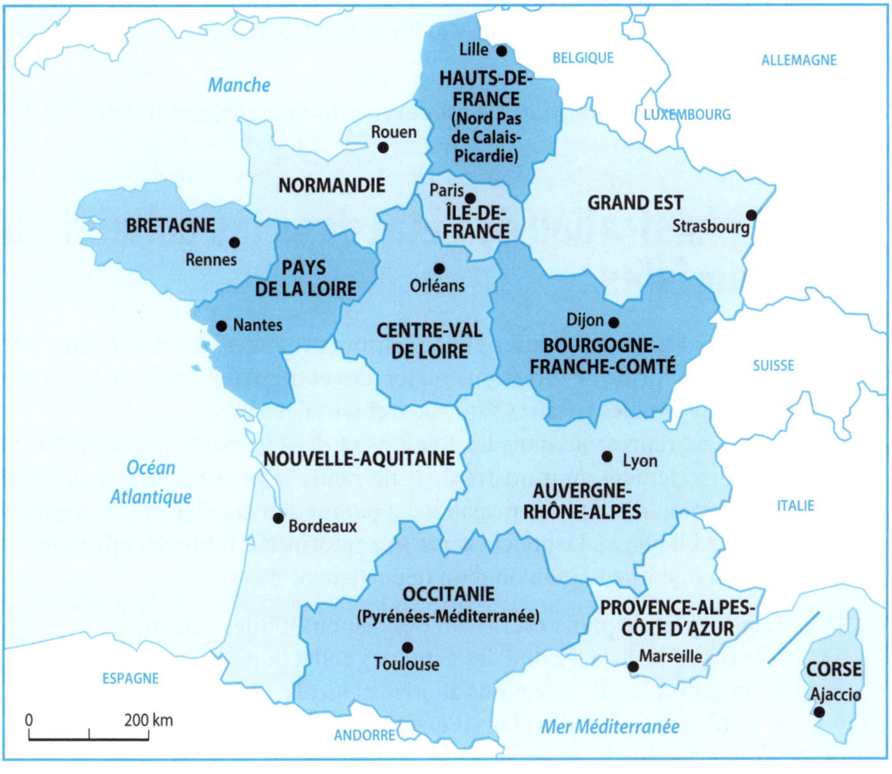

4. L'outre-mer

Au sein des territoires français d'outre-mer, il convient de distinguer les départements d'outre-mer et les collectivités d'outre-mer à statut particulier.

La Guadeloupe, la Martinique, la Réunion et la Guyane sont des départements d'outre-mer (DOM) et sont également des Régions monodépartementales. Leur fonctionnement interne et leurs attributions sont identiques à ceux des départements et Régions de métropole.

D'autre part, il existe plusieurs collectivités territoriales d'outre-mer à statut particulier :

– la Nouvelle-Calédonie, la Polynésie française, ainsi que les îles Wallis-et-Futuna disposent d'un statut dérogatoire leur accordant une large autonomie ;

– les îles antillaises de Saint-Martin et Saint-Barthélemy sont administrées par des conseils territoriaux.

Enfin, depuis 2009, Mayotte est devenu un département français (le 101e).

5. L'administration de l'État dans les collectivités territoriales

Les principales administrations de l'État sont présentes dans les régions et départements sous la forme de directions régionales et départementales (de l'Équipement, de l'Agriculture, des Affaires sanitaires et sociales...).

L'État est représenté dans les Régions et départements par le préfet. Le préfet dépend directement du ministre de l'Intérieur. Sa mission principale est de coordonner l'action de l'État au niveau local (en matière de sécurité, d'environnement, de santé publique...). Le préfet exerce son autorité sur toutes les administrations de l'État au sein d'une Région ou d'un département.

D'autre part, le préfet est investi des responsabilités suivantes :

– le contrôle de la légalité des actes des collectivités territoriales ;

– l'organisation des élections au niveau local ;

– la mise en œuvre des plans d'urgence ou de secours (plans Orsec, Épervier...).

Il existe une triple hiérarchie de préfet :

– le préfet de Région : il est chargé de représenter l'État dans la Région et il est également le préfet du département du chef-lieu de Région ;

– le préfet du département : il représente l'État dans le département ;

– le sous-préfet : il représente l'État dans l'un des arrondissements d'un département.

6. Les institutions européennes

Depuis le référendum au Royaume-Uni (2016) ayant décidé d'une sortie de l'UE (Brexit), l'Union européenne compte 27 États membres.

1. Le Parlement européen

Le Parlement européen siège à Strasbourg et à Bruxelles. Son président actuel est l'Italienne Roberta Metsola. Son rôle est de représenter les citoyens des États membres de l'Union européenne. Chaque pays dispose d'un nombre de députés variable en fonction de l'importance de sa population. La France détient ainsi 79 sièges de députés au Parlement européen. Ceux-ci sont élus par les citoyens français pour un mandat de cinq ans. Les députés français au Parlement européen bénéficient des mêmes immunités que les députés à l'Assemblée nationale.

Le Parlement européen élit en son sein son président. Son mandat dure deux ans et demi renouvelables.

Le Parlement européen vote les lois communautaires, en liaison avec le Conseil de l'Union européenne. Les principaux domaines d'application des lois communautaires sont la justice, la politique étrangère et de sécurité commune, la nationalité et le droit d'asile, le développement économique local, l'agriculture et l'environnement.

Le budget de l'Union européenne est débattu et voté au sein du Parlement européen, de même que les demandes d'adhésion de nouveaux États membres et les accords internationaux pris par l'Union européenne.

Enfin, la Commission européenne est responsable politiquement devant le Parlement européen.

2. La Commission européenne

La Commission européenne est composée de 27 commissaires européens. Elle siège à Bruxelles et sa présidente actuelle est l'Allemande Ursula von der Leyen. Chaque État membre nomme un commissaire européen. Chaque commissaire européen est chargé d'un domaine particulier (transports, recherche, agriculture, éducation…). Il est nommé pour un mandat de cinq ans.

Le président de la Commission européenne est désigné par le Conseil européen à la majorité qualifiée pour un mandat de cinq ans. Cette nomination doit ensuite être approuvée par un vote du Parlement européen.

La mission principale de la Commission européenne est de définir et de mettre en œuvre les politiques communautaires. Elle veille également à l'application des traités européens (traités de Rome, de Maastricht, de Schengen, d'Amsterdam…). La

Commission européenne est indépendante des gouvernements des États membres, mais demeure responsable devant le Parlement européen qui peut la censurer.

3. Le Conseil européen

Le Conseil européen désigne la réunion des chefs d'État ou chefs de gouvernement des 27 États membres de l'Union européenne et du président de la Commission européenne. Ils sont assistés par les ministres des Affaires étrangères et par un membre de la Commission européenne.

Le Conseil européen se réunit au moins deux fois par an, à la fin de chaque présidence du Conseil de l'Union européenne. Il peut également se réunir de manière informelle dans le pays qui exerce la présidence du Conseil. Le rôle de ces réunions est de décider de la politique de l'Union européenne, notamment sa politique étrangère.

Il siège à Bruxelles et son président actuel est le Belge Charles Michel.

4. Le Conseil de l'Union européenne

Le Conseil de l'Union européenne est une réunion à Bruxelles regroupant les ministres des gouvernements de chacun des États membres de l'Union européenne. Chaque État membre y envoie un représentant en rapport avec l'ordre du jour de la réunion. Le conseil de l'Union européenne détient une importante partie des pouvoirs exécutif et législatif au niveau européen.

Les réunions du Conseil de l'Union européenne permettent d'élaborer les politiques européennes et de mettre en œuvre l'action communautaire. En matière budgétaire, il partage son pouvoir de décision avec le Parlement européen : il élabore le projet de budget et l'adopte définitivement en accord avec lui.

Le Conseil de l'Union européenne a notamment pour mission d'examiner les demandes d'adhésion à l'Union européenne. Actuellement, cinq pays sont officiellement candidats : la Turquie, la Macédoine du Nord, le Monténégro, la Serbie et l'Albanie.

Le Conseil de l'Union européenne a un président et un secrétaire général. La présidence du Conseil est exercée pendant six mois par chaque État membre. Cette présidence est donc tournante. Le président du Conseil est le ministre des Affaires étrangères de l'État membre disposant de la présidence.

5. Les juridictions européennes

Siégeant à Luxembourg, la Cour de justice des Communautés européennes (CJCE) est la juridiction chargée de veiller au respect du droit de l'Union européenne, notamment en affirmant la primauté du droit communautaire sur le droit national.

La Cour européenne des droits de l'homme (CEDH) siège à Strasbourg et veille au respect de la Convention européenne des droits de l'homme.

7. L'organisation judiciaire et les juridictions administratives

Un contentieux juridique relève soit des juridictions judiciaires (affaires d'ordre pénal ou bien conflits juridiques de droit privé), soit des juridictions administratives (mise en cause de la responsabilité de l'État).

En pratique, il est parfois délicat de déterminer si un litige particulier doit être soumis à une juridiction administrative ou bien judiciaire. Il appartiendra alors au Tribunal des conflits de déterminer quelle sera la juridiction saisie de ce litige.

1. Les juridictions civiles

Le rôle des juridictions civiles est de juger des contentieux opposant des personnes privées, qu'il s'agisse de personnes physiques ou de personnes morales (entreprises, associations…).

Les juridictions civiles de droit commun connaissent une hiérarchie tripartite : le tribunal judiciaire, la cour d'appel et la Cour de cassation. Le tribunal judiciaire est saisi de la plupart des affaires civiles (famille, responsabilité civile, état des personnes, immobilier…). La cour d'appel sera compétente pour statuer sur les appels formés contre les décisions des tribunaux judiciaires. Enfin, la Cour de cassation occupe le sommet de l'ordre judiciaire. Elle n'est pas vraiment saisie concernant le fond du dossier : la Cour de cassation ne statuera que sur l'application du droit faite par les magistrats de la cour d'appel.

D'autre part, il existe principalement trois juridictions civiles d'exception :

- **le tribunal judiciaire** : depuis le 1er janvier 2020, le tribunal de grande instance et le tribunal d'instance situés dans la même commune sont devenus le tribunal judiciaire. Les autres tribunaux d'instance deviennent une chambre de proximité dénommée « chambre de proximité » du tribunal judiciaire ;
- **le tribunal de commerce** : il juge essentiellement les litiges portant sur les activités commerciales (baux commerciaux, redressement et liquidation judiciaire des entreprises en difficulté…). Ils sont composés de juges qui sont des commerçants élus par leurs pairs ;
- **le conseil des prud'hommes** : les conflits liés à l'exécution d'un contrat de travail (notamment en cas de licenciement) seront portés devant cette juridiction. Celle-ci est composée en nombre égal de représentants élus des employeurs et des salariés.

2. Les juridictions pénales

Les infractions au Code pénal seront jugées par les juridictions pénales. La société y sera représentée par le ministère public. Également nommé « parquet », le ministère public doit diriger la police judiciaire, décider de l'opportunité des poursuites et requérir une peine lors de l'audience.

La compétence des juridictions pénales dépendra de la classification tripartite des infractions (par ordre de gravité croissante) : contravention, délit, crime.

Le tribunal de police jugera des plus graves contraventions, qui ne sont d'ailleurs pas uniquement liées à l'application du code de la route. Les contraventions les moins graves seront jugées par les juges de proximité.

Au sein du tribunal judiciaire, le tribunal correctionnel est compétent pour juger des délits. Le tribunal correctionnel est composé de différents magistrats : les juges du tribunal correctionnel (autrement appelés « magistrats du siège »), le juge d'instruction (afin de diligenter des enquêtes judiciaires, il délivrera des commissions rogatoires aux officiers de police judiciaire de la police et de la gendarmerie nationales), le juge de l'application des peines (qui suit le parcours des condamnés à l'intérieur et à l'extérieur des prisons), le juge des libertés et de la détention (qui statuera sur la détention pendant la période de l'instruction) et les magistrats du parquet (le procureur de la République et les substituts).

La cour criminelle départementale (CCD) : cette juridiction est saisie de faits dont la gravité se situe entre le tribunal correctionnel et la cour d'assises. Elle va statuer sur des infractions dont la condamnation maximale n'excède pas les 20 ans de réclusion, mais doit être supérieure à 15 ans. Les viols ou tentatives de viol, les coups et blessures ayant entraîné la mort ou encore les vols à main armée sont notamment concernés. Les crimes avec récidive, les meurtres et les assassinats, ainsi que les appels restent néanmoins dans le cadre juridique de la cour d'assises.

La cour d'assises, quant à elle, jugera des crimes. Juridiction départementale se réunissant par intermittence, la cour d'assises se compose à la fois de magistrats professionnels (le président de la cour d'assises et deux juges) et de six jurés (qui sont des citoyens tirés au sort sur les listes électorales).

En appel, les jugements du tribunal de police et du tribunal correctionnel seront contestés devant la chambre des appels correctionnels, qui est la formation pénale de la cour d'appel. Les appels formés contre les arrêts d'une cour d'assises seront portés devant une autre cour d'assises, qui sera alors composée de 9 jurés. Enfin, la chambre criminelle de la Cour de cassation statuera sur l'application du droit faite par les magistrats en appel, à l'exclusion de toute considération sur le fond des affaires.

D'autre part, les mineurs seront jugés par des juridictions pénales spécialisées :

- **le tribunal pour enfants** : cette juridiction du tribunal judiciaire jugera les mineurs de moins de 16 ans ayant commis des faits qualifiés pénalement de contraventions de 5e classe, de délit ou de crime. Le juge des enfants pourra prononcer des mesures d'assistance éducative et interviendra également à propos des mineurs en danger ;
- **la chambre spéciale** de la cour d'appel statuera sur les appels formés contre les jugements du tribunal pour enfants ;

- **la cour d'assises des mineurs** jugera les mineurs ayant entre 16 et 18 ans et s'étant rendus coupables de faits qualifiés pénalement de crimes.

Tableau récapitulatif de l'organisation des juridictions pénales

Première instance	**Compétence des juridictions pénales de droit commun**
	Tribunal de police : contraventions de cinquième classe passibles d'amendes. Il statue à un juge unique. **Tribunal correctionnel :** délits passibles d'emprisonnement jusqu'à dix ans et d'autres peines (amendes, peines complémentaires, travail d'intérêt général). **Cour d'assises :** crimes (infractions les plus graves) passibles de la réclusion jusqu'à la perpétuité. **Cour criminelle départementale :** infractions dont la condamnation maximale n'excède pas les 20 ans de réclusion, mais doit être supérieure à 15 ans.
	Compétence des juridictions pénales pour mineurs
	Juge des enfants : prend des mesures de protection à l'égard des mineurs en danger et juge les infractions commises par des mineurs. **Tribunal pour enfants :** délits commis par les mineurs et crimes commis par les mineurs de moins de 16 ans. **Cour d'assises des mineurs :** crimes commis par des mineurs de plus de 16 ans.
Appel	**En droit commun**
	Cour d'appel : les jugements du tribunal de police et du tribunal correctionnel seront contestés devant la chambre des appels correctionnels, qui est la formation pénale de la cour d'appel. **Cour d'assises :** les verdicts des cours d'assises peuvent faire l'objet d'un appel devant une nouvelle cour d'assises composée de 3 juges professionnels et de 9 jurés.
	Pour les mineurs
	Chambre spéciale de la cour d'appel : elle statuera sur les appels formés contre les jugements du juge des enfants et du tribunal pour enfants.
Cassation	**Cour de cassation :** elle ne rejuge pas l'affaire mais vérifie si les lois ont été correctement appliquées par les tribunaux et les cours d'appel.

3. Les juridictions administratives

Les juridictions administratives jugeront les litiges portant sur les actes de l'administration mettant en œuvre des prérogatives de puissance publique (ce sont les pouvoirs spécifiques dont dispose l'administration afin d'assurer ses missions). Le rôle des juridictions administratives est donc de juger et de contrôler l'administration. Ces juridictions seront saisies des conflits entre l'administration et les personnes privées, notamment lorsque la responsabilité de l'administration peut être engagée.

Comme pour l'ordre judiciaire, on trouve dans les juridictions administratives un triple degré de juridiction :

– le tribunal administratif est la juridiction administrative de première instance ;

– la cour administrative d'appel statuera sur les appels formés contre les décisions des tribunaux administratifs ;

– le Conseil d'État est juge de cassation et, dans certains cas, d'appel. Le Conseil d'État est également une autorité administrative consultative : il peut participer à l'élaboration de textes administratifs et réglementaires. D'autre part, le Conseil d'État est compétent pour statuer sur le contentieux relatif aux élections régionales et européennes.

8. Quelques notions essentielles de géographie française

1. Présentation du territoire français

- La superficie de la France est de 547 030 km² (670 922 km² en comptant l'outre-mer).
- La population française étant d'environ 68 millions d'habitants, la densité moyenne est d'environ 100 habitants par km².
- Le littoral français s'étend sur 3 805 kilomètres.

2. Les montagnes

En France, les chaînes de montagnes constituent bien souvent des frontières naturelles :

– les Alpes séparent la France de l'Italie et de la Suisse. Le Mont-Blanc (4 810 mètres est le plus haut sommet français et européen) ;

– les Vosges, au nord du Jura, séparent la France de l'Allemagne (le Rhin est l'autre frontière naturelle entre l'Allemagne et la France) ;

– le Jura, situé au nord des Alpes, sépare la France de la Suisse ;

– enfin, les Pyrénées séparent la France et l'Espagne. Leur plus haut sommet est le Pic d'Anéto (3 404 mètres).

3. Les fleuves

Les principaux fleuves français sont :

– la Loire : 1 012 km, qui traverse Nantes ;

– le Rhône : 812 km, qui traverse Lyon ;

– la Seine : 777 km, qui traverse Paris et Rouen ;

– la Garonne : 647 km, qui traverse Bordeaux et Toulouse.

4. Les villes

Les principales villes françaises sont :
- Paris : 2 145 906 habitants ;
- Marseille : 870 731 habitants ;
- Lyon : 522 228 habitants ;
- Toulouse : 498 003 habitants ;
- Nice : 346 376 habitants ;
- Nantes : 318 808 habitants ;
- Montpellier : 295 542 habitants ;
- Strasbourg : 287 228 habitants.

5. L'organisation administrative de la France

N°	Département	Préfecture
01	Ain	Bourg-en-Bresse
02	Aisne	Laon
03	Allier	Moulins
04	Alpes-de-Haute-Provence	Digne-les-Bains
05	Hautes-Alpes	Gap
06	Alpes-Maritimes	Nice
07	Ardèche	Privas
08	Ardennes	Charleville-Mézières
09	Ariège	Foix
10	Aube	Troyes
11	Aude	Carcassonne
12	Aveyron	Rodez
13	Bouches-du-Rhône	Marseille
14	Calvados	Caen
15	Cantal	Aurillac
16	Charente	Angoulême
17	Charente-Maritime	La Rochelle
18	Cher	Bourges
19	Corrèze	Tulle
2A	Corse-du-Sud	Ajaccio
2B	Haute-Corse	Bastia
21	Côte-d'Or	Dijon
22	Côtes-d'Armor	Saint-Brieuc
23	Creuse	Guéret
24	Dordogne	Périgueux

25	Doubs	Besançon
26	Drôme	Valence
27	Eure	Évreux
28	Eure-et-Loir	Chartres
29	Finistère	Quimper
30	Gard	Nîmes
31	Haute-Garonne	Toulouse
32	Gers	Auch
33	Gironde	Bordeaux
34	Hérault	Montpellier
35	Ille-et-Vilaine	Rennes
36	Indre	Châteauroux
37	Indre-et-Loire	Tours
38	Isère	Grenoble
39	Jura	Lons-le-Saunier
40	Landes	Mont-de-Marsan
41	Loir-et-Cher	Blois
42	Loire	Saint-Étienne
43	Haute-Loire	Le Puy-en-Velay
44	Loire-Atlantique	Nantes
45	Loiret	Orléans
46	Lot	Cahors
47	Lot-et-Garonne	Agen
48	Lozère	Mende
49	Maine-et-Loire	Angers
50	Manche	Saint-Lô
51	Marne	Châlons-en-Champagne
52	Haute-Marne	Chaumont
53	Mayenne	Laval
54	Meurthe-et-Moselle	Nancy
55	Meuse	Bar-le-Duc
56	Morbihan	Vannes
57	Moselle	Metz
58	Nièvre	Nevers
59	Nord	Lille
60	Oise	Beauvais
61	Orne	Alençon
62	Pas-de-Calais	Arras
63	Puy-de-Dôme	Clermont-Ferrand
64	Pyrénées-Atlantiques	Pau

65	Hautes-Pyrénées	Tarbes
66	Pyrénées-Orientales	Perpignan
67	Bas-Rhin	Strasbourg
68	Haut-Rhin	Colmar
69	Rhône	Lyon
70	Haute-Saône	Vesoul
71	Saône-et-Loire	Mâcon
72	Sarthe	Le Mans
73	Savoie	Chambéry
74	Haute-Savoie	Annecy
75	Paris	Paris
76	Seine-Maritime	Rouen
77	Seine-et-Marne	Melun
78	Yvelines	Versailles
79	Deux-Sèvres	Niort
80	Somme	Amiens
81	Tarn	Albi
82	Tarn-et-Garonne	Montauban
83	Var	Toulon
84	Vaucluse	Avignon
85	Vendée	La Roche-sur-Yon
86	Vienne	Poitiers
87	Haute-Vienne	Limoges
88	Vosges	Épinal
89	Yonne	Auxerre
90	Territoire-de-Belfort	Belfort
91	Essonne	Évry-Courcouronnes
92	Hauts-de-Seine	Nanterre
93	Seine-Saint-Denis	Bobigny
94	Val-de-Marne	Créteil
95	Val-d'Oise	Cergy
971	Guadeloupe	Basse-Terre
972	Martinique	Fort-de-France
973	Guyane	Cayenne
974	La Réunion	Saint-Denis
976	Mayotte	Mamoudzou

9. Rappels de géographie

Au travers de ces quelques rappels de géographie, nous apportons un éclairage synthétique sur quelques caractéristiques essentielles de la géographie française. En aucun cas, ces rappels ne peuvent prétendre à l'exhaustivité, ni vous dispenser d'un travail personnel de révision ou d'approfondissement éventuel.

1. La démographie française

Au 1er janvier 2024, la France compte 68 373 433 habitants (Insee). Avec une densité légèrement supérieure à 100 habitants par kilomètre carré, la France est peu densément peuplée comparativement à certains de ses voisins européens, comme la Belgique ou l'Angleterre.

A. Les évolutions de la population française

Avant 1795, la France était le pays le plus peuplé d'Europe, dépassant même la Russie. La démographique française du XXe siècle présente les deux traits majeurs des pays développés : l'allongement de la durée de la vie et la diminution de la natalité. De multiples facteurs peuvent expliquer ce dernier phénomène : fort développement du travail des femmes, baisse de la nuptialité, coût du logement et de la scolarité… .

Le baby-boom connu après la Libération se termine vers le milieu des années 1960. Depuis, l'indice de fécondité a diminué, passant sous le seuil de renouvellement des générations de 2,1 enfants par femme. Les bons résultats récents de la France par rapport à ses voisins tiennent notamment à la fécondité supérieure des familles d'origine extra-européenne.

Corrélativement, l'allongement de l'espérance de vie se traduit par un vieillissement de la population, ce qui pose notamment des difficultés quant à la pérennité du système de retraite par répartition. Cette même espérance de vie présente d'importantes inégalités entre hommes et femmes, ainsi que par région (ainsi le Sud-Ouest de la France est privilégié).

B. La répartition inégale de la population française

La population française est inégalement répartie, notamment parce que Paris et l'Île-de-France sont surreprésentés (environ 20 % de la population totale).

D'une manière générale, la population urbaine tend à se concentrer, tandis que les zones rurales sont vieillissantes. Des régions entières de la France sont très peu habitées (Limousin, Corse, Alpes du Sud, Guyane…). À l'inverse, les zones périurbaines et les campagnes proches des grandes villes connaissent une importante croissance de leur nombre d'habitants.

Sur le plan national, la population présente deux axes majeurs de mobilité : Paris et les bassins parisiens continuent d'attirer les actifs, les zones littorales et du Midi attirent familles et retraités. Quant à elles, les anciennes régions industrialisées du Nord et du Nord-Est, ainsi que les zones rurales sont en difficulté.

S'agissant enfin de l'immigration, les immigrés européens de la première moitié du XXe siècle ont fait place à ceux venus du tiers-monde, notamment des anciennes colonies françaises. Sur le plan de leur répartition, les immigrés sont très majoritairement répartis à l'est d'une ligne Amiens-Paris-Lyon-Marseille. Il convient également de mentionner un phénomène migratoire connaissant un fort développement en France ces dernières années : celui de l'émigration des jeunes diplômés, tout particulièrement vers les États-Unis et l'Angleterre.

2. L'aménagement du territoire français

En France, l'aménagement du territoire répond à un double objectif : la correction des inégalités spatiales et le développement économique local. Le cadre privilégié d'aménagement du territoire a été longtemps la Région.

A. Les grands principes de l'aménagement du territoire en France

À partir des années 1950, une politique d'aménagement du territoire est mise en place afin de corriger les disparités régionales (*Paris et le désert français*, selon le titre d'un ouvrage de Jean-François Gravier) et de moderniser l'économie française. Cette politique a entraîné une spécialisation fonctionnelle des territoires (chimie dans la vallée du Rhône, aéronautique dans la région toulousaine…).

Cette politique s'est accompagnée de mesures de décentralisation administrative, principalement au cours des années 1980. Les pouvoirs des maires (urbanisme…), des conseils généraux (routes nationales…) et des conseils régionaux (grands axes routiers et de transport collectif, formation professionnelle…) se sont considérablement accrus.

Au plan étatique, la Délégation à l'aménagement du territoire (DATAR) a pour tâche de coordonner les politiques d'investissement et d'équipement en faveur des équilibres régionaux.

Il faut souligner que l'abandon du Plan en 1993 n'a pas changé l'objectif pour l'État d'accroître la compétitivité économique des régions et des grandes métropoles. Une telle exigence se comprend d'autant mieux dans un cadre de concurrence européenne et mondiale.

B. Les nouveaux cadres de l'aménagement du territoire en France

En dehors du strict cadre de la région et de son partenariat avec l'État (contrats État-Régions), l'aménagement du territoire dans la France contemporaine se conçoit également dans un cadre intercommunal et européen.

L'intercommunalité connaît un important développement depuis le début des années 1990. Il s'agit de la politique visant au regroupement de certaines communes afin de se doter de services collectifs. Cette politique répond efficacement au souci d'aménagement du territoire dans la mesure où elle permet de maintenir un certain nombre d'activités et de services collectifs en milieu rural afin d'éviter le dépeuplement des zones rurales.

Cette intercommunalité dépasse le strict cadre rural pour s'exercer également dans le cas de villes moyennes (communauté d'agglomération) et de villes importantes (communautés urbaines). Compte tenu des moyens ici mis en œuvre, les ambitions pourront être plus importantes, notamment dans le domaine des transports et du développement économique.

Enfin, il faut souligner que l'Union Européenne déploie de façon croissante une politique en faveur du développement des Régions. En la matière, l'Union européenne cherche avant tout à rattraper les retards de développement entre régions (c'est le cas principalement des pays d'Europe de l'Est et du bassin méditerranéen), de la création de bassins compétitifs d'activité économique et de la modernisation des structures éducatives.

Au plan national, malgré plus d'un demi-siècle de politique d'aménagement du territoire, force est de constater le maintien de la prééminence de Paris et de ses environs, malgré d'importantes dynamiques régionales (régions de Nice, Lyon et Toulouse).

3. L'énergie en France

Le pétrole connaît une hausse importante de son prix et cette ressource fossile s'épuisera sans doute dans quelques dizaines d'années. Dans le même temps, des pays à forte croissance, comme la Chine et l'Inde, ont des besoins énergétiques importants. Aussi, il est intéressant d'étudier comment la France tente d'assurer son indépendance énergétique. Cette indépendance s'articule autour du choix de la production nucléaire d'énergie et, de façon croissante, par le développement d'énergies nouvelles. La guerre entre l'Ukraine et la Russie ayant pour conséquence la hausse corrélative des prix de l'énergie, la question de l'énergie est devenue un support essentiel de l'indépendance du pays.

A. Le nucléaire, clé de l'indépendance énergétique française

La France avait en 2023 un taux d'indépendance énergétique de 55,6 %, ce qui la place devant les autres grands pays européens (à titre de comparaison, le taux pour l'Allemagne est de 38,8 %). Ce bon taux s'explique en grande partie par le choix de produire de l'électricité par des centrales nucléaires. Ce choix s'est imposé au cours des années 1970 après les crises pétrolières de 1973 et de 1979.

Cette politique énergétique s'est également imposée en raison de la diminution de la production de charbon, de gaz, mais aussi de pétrole. Aussi, à l'heure actuelle, on peut estimer qu'un peu plus des trois quarts de l'électricité française est produite par le nucléaire. La France est ainsi le deuxième producteur mondial d'électricité, derrière les États-Unis.

Notre pays dispose actuellement d'un parc de 58 centrales électronucléaires. Celles-ci restent très chères à la construction, mais le prix de revient de l'électricité ainsi produite reste particulièrement bon marché.

Cependant, notamment en raison de préoccupations d'ordre environnemental, la France tente de favoriser le développement d'énergies nouvelles.

B. Le développement des énergies nouvelles

Les énergies nouvelles sont également appelées « énergies renouvelables ». Elles reposent principalement sur l'exploitation des sols et de la biomasse. Actuellement, ces énergies ne représentent que 19 % de la consommation nationale.

L'accroissement du potentiel technologique permet de rationaliser et d'optimiser la production d'énergie par des facteurs naturels déjà connus depuis l'Antiquité, à l'image du vent ou de la mer. Schématiquement, on peut considérer que les grandes familles d'énergies nouvelles sont issues de la biomasse (gaz naturel, bois, carburants naturels comme l'éthanol...), des courants (énergie marée-motrice, par exemple), de la géothermie (pompes à chaleur), du vent (énergie éolienne) et de la récupération (recyclage énergétique).

Cependant, il faut souligner que le coût d'exploitation de ces énergies reste élevé. Aussi ces énergies ne connaîtront de véritable expansion que si le prix du kilowatt reste compétitif par rapport à l'électricité produite par le nucléaire. Néanmoins, l'État français s'engage dans une politique volontariste dans ce domaine, à l'image des transports en commun de certaines grandes villes utilisant des carburants naturels ou bien encore des mesures fiscales en faveur des particuliers optant pour des installations d'énergie solaire.

Il semble évident que les énergies renouvelables connaîtront un fort développement. Mais, si les gisements de pétrole s'épuisent un jour dans le monde, le nucléaire jouera encore longtemps en France un grand rôle dans la production d'énergie.

4. L'agriculture française

Première agriculture européenne, l'agriculture française s'est profondément modifiée depuis un demi-siècle. De fait, si les industries agro-alimentaires sont devenues le premier secteur industriel français (17 % de la production industrielle), c'est en grande partie grâce à l'excellence des différentes productions agricoles. Pour autant, si l'agriculture française présente une structure modernisée, des secteurs restent en crise.

A. Une agriculture modernisée

En cinquante ans, le nombre d'exploitations agricoles a fortement diminué en France et, corrélativement, leur taille a progressé de façon importante. Ce remaniement des structures de production a permis une amélioration à la fois quantitative et qualitative de la production.

Sur le plan international, la France affiche une importante compétitivité : pour ne citer que ces deux exemples, la France est le premier producteur mondial de vin et le deuxième exportateur mondial de produits agroalimentaires. Les exploitations se spécialisent dans un type de production, ce qui s'accompagne d'une spécialisation des régions (céréaliers dans le Sud-Ouest et le Bassin parisien, élevage et production de lait dans le Grand Ouest...).

La modernisation de l'agriculture française est également mise en œuvre par d'autres moyens : mécanisation de la totalité du travail de la terre, généralisation des engrais chimiques et recherche en matière agronomique.

Ces moyens de modernisation posant, à l'évidence, des questions d'ordre environnemental, l'Union européenne a choisi de verser ses aides en fonction du respect de certaines exigences écologiques. C'est d'ailleurs l'Union européenne, par le biais de la Politique agricole commune, qui a permis à la production française d'accéder au vaste marché communautaire.

B. Les limites de la modernisation de l'agriculture française

En se tournant vers une logique productiviste, l'agriculture française a suscité une surproduction dans certains domaines (lait, vin, céréales...). L'Union européenne, afin d'équilibrer les niveaux de production, a été conduite à subventionner les gels de terre (mise en jachère).

Il faut ajouter que la modernisation ne touche pas tout le territoire national de manière uniforme. Ainsi, au sud et à l'est de la France, des systèmes agricoles traditionnels ont perduré. Or, ceux-ci, peu mécanisés et exploités par des agriculteurs souvent âgés, connaissent d'importantes difficultés économiques. Beaucoup de ces exploitations paraissent devoir disparaître dans un avenir relativement proche.

Par ailleurs, la mutation des systèmes agricoles vers la satisfaction des exigences du marché économique tend à faire passer au second plan le rôle de l'agriculture dans l'aménagement du territoire. L'espace consacré à l'agriculture tend à diminuer au profit de l'apparition de friches.

L'agriculture française a su trouver sa place dans un marché désormais mondialisé. Cependant, cette modernisation n'a pas été totalement répartie sur tout le territoire, et les impératifs environnementaux ont été négligés. La France et l'Union européenne s'attacheront donc à régler ces deux problèmes, tout en veillant à essayer de rompre les liens trop étroits entre production et aides publiques.

5. L'industrie française

Patrie de Colbert, la France a connu une révolution industrielle plus tardive que l'Angleterre. À l'heure actuelle, en raison de la mondialisation, des restructurations importantes ont lieu, parfois dans un climat social tendu. Néanmoins, la France peut légitimement s'enorgueillir de sa compétitivité dans de nombreux domaines.

A. Les restructurations industrielles de la France

Depuis la Libération, des secteurs entiers de notre industrie ont pratiquement disparu. Ainsi, la sidérurgie, le textile et la construction navale ont connu une très forte diminution de leur activité en France. Très localisées géographiquement (notamment en Lorraine et dans le Nord-Pas-de-Calais), ces restructurations ont touché des régions entières.

Un autre aspect des restructurations est la privatisation des activités industrielles naguère contrôlées par l'État, à l'image par exemple des Charbonnages de France ou de Thales (anciennement Thomson).

Enfin, l'activité industrielle de la France a tendance à se concentrer de plus en plus entre les mains de grandes entreprises, qui parfois même se regroupent entre elles (par exemple, le rapprochement Renault-Nissan). De fait, si l'artisanat et les PMI (Petites et Moyennes Industries) sont dynamiques et créateurs d'emplois, il leur est difficile de s'imposer dans un marché désormais totalement mondialisé. Cependant, les PMI françaises fabriquant des produits innovants ou sous-traitantes de grandes firmes arrivent à tirer leur épingle du jeu.

B. Les atouts de l'industrie française

La France se situant géographiquement au cœur de l'Europe, sa localisation-même constitue un atout dans la mesure où le rapprochement entre lieux de production et voies de communication est essentiel au développement industriel (littoralisation de l'industrie, dynamique des grands axes, comme le sillon rhodanien, ou des zones frontalières).

Un autre atout du modèle industriel est son importante politique en faveur de la recherche scientifique et technologique. Cette politique a favorisé les innovations dans de nombreux domaines (construction automobile, fibres optiques, TGV…). Les industries françaises de l'aéronautique, de l'espace et de la défense sont elles aussi particulièrement compétitives sur le marché mondial.

Enfin, la qualité de la production agricole et la modernité des exploitations ont permis aux industries agro-alimentaires d'être le premier secteur industriel français, avec de bons résultats à l'exportation.

Il faut se garder de penser que l'industrie française est structurellement en crise. Au contraire, la France dispose en la matière de nombreux atouts, comme le confirme son chiffre d'affaires à l'exportation. Cependant, la mutation industrielle de la France n'est pas terminée. À l'évidence, l'avenir est à la spécialisation dans certains domaines de l'activité industrielle. Il reste à la France à redéployer ses activités, tout en ménageant le coût social des secteurs en déclin. La crise de la covid et la guerre entre l'Ukraine et la Russie ont également rappelé que la capacité de résilience du pays impliquait des capacités autonomes de production dans certains secteurs-clés, comme la santé (médicaments, masques, etc.) ou l'armement (armes et munitions).

6. Le tourisme en France

La France et Paris paraissent toujours prononcés avec une certaine magie par les étrangers visitant notre pays. La France jouit indiscutablement d'un patrimoine et d'une image internationale lui permettant d'attirer chaque année des dizaines de millions de touristes venus de toute la planète.

Si les enjeux économiques du tourisme en France sont de toute première importance, la France ne doit pas oublier que son patrimoine doit être préservé.

A. Les enjeux économiques du tourisme en France

En 2022, 75 millions de touristes étrangers ont visité la France, ce qui place notre pays au premier rang mondial. Pour les recettes dégagées par le tourisme, on les évalue à 36 milliards d'euros (la France se situe ici derrière les États-Unis et l'Espagne). Le secteur touristique a beaucoup souffert de la crise de la covid-19. Pour l'année 2021, le nombre de touristes étrangers ayant visité la France était inférieur de 25 % à celui de 2019.

S'agissant de l'emploi, 700 000 personnes travaillent directement dans le domaine du tourisme (cafés et restaurants, hôtels, campings, agences de voyage, etc.). Les emplois indirects sont difficiles à comptabiliser, mais on peut les estimer nombreux. De même, le patrimoine touristique permet de dégager des recettes commerciales indirectes (l'art de vivre à la française valorise notre gastronomie et les produits français à l'étranger).

Ces enjeux économiques tendent à se développer avec l'émergence de nouveaux touristes venus de Chine.

B. La préservation du patrimoine français

L'exemple de la grotte de Lascaux illustre à la perfection les problèmes posés par un tourisme de masse : l'afflux de visiteurs peut mettre gravement en danger une merveille historique. Or le patrimoine touristique français est ancien et dépend étroitement du respect de certains équilibres naturels. Il faut songer ici aux criques désertes du littoral corse, aux cathédrales du Moyen Âge ou encore aux monuments parisiens parfois noyés dans la pollution automobile.

L'époque du tout-béton des années 1960, 1970 et 1980 peut sembler révolue s'agissant des stations de ski ou des plages. Des lois et des initiatives privées tendent de plus en plus à protéger nos régions afin de conserver au mieux tous leurs trésors.

Secteur éminemment prospère, le tourisme en France paraît devoir tenir sa longévité dans la préservation d'un patrimoine artistique, historique et naturel exceptionnel. De ce point de vue, il faut se réjouir du fait que, de plus en plus, les touristes venant dans notre pays semblent être à la recherche d'une authenticité confortant cet équilibre naturel.

Toutefois, la pandémie de la covid-19 a fortement réduit le tourisme en France et il est difficile de déterminer quand les niveaux de fréquentation d'avant cette crise seront de nouveau atteints.

7. Le territoire français dans l'espace européen

Géographiquement placée au cœur de l'Europe occidentale, bordée notamment par l'Atlantique et la Méditerranée, la France jouit d'une situation tout à fait privilégiée. Néanmoins, un examen plus détaillé de l'espace territorial national pourrait conduire à nuancer notre propos.

A. Une large ouverture sur l'espace maritime

La France possède des ouvertures à la fois sur l'océan Atlantique, la mer Méditerranée et la mer du Nord. Ces ouvertures permettent de nombreux échanges commerciaux avec nos voisins européens et même le monde entier. Sur le plan militaire et stratégique, notre marine peut ainsi se déplacer directement sur de nombreux théâtres d'opération.

Parmi les principaux ports, on peut citer ceux de Dunkerque, de Rouen, de Nantes et de Bordeaux. La France se situe ainsi sur un axe majeur de communication maritime.

Enfin, il ne faut pas oublier que les nombreuses possessions de la France en outre-mer lui assurent un territoire maritime particulièrement appréciable, notamment sur le plan de la pêche et du rayonnement stratégique.

B. De grandes voies de circulation intérieure

Il faut mentionner que le Massif central constitue le seul obstacle de géographie physique quant aux échanges intérieurs. À côté de cet obstacle majeur, la France dispose de plusieurs atouts. On peut ainsi citer notamment les vallées fluviales : la Seine, la Garonne, le Rhône, la Saône, le Rhin et la vallée de la Loire et de la Moselle. De plus, ces vallées fluviales s'accompagnent parfois de canaux utilisables pour le transport (comme par exemple le canal Rhin-Rhône).

Le seul couloir naturel essentiel reste celui autour du Rhône et de la Saône, qui se termine au nord par la Seine. La vallée du Rhône est ainsi à la fois une voie essentielle des déplacements intérieurs et une zone économique florissante. L'axe majeur des échanges intérieurs est donc la trajectoire Le Havre-Paris-Lyon-Marseille.

Cet axe majeur français reste cependant médiocrement relié à l'axe majeur européen : le Rhin, qui rassemble le Royaume-Uni, la Belgique, les Pays-Bas, l'Allemagne, la Suisse et l'Italie. En effet, le centre français est légèrement décalé par rapport à l'axe européen, ce phénomène étant voué à s'amplifier encore avec les conséquences de l'ouverture de l'Europe vers l'est. Une autre faiblesse des axes français de circulation tient au fait que toutes les voies maritimes ne sont pas reliées entre elles.

C. La difficile mise en valeur des montagnes

Les Alpes ont, les premières, bénéficié de mesures d'aménagement. Deux raisons principales expliquent ce phénomène. D'une part, les glaciers ont créé des voies de passage. D'autre part, les relations avec l'Italie du Nord ont toujours été plus dynamiques que celles avec l'Espagne.

Par conséquent, les Pyrénées ont connu un aménagement plus tardif, notamment en raison de difficultés d'ordre pratique et de l'éloignement géographique avec Paris.

Enfin, le Massif central a connu un aménagement encore plus tardif. Ce phénomène peut s'expliquer par le relatif manque de dynamisme de la région et par la possibilité de le contourner. Des travaux sont tout de même effectués (axe nord-sud et est-ouest).

Au sein de l'espace européen, le territoire dispose d'atouts exceptionnels. La politique d'aménagement du territoire et de création de pôles d'excellence lui permettra de les exploiter au mieux.

8. Le rayonnement culturel et politique de la France dans le monde

De Philippe le Bel à Charles de Gaulle, la France a souvent adopté une politique extérieure marquée par une forte indépendance. Aujourd'hui encore, notre pays dispose toujours d'une place singulière au sein du concert des nations. De fait, son rayonnement culturel et politique dans le monde reste encore important.

A. Le rayonnement culturel de la France dans le monde

L'axe majeur de rayonnement culturel français dans le monde est constitué par la francophonie. On estime à 200 millions le nombre réel de personnes parlant la langue française dans le monde entier. Les cinq continents sont ici représentés, avec une forte proportion d'anciennes colonies d'Afrique et d'Asie du Sud-Est. La situation particulière du Québec et des Antilles permet à la France de trouver une place particulière sur le continent américain. La place singulière de notre littérature et de l'histoire nationale confèrent un relief particulier à notre culture, tout particulièrement auprès de ces 200 millions de francophones.

En dehors du vecteur linguistique, la France trouve un rayonnement culturel grâce à l'excellence reconnue des produits incarnant son art de vivre (vin, gastronomie, haute couture...). De fait, les entreprises françaises offrent en la matière un fort dynamisme à l'exportation, comme en témoigne par exemple le cas du Japon.

Enfin, le nombre important d'expatriés français permet à la France d'accroître son rayonnement culturel à l'étranger. D'une manière générale, ces Français expatriés occupent des postes de cadres et de chefs d'entreprise, ce qui leur assure un statut social privilégié au sein de leur pays d'expatriation.

B. Le rayonnement politique de la France dans le monde

La France est l'un des principaux bailleurs de fonds de l'aide publique au développement. Elle engage plus de 50 % de cette aide en direction de l'Afrique sub-saharienne (dont par exemple le Mali, la Côte d'Ivoire, le Sénégal, Madagascar ou bien encore le Gabon). Cette aide publique au développement permet à la France d'assurer de bonnes relations avec les gouvernements des États bénéficiaires et également de bénéficier de contrats publics pour les entreprises françaises. Néanmoins, les difficultés diplomatiques, notamment liées à la progression de l'influence russe (groupe Wagner) sur le continent africain, ont entraîné un recul de la présence française en Afrique, notamment en ce qui concerne la présence de troupes dans la zone sahélo-saharienne.

La France a, en outre, une présence militaire importante dans le monde, grâce à ses possessions en outre-mer, ses interventions dans des zones en conflits ou en crise, notamment sous mandat de l'Organisation des Nations unies. Les capacités de projection de l'armée française et le prestige attaché à certaines de ses unités, comme la Légion étrangère, permettent aussi à la France d'être reconnue comme une puissance avec laquelle il faut compter dans les relations internationales.

Enfin, la France dispose d'un réseau diplomatique d'ambassades et de consulats particulièrement dense. Elle peu ainsi entretenir des relations directes et étroites avec la totalité des pays du monde, même les plus petits. Il faut également préciser que la France dispose d'un siège permanent au Conseil de sécurité des Nations unies, ce qui la place de fait parmi les grandes puissances.

Puissance ancienne et reconnue dans le monde entier, la France dispose toujours des moyens culturels et politiques d'une ambitieuse politique extérieure. À présent, il reste à notre pays à accorder cette politique avec les impératifs inhérents à l'intégration européenne.

10. Rappels d'histoire

Au travers de ces quelques rappels historiques, nous apportons un éclairage synthétique sur quelques moments essentiels du XXe siècle. En aucun cas, ces rappels ne peuvent prétendre à l'exhaustivité, ni vous dispenser d'un travail personnel de révision ou d'approfondissement éventuel.

1. Les conséquences économiques et sociales de la Première Guerre mondiale

Les conséquences de la Première Guerre mondiale ne sauraient se limiter au nombre de morts (plus de 9 millions, dont près de 1 400 000 Français), ni aux bouleversements diplomatiques (la création de la Société des nations, qui préfigurera l'Organisation des Nations unies, et la fin de l'empire austro-hongrois). Sur le plan économique et social, les conséquences du premier conflit mondial sont très importantes.

A. Les bouleversements des sociétés européennes

En premier lieu, la démographie de l'Europe est totalement chamboulée en 1918 : les morts et les blessés ont entraîné de véritables saignées parmi la population des pays belligérants (la France, l'Allemagne et l'Autriche-Hongrie perdent au cours du conflit près de 10 % de leur population active). Également, la guerre a conduit à un extraordinaire brassage social : aristocrates et ouvriers partagent les mêmes dangers dans la boue des tranchées. De même, de nombreuses femmes ont pris la place des hommes dans les champs et les usines : la naissance du sentiment féministe est indissociablement liée à l'expérience vécue par certaines femmes lors de la Première Guerre mondiale.

Les phénomènes de dépréciation de la monnaie, de fortunes nouvelles (ce que l'on appelle « les profiteurs de guerre ») et d'inflation galopante vont générer d'importants troubles sociaux. De fait, l'idéologie marxiste connaît alors un important succès auprès des classes ouvrières, et le système capitaliste apparaît aux yeux de beaucoup comme lié à la guerre et à ses terribles conséquences. En France et en Allemagne, comme aux États-Unis, les syndicats apparaissent et animent de fortes contestations sociales.

Les anciens combattants connaissent souvent un retour difficile à la vie civile. Perte de leur épargne dans des économies nationales ruinées, sentiment de déclassement et ingratitude envers tous les sacrifices consentis sont les traits majeurs des difficultés rencontrées. L'apparition de cet esprit « ancien combattant » est liée, pour les plus activistes d'entre eux, aux mouvements des ligues dans la France des années 1930, ainsi qu'au fascisme italien ou aux SA allemands.

B. Le lourd bilan économique de la guerre

Même si certains industriels ont pu largement prospérer au cours de la guerre, les conséquences économiques de la Première Guerre mondiale sont catastrophiques pour les pays engagés. Ainsi, sur les lieux des batailles, et notamment dans la France du Nord et de l'Est, les destructions matérielles ont été particulièrement importantes. Certains villages français ont été purement et simplement rayés de la carte ; ils ne seront pas reconstruits.

La France a ainsi connu les destructions les plus nombreuses. Au lendemain du conflit, la pénurie de logements est alors criante, les services publics peinent à reprendre leur activité dans les anciennes régions de combat, l'agriculture est sévèrement touchée, la production industrielle et énergétique (celle du charbon, notamment) est fortement limitée.

De son côté, l'Allemagne n'a pas connu les mêmes destructions matérielles que la France sur son propre sol. En revanche, son économie a considérablement souffert des conséquences de la Première Guerre mondiale. Outre les importantes réparations dues au titre des clauses du traité de Versailles, l'économie allemande a fortement été mise à contribution durant la guerre et, à la fin de celle-ci, elle est affaiblie. Le pays connaît alors une inflation très importante : pour nombre de personnes, leurs revenus ne permettent pas de subvenir à leurs besoins quotidiens. D'une façon générale, nombre de petits et moyens épargnants sont littéralement ruinés par l'écroulement des systèmes économiques existant avant-guerre. L'exemple des emprunts russes est frappant : les Français pensaient réaliser un investissement sûr et garanti en prêtant une partie de leurs économies au gouvernement tsariste. La révolution bolchévique a brouillé toutes les cartes et réduit à néant leur espoir de retrouver tout ou partie de leur argent.

Les dramatiques conséquences économiques et sociales de la Première Guerre mondiale portent en elles le germe de la Seconde Guerre mondiale. On ne peut comprendre cette guerre sans porter le regard sur l'Europe de 1919. De même, le déclin trouve dans cette époque sa première illustration majeure. Il est ainsi significatif que de plus en plus d'historiens qualifient la période 1914-1945 de « guerre civile européenne ».

2. La France dans la Seconde Guerre mondiale

Le 1er septembre 1939, l'Allemagne nazie attaque la Pologne. Depuis 1933, l'Allemagne d'Hitler s'est réarmée, puis a conquis successivement l'Autriche et la Tchécoslovaquie. Après l'attaque de la Pologne, Français et Britanniques décident d'honorer leur engagement envers leur allié et déclarent la guerre à l'Allemagne le 3 septembre 1939. Cet événement marque le début de la Seconde Guerre mondiale. La France est peu motivée à s'engager dans le conflit et adopte une stratégie défensive particulièrement risquée. En une quarantaine de jours, le pays s'effondre, créant ainsi un profond traumatisme dans la population. Il subit une douloureuse occupation et les Français se divisent.

A. La défaite et l'armistice de juin 1940

La France est mal préparée à l'affrontement avec l'Allemagne. Le pays est divisé politiquement et affaibli (crise économique, oppositions d'ordre politique, retard démographique). Le retard en matière d'armement n'est pas vraiment rattrapé (pour les chars et les avions notamment).

Par la suite, la période d'inaction de la « drôle de guerre » (de septembre 1939 à mai 1940) démoralise et amollit les troupes. Les chefs militaires et politiques attendent l'Allemagne derrière la ligne Maginot, qui se révèlera un illusoire bouclier. En effet, les troupes nazies perceront là où on ne les attend pas : Sedan et les Ardennes. Le gouvernement quitte Paris pour Bordeaux. Des millions de Français errent sur les routes. Appelé au pouvoir, le maréchal Pétain forme un gouvernement qui signe, le 22 mai 1940, un armistice avec l'Allemagne.

B. L'occupation allemande

À partir de mai 1940 et jusqu'à l'invasion de la zone sud de la France en novembre 1942, le gouvernement de Vichy adopte une posture politique traditionnaliste, rejetant les errements de la IIIe République. Puis, à partir de la fin de l'année 1942, Laval prône une politique de plus en plus ouvertement collaborationniste (envoi de travailleurs français en Allemagne, statut des Juifs, création de la Milice et de la Légion des volontaires français contre le bolchévisme). L'occupant allemand pille les ressources du pays (agriculture et industrie, indemnités d'occupation, réquisitions de main-d'œuvre) et sanctionne sans pitié toute tentative de résistance (déportations et tortures). Les Juifs arrêtés sont envoyés dans les camps de la mort.

C. La Résistance intérieure et la France libre

Après l'appel du 18 juin 1940 à la radio de Londres, De Gaulle s'affirme peu à peu comme le fédérateur des Français résistant à l'envahisseur nazi. À partir de novembre 1942, les Français libres combattent aux côtés des Anglais et des Américains en Afrique du Nord. Des victoires comme Koufra et Bir Hakeim donnent un certain prestige à la France libre auprès des Alliés. Un gouvernement provisoire est d'ailleurs créé à Alger. Parallèlement à la France libre, une Résistance s'affirme sur le territoire national occupé. Jean Moulin tente avant sa disparition de fédérer cette Résistance. Même si elle est très minoritaire, son rôle est important (perspectives de renouvellement des élites dans la France de l'après-guerre, renseignement pour les Alliés, prestige du pays…).

D. Les lendemains de la Libération

Après la joie de la Libération, une sanglante et parfois sauvage épuration se met en place. Lorsque l'ordre public est rétabli, les grands procès de l'occupation commencent (Pétain, Laval, les collaborateurs) et la République reprend sa place.

Au terme de cette longue occupation, marquée par tant de souffrances, la France est parvenue à se redresser et à retrouver sa place dans le concert des nations. La Résistance et la France libre ont sauvé l'image de notre pays. Sans l'énergie et la foi patriotique du général de Gaulle, la France aurait bien plus difficilement retrouvé sa souveraineté après la Libération. Mais elle a perdu beaucoup de son aura, notamment auprès de ses colonies.

3. La guerre froide

Au lendemain de la Seconde Guerre mondiale, deux grandes puissances dominent le monde : les États-Unis et l'URSS. Les accords de Yalta ont scellé leur partage du monde. La lutte commune contre l'Allemagne nazie et ses alliés accorde un court répit à leur antagonisme. Après les bombes nucléaires envoyées sur Hiroshima et Nagasaki, la possession de l'arme atomique donne, un temps, l'avantage aux États-Unis. Cet avantage est renforcé par l'état de l'URSS après l'armistice du 8 mai 1945 : près de 20 millions de morts, destruction de nombreux ouvrages civils et d'une partie de son potentiel industriel. Cependant, les « deux grands » continueront pendant près d'un demi-siècle de s'affronter de manière larvée : ce sera la guerre froide.

A. Les débuts de la guerre froide (1945-1956)

Même alliés un temps contre l'Allemagne nazie, les États-Unis et l'URSS incarnent deux systèmes fondamentalement antagonistes. L'URSS est un pays communiste, dirigé d'une main de fer par Staline, voulant un triomphe mondial de l'idéologie marxiste. De leur côté, les États-Unis optent pour une voie capitaliste et libérale. Chacun souhaite dominer l'autre. L'Europe, et surtout les pays « périphériques » (en Asie du Sud-Est, dans l'Afrique décolonisée et en Amérique latine), seront les terrains privilégiés de leur affrontement. En 1945, le traité de Yalta partage le monde en deux : l'Europe de l'Ouest restera alignée sur les États-Unis et l'Europe de l'Est sera sous le joug soviétique.

La montée des oppositions entre les « deux grands » conduira à durcir le climat en Europe, notamment dans l'Allemagne désormais coupée en deux. La course aux armements fera peser un risque d'apocalypse nucléaire sur le monde, notamment avec l'apparition de conflits indirects entre États-Unis et URSS, comme la guerre de Corée à partir de 1950.

B. Les illusions de la « détente » (1956-1979)

La venue au pouvoir de Khrouchtchev en URSS marque un infléchissement dans les relations avec les pays de l'Otan. Critiqué envers les crimes de Staline, Khrouchtchev incarne un communisme plus ouvert, moins belliqueux. Le spectre d'un affrontement direct s'éloigne. Pour autant, les deux grandes puissances s'investissent toujours dans les conflits du tiers-monde, notamment dans le contexte de la décolonisation.

De leur côté, les présidents américains, Eisenhower puis Kennedy, adoptent des positions de grande fermeté vis-à-vis du bloc de l'Est, notamment lors des crises résultant du mur de Berlin (1961) et de la présence de fusées soviétiques à Cuba (1962).

De plus en plus, le monde bipolaire est contesté à l'intérieur des blocs. De nombreux pays du tiers-monde choisissent le non-alignement, tandis que l'Europe prend de façon croissante une voie autonome au fur et à mesure de sa construction politique.

C. La fin de la guerre froide (1979-1991)

En 1979, l'URSS envahit l'Afghanistan. Cette invasion est fortement contestée dans le monde entier. Les États-Unis choisissent de soutenir et d'armer les rebelles afghans, dont certains seront les futurs talibans. Également, au cours des années 1980, la crise des euromissiles en Europe (présence de fusées à tête nucléaire de part et d'autre du mur de Berlin, dont les célèbres SS-20 américains) témoignent d'une relance de la tension entre les deux blocs.

Cependant, les présidences de Reagan et de Gorbatchev marquent la fin de la guerre froide. Le système communiste s'effondre alors, tant par son centre (l'Union soviétique, qui est ruinée et dépassée dans la course aux armements) que par sa périphérie (chute du Mur de Berlin en 1989, voies indépendantes prises par les pays de l'ex-Pacte de Varsovie entre 1989 et 1991).

L'effondrement du bloc communiste a été brutal : en l'espace de deux ans, entre 1989 et 1991, pratiquement un demi-siècle de géopolitique mondiale s'est totalement retourné. Finalement, l'arme nucléaire par « l'équilibre de la terreur » a pu empêcher tout affrontement direct entre l'Union soviétique et les États-Unis.

4. La IVe République

Au lendemain de la Libération, la France a retrouvé sa souveraineté et une certaine stabilité intérieure (à l'inverse d'autres pays libérés comme la Grèce, où royalistes et communistes s'affrontent).

Pour autant, le contexte politique est confus : l'épuration des anciens collaborateurs se poursuit, les politiciens de la IIIe République sont discrédités auprès de la population et les communistes animent une forte contestation sociale.

A. La IVe République : un régime politique instable

Le Gouvernement provisoire de la République française (GPRF), dirigé par le général de Gaulle à partir de 1944, regroupe les représentants des diverses familles politiques françaises, sans qu'une unité ne puisse se dégager. De fait, la Résistance, intérieure ou extérieure, communiste ou gaulliste, ne peut arriver à s'accorder pour gouverner une France enfin libérée.

Personnage pourtant le plus fédérateur, le général de Gaulle refuse de créer un parti politique autour de lui. Les principaux courants d'idées s'affrontent donc sans qu'une majorité nette ne s'exprime. Le Mouvement républicain populaire (MRP) incarne la mouvance chrétienne-démocrate et réussit plusieurs percées électorales. Les radicaux et socialistes restent minoritaires, tandis que le Parti communiste s'affirme comme la première force politique en 1945. Les élections de 1945 sont d'ailleurs les premières où les femmes et les militaires pourront voter.

Par référendum, les Français choisissent un nouveau régime : ce sera la IVe République. L'Assemblée constituante de 1946 reconduit de Gaulle dans ses fonctions de chef de gouvernement. Mais, très vite, les oppositions s'expriment au grand jour : les formations politiques veulent un pouvoir de type parlementaire. Le général de Gaulle ne pouvant instituer un exécutif fort, il quitte ses fonctions.

Entre 1946 et 1958, l'Assemblée nationale jouera donc un rôle fondamental. Ce sera elle qui fera et défera les gouvernements : 23 gouvernements différents en douze ans. Le président de la République, élu au suffrage indirect par le Congrès, joue un rôle relativement effacé. Dans le même temps, le chef du gouvernement (alors appelé président du Conseil) est le véritable chef de l'exécutif, mais n'a pas une pleine autorité sur tous ses ministres. Le « régime des partis » et les « combinards », si décriés avant-guerre, ont ainsi vite refait surface après la Libération.

B. La fin de la IVe République

En raison du contexte géopolitique mondial de la guerre froide, les communistes français sont marginalisés. La France s'ancre alors dans le camp de l'Otan. La construction européenne débute en 1952, avec la Communauté européenne du charbon et de l'acier (CECA).

Pour autant, cette même construction européenne devient un important facteur de division avec le rejet du projet de Communauté européenne de défense (CED) par les gaullistes et les communistes.

Ce contexte politique divisé et confus intervient en même temps qu'une instabilité économique, que le gouvernement Pinay parvient néanmoins à juguler à partir de 1952.

Le principal problème – et la véritable cause de la fin de la IVe République, plus encore que l'instabilité gouvernementale – reste la gestion de la situation militaire et politique dans les colonies en marche vers l'indépendance. De 1946 à 1954, la guerre d'Indochine reste une sévère défaite pour la France. Le gouvernement Laniel est entraîné dans la chute de Diên-Biên-Phu. Pierre Mendès-France devient président du Conseil en 1954, mais doit quitter le pouvoir dès février 1955 en raison de la difficile gestion de la crise algérienne.

Sur le plan intérieur, le poujadisme, mouvement populiste et contestataire, fait son apparition aux élections législatives de 1956. Ces élections amènent Guy Mollet à la présidence du Conseil. Son gouvernement parvient à gérer sans trop de heurts la décolonisation de la Tunisie et du Maroc en 1956, ainsi que celle de l'Afrique noire. En revanche, l'opposition pugnace des pieds-noirs et l'impossibilité de trouver un consensus sur le destin politique de l'Algérie mettront un terme au gouvernement Mollet.

La crise du 13 mai 1958, où pieds-noirs et militaires défient depuis Alger le gouvernement en place, favorise le retour sur la scène politique du général de Gaulle. D'emblée, il annonce son intention de changer les institutions de la France. La IVe République meurt ainsi, dans un climat de forte division entre Français.

La IVe République n'a pas su concrétiser les espoirs des Français en un nouveau régime, ni les ambitions sociales et réformatrices issues de la Résistance. Le « régime des partis », tant fustigé par de Gaulle, a continué son règne. L'instabilité gouvernementale qui en résulte n'a pas permis de fédérer les Français, ni d'accomplir toutes les réformes dont la France aurait eu besoin. L'échec sanglant de la gestion des ex-colonies mettra un terme à la IVe République, que personne alors ne semble regretter.

5. La Ve République sous de Gaulle (1958-1969)

En 1958, les débuts de la Ve République ouvrent une ère de stabilité économique, politique et de personnalisation du pouvoir autour de la figure du général de Gaulle. Il faut d'ailleurs rappeler que celui-ci revient au pouvoir à l'occasion de la crise algérienne et qu'il termine ainsi une « traversée du désert » longue de douze ans.

A. Le renouveau de l'État (1958-1965)

Fort de son prestige personnel et de la fidélité de ses premiers ministres (Debré, 1959-1962 ; Pompidou, 1962-1968), de Gaulle s'impose en maître après une IVe République fragilisée par son instabilité gouvernementale et la crise algérienne.

La Constitution du 4 octobre 1958 restaure l'autorité de l'État. Rédigée par Michel Debré, approuvée par 79 % de « oui », elle s'inspire du discours de Bayeux du général de Gaulle (1946). Le Parlement bicaméral (Assemblée nationale et Sénat) dispose désormais de pouvoirs limités. Le président peut dissoudre l'Assemblée nationale et disposer des pleins pouvoirs (article 16).

Par la suite, la révision d'octobre 1962 prévoit l'élection du président de la République au suffrage universel. De Gaulle procède par référendum, sans consulter le Parlement, qui, vexé, renverse le cabinet Pompidou. En riposte, le Général dissout l'Assemblée. Il gagne le référendum (62 % de « oui ») et les élections (gaullistes : 55 % des sièges).

Quant à la décolonisation en Algérie, elle reste conflictuelle : en 1958, de Gaulle tente une intégration économique et sociale. Il ménage les pieds-noirs (« Je vous ai compris ») comme les Algériens (« Que vienne la paix aux braves »). Mais ces derniers forment un gouvernement provisoire (GPRA) au Caire. En septembre 1959, l'octroi de l'autodétermination suscite l'opposition des pieds-noirs et entraîne la création de l'OAS (janvier 1960 : semaine des barricades à Alger ; avril 1961 : putsch des généraux Challe, Jouhaud, Salan, Zeller ; septembre 1962 : attentat du Petit-Clamart contre De Gaulle). En métropole, le référendum de 1961 donne un « oui franc et massif » (75 %) et la tension monte. Les accords d'Évian (mars 1962), ratifiés par 90 % de « oui », donnent l'indépendance à l'Algérie (juillet 1962).

B. Les difficultés du second mandat présidentiel (1965-1969)

Sur le plan social, le consensus qui semblait prévaloir jusqu'alors tend à s'effriter. Ainsi, des grèves importantes font leur apparition (secteur des mines en 1963, services publics, automobile en 1965, transports en 1966) et les agriculteurs manifestent leur mécontentement. Sur le plan politique, la gauche se réorganise.

En 1965, De Gaulle, mis en ballottage par Mitterrand, est réélu au second tour par 54,5 % des voix. Il devient le premier président de la République élu au suffrage universel direct. Aux élections législatives de 1967, les gaullistes reculent.

La farouche politique d'indépendance menée par le général de Gaulle tend à troubler une partie de l'opinion française et à isoler le pays sur le plan international (on peut citer l'attaque contre le dollar en 1965, le retrait militaire de l'Otan en 1966, le discours de Phnom Penh en 1966 et celui de Montréal en 1967, la condamnation de l'intervention militaire israélienne en 1967 et de la candidature anglaise à la CEE la même année).

Au départ, la crise de mai 1968 est universitaire (« mouvement du 22 mars » de Daniel Cohn-Bendit). Puis, elle devient sociale (grève générale du 13 mai) et politique (28 mai : François Mitterrand se déclare prêt à assumer le pouvoir). Le 30 mai, De Gaulle annonce la dissolution de l'Assemblée nationale et gagne l'opinion publique (55 % des suffrages gaullistes le 30 juin 1968).

Maurice Couve de Murville remplace Georges Pompidou. Le nouveau Premier ministre tente de colmater la situation universitaire (loi Edgar Faure), sociale (droits syndicaux dans l'entreprise en application des accords de Grenelle, hausse de 25 % du Smic) et financière (contrôle des changes, emprunts).

Par la suite, De Gaulle propose un référendum sur la régionalisation et la réforme du Sénat. Sitôt les résultats connus (53 % de « non »), il démissionne, le 28 avril 1969.

Arrivé au pouvoir lors d'une crise particulièrement importante, De Gaulle est parvenu à redresser la situation politique et sociale. En entreprenant un certain nombre de réformes, il est parvenu à rassembler une majorité de Français. De fait, le pays connaîtra une vive émotion lors de sa disparition le 9 novembre 1970.

6. Les présidences de Georges Pompidou (1969-1974) et de Valéry Giscard d'Estaing (1974-1981)

Affecté par les troubles de Mai 68, le général De Gaulle quitte le pouvoir l'année suivante après l'échec du référendum sur la décentralisation. Les années 1970 seront marquées sur le plan économique par la fin des Trente Glorieuses, la crise pétrolière et la modernisation du pays.

A. La présidence de Georges Pompidou (1969-1974)

Ancien Premier ministre du général de Gaulle entre 1962 et 1968, Georges Pompidou affronte le centriste Alain Poher au second tour de l'élection présidentielle de 1969. Il l'emporte et nomme Jacques Chaban-Delmas Premier ministre.

Des mesures sociales sont alors mises en place : création du Smic, lois en faveur des salariés. Sur le plan international, la construction européenne se développe et la politique d'indépendance nationale du général de Gaulle est poursuivie. Au plan intérieur, malgré la poursuite de la croissance économique, l'agitation sociale se développe.

Pierre Messmer succède à Jacques Chaban-Delmas comme Premier ministre en 1972, tandis que la gauche retrouve son unité politique autour de François Mitterrand après le Congrès d'Épinay. À partir de 1973, le climat politique se détériore en raison de multiples facteurs : la gauche progresse aux élections législatives, le président Pompidou souffre d'une grave maladie et c'est le premier choc pétrolier, consécutif à la guerre du Kippour. La crise économique semble s'ancrer durablement dans le pays, comme en témoigne la forte hausse du nombre de chômeurs.

Le président Pompidou meurt au cours de son mandat le 2 avril 1974. Alain Poher, président du Sénat, assure l'intérim.

B. La présidence de Valéry Giscard d'Estaing (1974-1981)

Hostile à Jacques Chaban-Delmas, Valéry Giscard d'Estaing reçoit le soutien des centristes et libéraux, ainsi que celui des gaullistes regroupés autour de Jacques Chirac. Au second tour, Giscard est opposé à François Mitterrand et l'emporte d'une très courte majorité.

Jacques Chirac est nommé Premier ministre et met en place une politique d'inspiration sociale-démocrate (abaissement de l'âge de la majorité à 18 ans, loi Veil sur l'IVG en 1975, mise en place du collège unique et impôt sur les plus-values immobilières). Néanmoins, la situation économique continue de s'aggraver, notamment par le recul de la production et la hausse du chômage.

Sur le plan politique, le président de la République et le Premier ministre s'opposent de plus en plus ouvertement. Jacques Chirac démissionne donc de son poste de Premier ministre le 26 août 1976.

Le président Giscard d'Estaing fait alors appel au professeur d'économie Raymond Barre. Ce dernier devient à la fois Premier ministre et ministre de l'Économie et des Finances. Il instaure une politique d'orientation libérale fondée sur un plan d'austérité (hausse de certains impôts et des cotisations sociales, blocage des prix, relance de l'économie par l'investissement…). Cette politique est difficilement acceptée, notamment en raison du développement des oppositions politiques à Valéry Giscard d'Estaing (venant de la gauche et des gaullistes regroupés autour du RPR, fondé par Jacques Chirac).

À partir de 1978, le climat devient délétère pour le président Giscard d'Estaing, notamment en raison du deuxième choc pétrolier, des échecs économiques (augmentation du chômage et de l'inflation) et de divers scandales frappant la présidence.

Les élections présidentielles de 1981 verront alors la défaite de Valéry Giscard d'Estaing face à François Mitterrand.

Le bilan des présidences de Georges Pompidou et de Valéry Giscard d'Estaing est terni par l'impossibilité d'enrayer durablement la crise économique, issue notamment des deux chocs pétroliers (1973 et 1979). Néanmoins, leurs gouvernements ont entrepris d'importantes réformes sociales et industrielles, comme la diminution de la dépendance énergétique de la France (notamment par la création d'un parc de centrales nucléaires).

7. Les deux septennats de François Mitterrand (1981-1995)

François Mitterrand (1916-1996) a été président de la République pendant quatorze ans : de 1981 à 1995. Ses deux septennats ont marqué durablement la vie politique française, même si les réformes de fond ont été moins importantes que pour ses prédécesseurs.

A. Le premier septennat de François Mitterrand (1981-1988)

Au second tour de l'élection présidentielle, François Mitterrand est élu président de la République le 10 mai 1981, d'une courte majorité face au président sortant Valéry Giscard d'Estaing. Les élections législatives donnent une majorité aux socialistes.

Pierre Mauroy devient alors Premier ministre et accueille quatre ministres communistes dans son gouvernement. Des mesures symboliques des idées de gauche sont alors prises, comme la régularisation de clandestins ou l'abolition de la peine de mort. Sur le plan économique, une politique de relance est tentée et de grandes entreprises sont nationalisées, notamment dans le secteur bancaire et la sidérurgie. Dans le domaine institutionnel, des lois de décentralisation (lois Deferre) sont mises en place.

Cependant, la politique économique du gouvernement manifeste des effets néfastes : fortes hausses de la dette publique et de la dette extérieure, dévaluations du franc et augmentation du chômage. En mars 1983, une politique de rigueur économique est décidée. Déjà fragilisé par cet échec, le gouvernement doit reculer sur le dossier de l'école libre en juin 1984 (projet Savary), et Pierre Mauroy démissionne.

Laurent Fabius est donc nommé Premier ministre en juin 1984. Cependant, il se heurte à de multiples difficultés (situation insurrectionnelle en Nouvelle-Calédonie, scandale du Rainbow Warrior).

Les élections législatives de 1986 donnent lieu à une victoire de la droite : pour la première fois un président de la République cohabitera avec un gouvernement issu d'une autre majorité politique. Jacques Chirac est ainsi Premier ministre entre 1986 et 1988. La politique économique libérale de son gouvernement se heurte à l'opposition de François Mitterrand. L'agitation sociale est importante, notamment dans les universités (projet Devaquet).

B. Le second septennat de François Mitterrand (1988-1995)

Dans un contexte tendu par la situation en Nouvelle-Calédonie, François Mitterrand et Jacques Chirac s'affrontent au second tour de l'élection présidentielle de 1988. François Mitterrand l'emporte avec 54 % des voix.

Michel Rocard est nommé Premier ministre, mais doit compter sur les voix communistes et centristes à l'Assemblée nationale pour réaliser certaines réformes. Son gouvernement entreprend des mesures sociales, comme l'instauration du RMI ou la création de la CSG pour tenter de combler les déficits de la Sécurité sociale.

Le climat social et politique change au début des années 1990 : les émeutes dans les banlieues et les scandales politico-financiers font leur apparition. Le contexte international est également confus (participation française à la guerre du Golfe en 1990-1991, chute du communisme et implosion de l'URSS, réunification de l'Allemagne, adoption à une très courte majorité du traité de Maastricht en septembre 1992).

Sur le plan intérieur, Michel Rocard est remplacé en 1991 par Édith Cresson, elle-même débarquée en avril 1992 par Pierre Bérégovoy. Ternis par une très mauvaise image, les socialistes perdent largement les élections législatives de 1993.

Pour la seconde cohabitation, Édouard Balladur devient Premier ministre. Il entend œuvrer pour une politique de rigueur économique (défense du franc, réduction des déficits publics), de durcissement des lois sur l'immigration et sur la sécurité (« lois Pasqua »). Atteint par la maladie, François Mitterrand joue un rôle nettement plus effacé que lors de la première cohabitation.

Aux élections présidentielles de 1995, Édouard Balladur et Jacques Chirac sont rivaux. Ce dernier affronte Lionel Jospin au second tour et l'emporte avec 52 % des suffrages.

Politicien habile et expérimenté (il était déjà ministre en 1946 et candidat à l'élection présidentielle de 1965), François Mitterrand laisse un souvenir mitigé. De fait, il n'a pu réaliser de grandes réformes structurelles, comme le général de Gaulle ou Georges Pompidou, et son bilan économique et social est marqué par la permanence de la crise et les scandales de corruption politique.

8. Les deux présidences de Jacques Chirac (1995-2007)

Secrétaire d'État sous le général de Gaulle, puis Premier ministre de Valéry Giscard d'Estaing entre 1974 et 1976, ainsi que de François Mitterrand entre 1986 et 1988, candidat malheureux aux élections présidentielles de 1981 et 1988, Jacques Chirac est un politicien à la longue et tourmentée carrière lorsqu'il devient président de la République en 1995.

A. Le premier mandat présidentiel (1995-2002)

Alain Juppé est nommé Premier ministre immédiatement après l'arrivée de Jacques Chirac à l'Élysée. L'été 1995 est marqué par la reprise des essais nucléaires dans l'atoll de Mururoa dans le Pacifique sud.

Rapidement, des changements ministériels surviennent (départ d'Alain Madelin du ministère de l'Économie et des Finances). Le service national est supprimé, remplacé par l'armée de métier. Sur le plan militaire, rompant avec la tradition gaullienne d'indépendance nationale, Jacques Chirac rapproche la France de l'Otan.

Compte tenu de l'ampleur des déficits, le gouvernement entend réformer la Sécurité sociale. Cette réforme suscite une importante agitation sociale, notamment de longues grèves dans les transports publics. Le gouvernement finit par céder et l'ampleur de la réforme est limitée. Ainsi, les régimes spéciaux de retraite de la fonction publique et du secteur parapublic ne seront pas touchés. En revanche, les prélèvements sociaux augmentent fortement (création de la contribution au remboursement de la dette sociale (CRDS), augmentation du taux et de l'assiette de la contribution sociale généralisée (CSG)). Malgré ces mesures, le déficit de la Sécurité sociale continue d'augmenter, et l'équilibre des comptes n'est jamais atteint

En 1997, sur la recommandation de certains de ses conseillers, Jacques Chirac dissout l'Assemblée nationale. La majorité présidentielle est battue aux élections législatives qui suivent cette dissolution. Les socialistes sont majoritaires au Palais-Bourbon. Compte tenu de cette situation, Jacques Chirac doit nommer Lionel Jospin comme Premier ministre. Un gouvernement de coalition est formé avec le Parti communiste et les Verts (« la gauche plurielle »). Ce sera la troisième cohabitation de la Ve République.

En raison de la persistance d'un grand nombre de chômeurs, le gouvernement de Lionel Jospin entend faire sa priorité de la création d'emplois. Les « emplois jeunes » sont mis en place et le temps de travail hebdomadaire est réduit à trente-cinq heures. Sur le plan des résultats, ceux-ci restent cependant limités.

Le 21 avril 2002, les résultats du premier tour de l'élection présidentielle surprennent le monde entier. En effet, au lieu d'un second tour entre Jacques Chirac et Lionel Jospin, c'est Jean-Marie Le Pen qui est opposé à Jacques Chirac. Il est réélu avec 82 % des voix.

B. Le second mandat présidentiel (2002-2007)

Jean-Pierre Raffarin devient Premier ministre à l'issue de l'élection présidentielle. Divers chantiers gouvernementaux sont alors initiés : baisse de l'impôt sur le revenu, lutte contre la délinquance et l'insécurité routière, assouplissement des 35 heures, réforme des retraites et de la Sécurité sociale, ainsi qu'un élargissement de la décentralisation.

Les attentats du 11 septembre 2001 bouleversent la donne géopolitique mondiale. Bien qu'ayant engagé des troupes en Afghanistan dès 2001, Jacques Chirac s'entend mal avec le président américain George Bush. Sur le plan international, la France choisit plutôt de se rapprocher de l'Allemagne, de la Russie et de la Chine.

Le « non » au référendum sur la Constitution européenne le 29 mai 2005 est un échec pour le gouvernement. Jean-Pierre Raffarin démissionne. Il est remplacé par Dominique de Villepin.

La situation sociale se dégrade fortement par la suite. En raison du décès accidentel de deux jeunes délinquants, la France connaît de longues semaines d'émeutes dans les secteurs difficiles.

Le ministre de l'Intérieur, Nicolas Sarkozy est candidat lors de l'élection présidentielle de 2007. Au second tour, il remporte 53 % des suffrages, battant ainsi Ségolène Royal.

9. La présidence de Nicolas Sarkozy (2007-2012)

Nicolas Sarkozy est élu président de la République le 6 mai 2007, en battant assez largement Ségolène Royal (qui obtient 46,94 % des suffrages au second tour). François Fillon est nommé Premier ministre et le restera pendant tout le mandat de Nicolas Sarkozy.

Les premières mesures décidées s'orientent vers une politique libérale : autonomie accrue des universités, défiscalisation des heures supplémentaires effectuées par les salariés, allégement de certains impôts, service minimum dans les transports et les écoles. Cependant, la crise économique mondiale de l'été 2008 a rapidement contrecarré les plans gouvernementaux en raison du soutien financier apporté par l'État en faveur du secteur bancaire et de la relance économique. Les déficits publics ont alors fortement augmentés, à l'instar des autres pays européens.

Sur le plan intérieur, le mandat de Nicolas Sarkozy est marqué par certains efforts en vue de limiter l'immigration irrégulière et l'accroissement de la délinquance. En instaurant le principe de la « peine-plancher », le législateur entend lutter contre la récidive. Plusieurs discours présidentiels sur la déchéance de la nationalité française pour certains délinquants ou l'expulsion des Roms satisferont une grande partie de l'opinion publique, mais n'auront pas de traduction concrète.

La politique internationale menée alors par la France se caractérise par la participation aux actions militaires américaines en Afghanistan, une intervention en Côte-d'Ivoire et un soutien aux divers « Printemps arabes », avant que ceux-ci n'apparaissent au grand jour comme des manœuvres islamistes.

Après une campagne perturbée par l'affaire Merah, Nicolas Sarkozy est battu lors de l'élection présidentielle par François Hollande, qui recueille 51,64 % des voix lors du second tour.

10. La présidence de François Hollande (2012-2017)

Jean-Marc Ayraut devient le premier Premier ministre socialiste depuis la défaite de Lionel Jospin en 2002. Plusieurs ministres des Verts participent à son gouvernement.

Les impératifs liés aux déficits publics limitent les marges de manœuvres gouvernementales et se traduisent par des hausses d'impôts. Plusieurs réformes de société suscitent l'incompréhension ou l'hostilité de l'opinion publique, à l'image des importantes manifestations d'opposition aux projets de mariage et d'adoption par des couples homosexuels.

Dans le domaine international, la France entame un retrait de ses troupes d'Afghanistan. Elle intervient également au Mali et en Centrafrique, dans un contexte de progression de l'islamisme sur le continent africain.

À la suite de l'importante déroute de la majorité présidentielle lors des élections municipales de mars 2014, Manuel Valls remplace Jean-Marc Ayrault au poste de Premier ministre. Manuel Valls a démissionné de son poste de Premier ministre en décembre 2016 pour se consacrer à la campagne de l'élection présidentielle. Il a été remplacé par Bernard Cazeneuve. À la suite de la primaire du Parti Socialiste et des Verts, François Hollande décide de ne pas se présenter aux présidentielles.

11. La présidence d'Emmanuel Macron (2017-…)

Emmanuel Macron, qui fut ministre de l'Économie et des Finances entre 2014 et 2016, mène une campagne électorale en dehors des grands partis traditionnels. Il arrive en tête après le premier tour de l'élection présidentielle, puis est facilement vainqueur de Marine Le Pen lors du second tour (avec 66,10 % des voix), le 7 mai 2017. À 39 ans, il devient le plus jeune président français de l'histoire.

En juin 2017, les candidats du mouvement En Marche remportent la majorité des sièges à l'Assemblée nationale, assurant ainsi un profond renouvellement de cette assemblée et donnant à Emmanuel Macron un soutien de poids.

Il choisit de nommer Édouard Philippe comme Premier ministre. Cette nomination d'un proche d'Alain Juppé et la composition du gouvernement sont certaines des manifestations principales de sa volonté de dépasser le vieux clivage « droite-gauche ».

Les premiers temps du mandat d'Emmanuel Macron sont marqués par une politique volontariste de réformes fiscales et sociales allant dans le sens d'une amélioration de la compétitivité économique de la France. Toutefois, les réformes fiscales et certaines décisions liées aux préoccupations environnementales ont pu susciter de fortes manifestations (« gilets jaunes »). Il en est également de même de la réforme des retraites.

Les différents confinements du territoire à la suite de la pandémie de la covid-19 ont porté un coup très important à l'économie française, notamment dans les domaines du tourisme, des loisirs et de l'aviation. L'importance du soutien de l'État laisse entrevoir une hausse très importante des déficits publics. D'autre part, l'instauration du « passe sanitaire » et les restrictions corrélatives aux libertés publiques ont accentué les divisions du corps social.

Emmanuel Macron est réélu président de la République le 24 avril 2022, à nouveau face à Marine Le Pen. Les élections législatives qui ont suivi l'élection présidentielle n'ont pas permis au camp présidentiel de conserver sa majorité à l'Assemblée nationale, principalement en raison de la très forte progression du nombre de députés du Rassemblement national. Les débuts du second mandat présidentiel d'Emmanuel Macron sont marqués par la reprise d'une forte inflation et par la crainte de ruptures énergétiques dans le contexte du conflit russo-ukrainien. Le remplacement d'Élisabeth Borne par Gabriel Attal au poste de chef du gouvernement s'inscrit avant tout dans l'objectif de contrer l'impopularité gouvernementale.

12. Les grandes étapes de la construction européenne

Dans l'entre-deux-guerres, lorsque Aristide Briand défendait à la Chambre un projet de rapprochement politique et institutionnel entre la France et ses voisins, il était raillé par de nombreux députés. Or, immédiatement après la Seconde Guerre mondiale, les pays d'Europe occidentale commençaient à construire l'Europe politique.

A. Le temps des premiers traités (1947-1986)

En 1947, la Belgique, les Pays-Bas et le Luxembourg firent leur union douanière. Ce sera le Benelux, qui deviendra en 1958 une association économique plus complète.

Un an après, en 1948, l'Organisation européenne de coopération économique s'établissait en vue de répartir les crédits du plan Marshall et de faire fructifier les échanges économiques entre États membres. Cette organisation deviendra l'OCDE en 1961.

La création de la Communauté économique du charbon et de l'acier (CECA) permit en 1951 d'associer la France et l'Allemagne. Les excellents résultats économiques de la CECA suscitèrent en 1957 le traité de Rome.

Le traité de Rome est à l'origine de la Communauté économique européenne (également appelée « Marché commun »). La vocation de la CEE était de créer une zone de libre échange, une harmonisation des productions agricoles, ainsi qu'un rapprochement des législations. Dotée d'institutions spécifiques, la CEE regroupe au départ la France, l'Allemagne de l'Ouest, l'Italie et le Benelux. Par la suite, la Grande-Bretagne, l'Irlande, le Danemark, la Grèce, puis le Portugal et l'Espagne (en 1986) vinrent rejoindre la CEE.

B. L'Union européenne et l'élargissement à l'Est (depuis 1986)

La signature de l'acte unique européen en 1986 marque la relance de l'intégration européenne. Complétant le traité de Rome, il prévoit la création d'un grand marché unique au sein duquel circuleraient librement les personnes, les biens et les capitaux. En 1991, le traité de Schengen concrétise ce principe de libre circulation.

En 1992, le traité de Maastricht concrétise cette volonté en créant l'Union européenne. Sur le plan politique, le traité crée également le Conseil européen, qui réunit les chefs d'État et de gouvernement des États membres. Le Conseil européen a notamment pour rôle d'initier une politique étrangère et de sécurité commune.

Par la suite, en 1995, l'Union européenne s'élargit à la Finlande, à la Suède et à l'Autriche. En 1999, l'euro devient la monnaie unique, son introduction est décidée à partir du début de l'année 2002.

Outre l'intégration européenne, les années 2000 marquent l'élargissement de l'Union européenne, notamment en direction de l'Europe de l'Est. Ainsi, en 2004, Chypre, l'Estonie, la Hongrie, la Lettonie, la Lituanie, Malte, la Pologne, la République tchèque, la République slovaque et la Slovénie rejoignent l'Union européenne. En 2007, l'adhésion de la Roumanie et de la Bulgarie, puis en 2013 celle de la Croatie, fait monter le nombre des États membres à 28.

Il est indéniable que les vingt dernières années témoignent d'une exceptionnelle accélération de la construction européenne. Mais celle-ci se heurte à plusieurs problèmes : les divergences économiques et politiques entre les 28 États membres, le déficit de légitimité politique des institutions européennes. En juin 2016, par référendum, la Grande-Bretagne a décidé d'une sortie programmée de l'Union européenne (« le Brexit »), qui devient effective en 2020 et fait descendre à 27 le nombre des États membres. Un autre facteur d'affaiblissement de l'Europe communautaire est la contestation par un nombre croissant de pays de la politique migratoire actuellement menée.

11. Histoire de la gendarmerie

Cette présentation de la Gendarmerie nationale vous permettra de mieux connaître le corps dans lequel vous souhaitez servir. Ces informations vous seront utiles notamment dans la perspective de l'épreuve d'entretien avec le jury.

Au Moyen Âge, il existait déjà en France différents corps de militaires responsables de l'ordre public. Succédant aux sergents d'armes, la Maréchaussée est chargée par le roi François Ier en 1536 de lutter contre les « crimes de grand chemin civils ou militaires, vagabonds ou militaires ». Organisée selon un maillage territorial, la Maréchaussée est l'ancêtre de la Gendarmerie nationale actuelle.

1. La Révolution et l'Empire

L'article premier de la loi du 16 février 1791 déclare que « la Maréchaussée portera désormais le nom de la Gendarmerie nationale ». Officiellement intégrée à l'armée, la gendarmerie perd les quelques missions de justice qu'elle assurait jusqu'alors.

Son rôle est clairement défini par la loi du 28 germinal an VI (17 avril 1798) : « Le corps de la Gendarmerie nationale est une force instituée pour assurer dans l'intérieur de la République le maintien de l'ordre et l'exécution des lois. » Cette définition rend parfaitement compte du double aspect de ses missions : police administrative (prévention des troubles) d'une part, et police judiciaire (répression des crimes et délits) d'autre part.

Sous le Consulat et l'Empire, Napoléon renforce de façon importante la gendarmerie, notamment pour mieux contrôler l'ordre public dans les provinces, mais également au cours des campagnes militaires.

2. Les XIXe et XXe siècles

Sous la Restauration, entre 1815 et 1848, la gendarmerie tombe quelque peu en disgrâce aux yeux du pouvoir royal. Napoléon III et la IIIe République revalorisent son rôle et augmentent ses effectifs. En 1849, la garde municipale de Paris devient la Garde républicaine.

Durant la IIIe République, la Gendarmerie nationale s'organise peu à peu. La situation sociale et politique fait ressentir aux gouvernants le besoin d'une force efficace de maintien de l'ordre, ce qui conduit à la création des pelotons mobiles de gendarmerie. En 1954, ils deviendront les escadrons de gendarmerie mobile.

Au cours des deux guerres mondiales et des conflits coloniaux, la gendarmerie poursuit ses missions de justice aux armées (la prévôté), et de lutte contre les déserteurs et insoumis.

Après la Seconde Guerre mondiale, la Gendarmerie nationale devient véritablement autonome au sein du ministère de la Défense. La féminisation des effectifs et le développement de l'investigation (brigades de recherche) sont deux facteurs importants de modernisation. Ses missions se diversifiant largement, la Gendarmerie nationale est amenée à créer en son sein des services spécialisés (gendarmerie maritime, gendarmerie des transports aériens...). Pour autant, la grande majorité des effectifs et des missions se trouve concentrés dans la gendarmerie départementale (les brigades territoriales) et la gendarmerie mobile (maintien de l'ordre).

3. La période actuelle

Depuis 2002, les forces de gendarmerie sont rattachées au ministère de l'Intérieur pour ce qui concerne l'accomplissement de leurs missions de sécurité intérieure. En 2009, la Direction générale de la Gendarmerie nationale quitte le ministère de la Défense pour rejoindre celui de l'Intérieur. Le rapprochement avec la Police nationale est alors pleinement effectif, même si les gendarmes continuent de relever d'un statut militaire, auquel ils sont fort attachés. Une charte du gendarme a été également adoptée (elle figure en annexe de ce manuel). Cette charte précise les droits et obligations de chaque gendarme.

Enfin, la redistribution des effectifs conduit à regrouper certaines brigades territoriales en communautés de brigades dont le champ d'action est étendu.

12. Les missions actuelles de la gendarmerie

La Gendarmerie nationale se définit comme une force militaire instituée pour veiller à la sûreté publique (elle garantit la protection des personnes et des biens, renseigne, alerte et porte secours), assurer le maintien de l'ordre public et l'exécution des lois. Par ailleurs, elle participe à la défense de la nation et à la protection des institutions (source : ministère de l'Intérieur).

Deux des articles de la loi modifiant le Code de la défense définissent à la fois l'essence et la vocation de la gendarmerie et son rattachement : « Art. L. 3211-3. – La Gendarmerie nationale est une force armée instituée pour veiller à la sûreté et la sécurité publiques. Elle assure le maintien de l'ordre, l'exécution des lois et des missions judiciaires, et contribue à la mission de renseignement et d'information des autorités publiques. Elle contribue en toutes circonstances à la protection des populations. Elle participe à la défense de la patrie et des intérêts supérieurs de la Nation. » ; « Art. L. 3225-1. – [...] « Sans préjudice des attributions de l'autorité judiciaire pour l'exercice de ses missions judiciaires, et de celles du ministre de l'Intérieur pour l'exercice de ses missions civiles, la Gendarmerie nationale est placée sous l'autorité du ministre de la Défense pour l'exécution de ses missions militaires, notamment lorsqu'elle participe à des opérations des forces armées à l'extérieur du territoire national.

Le ministre de la Défense participe à la gestion des ressources humaines de la Gendarmerie nationale dans des conditions définies par décret en Conseil d'Etat et exerce à l'égard des personnels militaires de la Gendarmerie nationale les attributions en matière de discipline. »

1. La police judiciaire

La police judiciaire consiste à rechercher les infractions à la loi pénale, à les constater, à en rassembler les preuves et en rechercher les auteurs. Elle est exercée sous le contrôle des magistrats, notamment le procureur de la République et le juge d'instruction en cas de commission rogatoire. Mobilisant 40 % de l'activité quotidienne de la Gendarmerie nationale, la police judiciaire implique aussi bien ses unités territoriales que ses services spécialisés : police technique et scientifique – IRCGN –, départements « cybercriminalité », Service technique de recherches judiciaires et documentation, Office central de lutte contre les atteintes à l'environnement et à la santé publique (OCLAESP), Office central de lutte contre le travail illégal (OCLTI), Office central de lutte contre la délinquance itinérante (OCLDI), Office central de lutte contre les crimes contre l'humanité, les crimes de guerres et les génocides (OCLCH).

2. La police administrative

La police administrative vise à prévenir les troubles à l'ordre public. Elle présente donc un aspect essentiellement préventif. La police administrative recouvre un très large domaine : police rurale, police de la route, renseignement, police sanitaire des personnes et des animaux, police de l'environnement, police des étrangers, professions réglementées, législation sur les débits de boissons, populations non sédentaires, etc.

3. La sécurité routière

La Gendarmerie nationale est compétente sur plus de 800 000 kilomètres de voie, qui vont des routes de rase campagne jusqu'aux plus importantes autoroutes. Elle s'emploie à surveiller le réseau, à prévenir et réprimer les comportements accidentogènes, ainsi qu'à porter assistance aux personnes en difficulté.

4. Le secours

Chaque année, les gendarmes effectuent de nombreuses missions de secours. Les milieux montagneux, souterrains, maritimes et fluviaux sont les domaines d'intervention pour lesquels la gendarmerie est spécialisée.

5. La lutte contre l'immigration irrégulière

À l'instar de la Police nationale, la Gendarmerie nationale est fortement impliquée dans la lutte contre l'immigration irrégulière, tant en métropole qu'en outre-mer.

6. L'ordre public et la sécurité générale

Grâce à la gendarmerie mobile, la Gendarmerie nationale dispose d'une force de réserve générale à même d'agir sur tout le territoire national afin de renforcer l'action des services locaux chaque fois que cela s'avère nécessaire.

Ces missions de renfort peuvent être très diverses : protection d'édifices sensibles, sécurisation de rencontres sportives, escortes sensibles, maintien de l'ordre dans des quartiers sensibles, engagement lors d'opérations extérieures...

7. Les missions de défense

Plusieurs unités de la gendarmerie sont investies de missions de défense, qu'il s'agisse de lutter contre le terrorisme ou de protéger nos infrastructures militaires et de défense :

- le **Sous-Groupement opérationnel NRBC (SGO-NRBC)** assure la sécurisation d'une zone contaminée (sécurité publique après un attentat ou missions spécifiques dans le cadre du plan ORSEC). Ses missions : évacuer les populations, escorter les convois, assurer le maintien de l'ordre et la sécurité des organes gouvernementaux ainsi que son appui à toute opération conduite en atmosphère contaminée ;
- son activité de **renseignement** qui collabore avec les services de renseignement du ministère de l'Intérieur, de l'outre-mer et des collectivités territoriales ;
- ses services de lutte contre la **cybercriminalité** : département cybercriminalité du service central de renseignement criminel (SCRC) ; département informatique et électronique de l'institut de recherche criminelle de la Gendarmerie nationale (IRCGN) ; le Centre national d'images pédopornographiques (CNAIP) en collaboration avec la Police nationale.

De même, la gendarmerie intervient régulièrement au côté de l'armée lors d'opérations extérieures. La gendarmerie est notamment chargée de la prévôté, qui est la police militaire, et d'une partie de la justice militaire des soldats français sur les théâtres d'opération.

LES EFFECTIFS

« Selon le site officiel de la Gendarmerie nationale, l'effectif total de la gendarmerie est d'environ 100 000 personnels militaires et civils (officiers, sous-officiers et volontaires) et civils (fonctionnaires et ouvriers d'État) répartis comme suit (hors réservistes) :

- **6 734 officiers et 70 190 sous-officiers de gendarmerie :** emplois directement opérationnels ou nécessitant une expérience professionnelle fondée sur l'alternance entre des emplois en unité opérationnelle et des emplois en état-major.
- **4 604 officiers et sous-officiers des corps techniques et de soutien de la gendarmerie :** emplois qui imposent des dispositions particulières découlant du statut militaire (disponibilité et mobilité) ou une spécialisation poussée dans le domaine administratif ou technique.
- **13 908 gendarmes adjoints volontaires :** emplois opérationnels ou de soutien qui peuvent être tenus par des personnels disposant soit d'une qualification professionnelle directement exploitable, soit d'une formation élémentaire de courte durée.
- **2 702 personnels civils et administratifs :** emplois d'encadrement, d'experts ou de spécialistes dans les domaines administratifs, logistiques et techniques non soumis aux exigences découlant du statut militaire mais nécessitant l'emploi d'un professionnel.

13. L'organisation de la Gendarmerie nationale

Comme la Police nationale, la gendarmerie est chargée de la protection des personnes et des biens, ainsi que du respect de l'ordre public. Sous cette formule assez générale, on peut décliner diverses missions. Cette variété de missions a conduit à la création de structures spécialisées au sein de la Gendarmerie nationale.

Sur le plan de la répartition des compétences, la Police nationale sera responsable de la sécurité publique pour les villes de plus de 10 000 habitants. Dans les campagnes et les zones périurbaines, ce sera la Gendarmerie nationale. Au total, la Gendarmerie nationale comprend environ 100 000 effectifs.

La Gendarmerie nationale est compétente sur 95 % du territoire français, au profit de 50 % de la population. Schématiquement, la Police nationale est saisie des trois quarts des crimes et délits commis en France, la Gendarmerie nationale du quart restant.

1. La gendarmerie départementale

La chaîne de commandement territorial de la gendarmerie s'articule en 13 régions de gendarmerie, qui correspondent au découpage de la France métropolitaine en 13 régions administratives. Chaque commandant de région exerce son autorité sur l'ensemble des unités territoriales de sa région et est directement subordonné au directeur général de la Gendarmerie nationale.

Au niveau du département, l'échelon de commandement de la gendarmerie est le groupement. Chaque groupement est divisé en plusieurs compagnies. On trouve généralement une compagnie par arrondissement. Une compagnie est divisée en plusieurs brigades territoriales.

Présente dans les campagnes et les zones périurbaines, la gendarmerie départementale se compose principalement de brigades territoriales présentes dans les différents chefs-lieux de canton. Environ 67 000 gendarmes (dont près de 30 000 disposent de la qualification d'officier de police judiciaire) sont affectés à la gendarmerie départementale. Elle est surnommée « la blanche », en référence à la couleur de ses insignes. Il existe environ 3 200 brigades sur tout le territoire national. Afin de mutualiser les moyens, 1 000 communautés de brigades ont été créées, tandis qu'environ 600 brigades sont restées autonomes.

Au contact de la population, ces brigades assurent la sécurité des habitants des différentes communes, la prise des plaintes, les principales enquêtes administratives et judiciaires, ainsi que des missions de sécurité routière.

En plus des brigades territoriales, la gendarmerie départementale comprend également certaines unités spécialisées :

- **les unités de recherche** (brigades de recherches, brigades départementales de renseignements et d'investigations judiciaires, sections de recherches), qui se consacrent à la police judiciaire. Elles assistent les brigades territoriales et assument les enquêtes nécessitant une technicité particulière ou une grande disponibilité ;

- **les pelotons de surveillance et d'intervention** de la gendarmerie (PSIG) sont regroupés au niveau des compagnies. La lutte contre la délinquance est leur principale mission. Ils viennent en renfort des brigades territoriales (crimes, délits, incidents ou accidents, ou de tout événement nuisant à l'ordre public). Parmi ces PGIG, 150 unités, appelées « PSIG-Sabre », disposent de moyens renforcés pour intervenir lors de situations graves ;
- **les brigades de répression de la délinquance juvénile**, intervenant en priorité dans les zones les plus sensibles : elles sont chargées de missions de dissuasion et de prévention auprès des mineurs en difficulté ;
- **des unités de police de la route** (escadrons départementaux, brigades motorisées, pelotons autoroutiers et brigades rapides d'intervention) ont pour missions principales le respect du Code de la route et la sécurité routière ;
- **des unités de montagne** : les pelotons de gendarmerie de haute montagne (PGHM) et les pelotons de gendarmerie de montagne sont principalement chargés du secours en montagne ;
- **des sections aériennes** sont équipées d'hélicoptères.

2. La gendarmerie mobile

Comme leurs homologues des Compagnies républicaines de sécurité, les gendarmes mobiles sont investis principalement de missions de maintien de l'ordre (appelé aussi « MO »). Environ 17 000 gendarmes sont regroupés au sein de la gendarmerie mobile. En raison de la couleur de ses galons, la gendarmerie mobile est surnommée « la jaune ».

La gendarmerie mobile est principalement composée de :

- **109 escadrons** employant chacun environ 120 gendarmes. Chaque escadron est commandé par un capitaine et comprend 5 pelotons ;
- **un groupement blindé** situé au camp de Satory (Yvelines), qui comprend principalement 7 escadrons équipés de véhicules blindés (VBRG) ;
- **une cellule nationale NRBC** à Satory également (nucléaire, radiologique, bactériologique et chimique) est susceptible d'être projetée de manière autonome ou en soutien. Elle est également chargée de missions de formation.

Parmi les escadrons spécialisés, citons les 10 escadrons de montagne ; les 4 chargés des escortes de transport de fonds ; les 2 spécialisés dans le transport d'armes et d'éléments d'armes nucléaires ; les 2 dans l'escorte de matière nucléaire d'origine civile et enfin celui de l'île Longue à Brest, dévolu à la protection de la force nucléaire sous-marine.

Les gendarmes mobiles sont chargés essentiellement du maintien de l'ordre lors de manifestations ou de phénomènes de violences urbaines, mais ils peuvent aussi assurer des missions de sécurisation. Il faut également préciser que les gendarmes mobiles peuvent être employés en outre-mer et à l'étranger (missions ponctuelles dites « Opex », qui est le diminutif d'« opération extérieure »).

3. Les services spécialisés de la Gendarmerie nationale

Plusieurs services de gendarmerie ont des attributions bien spécifiques :

- **la gendarmerie maritime**. Elle assure des missions de surveillance du littoral, de sauvegarde et de police maritime, de police judiciaire, ainsi que de protection des équipements de la Marine nationale. La gendarmerie maritime est plus particulièrement compétente dans les ports militaires, les arsenaux, les établissements et les bases de la Marine nationale. Elle compte environ 1 100 militaires dotés de patrouilleurs et de vedettes ;
- **la gendarmerie de l'air**. Elle est chargée de la sûreté, de la sécurité et de la police à l'intérieur des bases de l'Armée de l'air et de leurs abords immédiats. Elle est saisie des enquêtes relatives aux accidents d'aéronefs militaires (2 groupements, 5 compagnies, 52 unités déployées en métropole, outre-mer, au Sénégal, à Djibouti, et en OPEX) ;
- **la gendarmerie des transports aériens**. Elle est investie de missions de police aérienne et de sécurité dans les aérodromes et installations aéronautiques civiles. Elle concourt également à la sûreté et à la sécurité de l'aviation civile ;
- **la gendarmerie de l'armement**. Elle s'occupe des missions de protection industrielle et de sécurisation dans les établissements de la direction générale de l'Armement, notamment les armements nucléaires. Elle a compétence de police judiciaire dans ces mêmes lieux.
- **La gendarmerie de la sécurité des armements nucléaires.** Relevant directement du ministère de la Défense, elle est chargée du contrôle gouvernemental et de la sécurité des armes nucléaires et d'assurer, à tout moment, au président de la République la disponibilité de l'arme nucléaire. Ses effectifs sont basés à Taverny et sur l'île Longue.

Enfin, d'autres unités spécialisées de la Gendarmerie nationale bénéficient d'une notoriété et d'un prestige importants :

- **la Garde républicaine**. Elle assure des missions de sécurité et d'honneur pour les plus hautes autorités de l'État, tant dans les palais nationaux, comme l'Élysée ou Matignon, que lors de cérémonies. À Paris, certaines missions de sécurité publique sont assurées par des patrouilles équestres. Plus de 2 800 gendarmes composent la Garde républicaine. Elle se compose des 1er et 2e régiments d'infanterie, d'un régiment de cavalerie et des formations musicales ;
- **le Groupe d'intervention de la Gendarmerie nationale (GIGN)**. À l'instar du RAID pour la Police nationale, le GIGN a pour vocation d'intervenir lors de situations très délicates, comme les prises d'otages ou les forcenés. Ses missions comprennent également la protection rapprochée de personnalités et l'assistance au profit d'unités judiciaire de la gendarmerie. Le GIGN participe, en outre, aux plans gouvernementaux de lutte contre le terrorisme et les pirateries aériennes et maritimes ;
- **l'Institut de recherches criminelles de la Gendarmerie nationale (IRCGN)** est désormais implanté à Pontoise, en région parisienne, et assure des missions de police scientifique et d'identification criminelle.

14. Les personnels de la gendarmerie

Il est important de préciser que les gendarmes et officiers de gendarmerie sont statutairement des militaires. Les gendarmes et gradés de gendarmerie appartiennent au corps des sous-officiers.

En raison de leur statut militaire, les gendarmes n'ont pas de droits syndicaux (adhésion, constitution de syndicats professionnels, contrairement à la Police nationale), ni de droit de grève. Cependant, ils peuvent se porter candidats à des fonctions publiques électives. À titre exceptionnel, ils sont autorisés à adhérer à un parti politique et à exprimer librement leurs opinions durant les campagnes électorales. En cas d'élection, ils sont placés en position de service détaché pendant la durée de leur mandat. Ils continuent à bénéficier des droits à l'avancement et à la pension de retraite. À l'expiration de la période de détachement, ils sont réintégrés dans l'armée. Ils sont également soumis à un strict devoir de réserve quant à leurs opinions et croyances personnelles.

Enfin, pour nécessité absolue de service, les gendarmes et leurs familles sont logés par la gendarmerie à proximité immédiate de leur lieu d'affectation.

1. Les gendarmes réservistes

Les gendarmes adjoints volontaires (GAV) sont actuellement environ 12 600 et constituent l'équivalent des emplois-jeunes civils. Ils signent un engagement initial de deux ans, puis un deuxième de trois ans et un éventuel troisième d'un an. Leur contrat est donc limité à six ans. Les gendarmes adjoints volontaires assurent le soutien des gendarmes, auxquels ils sont subordonnés.

La Gendarmerie nationale, en fonction de ses besoins, peut faire également appel à des réservistes (60 000 environ). La vocation première de la réserve est le soutien aux forces territoriales de gendarmerie. Les réservistes peuvent assurer les mêmes missions que les gendarmes d'active, à l'exception des compétences spécifiques liées à l'exercice de la police judiciaire. L'objectif du gouvernement est de pouvoir bénéficier de 100 000 personnels réservistes.

2. Les gendarmes et les gradés de gendarmerie

Au nombre d'environ 70 000 (sur un total d'environ 100 000 personnels), le corps des sous-officiers de gendarmerie comporte plusieurs grades. Par ordre croissant, ces grades sont : gendarme sous contrat/gendarme/maréchal des logis-chef : appelé « chef »/adjudant/adjudant-chef/major.

3. Les officiers de gendarmerie

Les officiers de gendarmerie sont près de 6 000 (services opérationnels) et environ 250 (corps techniques et de soutien) et sont formés au sein de l'École des officiers de la Gendarmerie nationale (EOGN), située à Melun. Les élèves de l'EOGN sont recrutés parmi les diplômés des grandes écoles militaires, par recrutement externe auprès d'étudiants titulaires de diplômes de l'enseignement supérieur (master ou titre de niveau I, titulaires de diplôme d'ingénieur), de fonctionnaires de catégorie A, d'officiers des armées ou bien par recrutement interne parmi les sous-officiers de gendarmerie.

Les officiers de gendarmerie sont par ordre croissant :

- **officiers subalternes :** grades d'élève-officier, d'aspirant, de sous-lieutenant, de lieutenant et de capitaine : les premiers grades seront appelés « mon lieutenant » ;
- **officiers supérieurs :** grades de commandant (aussi appelé « chef d'escadron »), de lieutenant-colonel et de colonel ;
- **officiers généraux :** grades de général de brigade, de division, de corps d'armée et d'armée.

Pour un homme, on dira « mon » suivi du grade. Pour une femme, puisque « mon » est le diminutif de « monsieur », on dira simplement le grade.

4. La déontologie et le régime disciplinaire de la Gendarmerie nationale

Les obligations découlant du statut militaire des personnels de la Gendarmerie nationale subordonnent l'exercice des missions au strict respect de la Déclaration des droits de l'homme et du citoyen, de la Constitution, des conventions internationales et des lois de la République.

À ce titre, les gendarmes doivent respecter :

- la loyauté envers les institutions de la République ;
- l'intégrité (l'honnêteté) ;
- l'impartialité ;
- l'obligation d'intervenir pour porter aide et assistance même en dehors de leur temps de service ;
- l'obligation de réserve (un gendarme ne doit en aucun cas exprimer ses opinions politiques, philosophiques ou religieuses au cours de son service et, dans une certaine mesure, également en dehors du travail) ;
- le respect du secret professionnel ;
- l'interdiction du cumul d'activités (un gendarme ne peut exercer plusieurs emplois, sauf dans quelques exceptions très limitées) ;
- l'obéissance hiérarchique (ce principe est complété par une obligation de « désobéissance » lorsque l'ordre reçu par le gendarme est manifestement illégal et de nature à compromettre gravement un intérêt public).

En cas de non-respect de ces obligations, les gendarmes encourent :
- des sanctions disciplinaires ;
- des poursuites pénales en cas d'infraction avérée.

L'action des gendarmes est contrôlée à la fois :
- en interne :
  - par la hiérarchie de la Gendarmerie nationale ;
  - par des corps d'inspection et d'enquêtes internes, qui sont chargés des investigations disciplinaires et judiciaires sur les fautes susceptibles d'être reprochées aux gendarmes ;
- en externe :
  - par l'autorité judiciaire, sous l'autorité de laquelle sont du reste conduites les actions liées à l'exercice de la police judiciaire ;
  - par le défenseur des droits. Le défenseur des droits est une autorité administrative indépendante chargée notamment de veiller au respect de la déontologie par les personnes exerçant des activités de sécurité sur le territoire de la République. Toute personne peut la saisir. Le défenseur des droits remet chaque année un rapport d'activité au président de la République.

Depuis, le 1er janvier 2014, il existe un Code de déontologie commun à la Police nationale et à la Gendarmerie nationale.

5. Les insignes de grades de la Gendarmerie nationale

Les insignes de grades de la Gendarmerie nationale sont calqués sur ceux de l'armée de terre. Il existe cependant une petite particularité : les insignes blancs sont ceux de la gendarmerie départementale. Pour la gendarmerie mobile et la garde républicaine, ils sont de couleur jaune.

Gendarme adjoint volontaire :	
Élève-gendarme :	
Gendarme sous contrat :	
Gendarme de carrière :	
Maréchal des logis-chef :	
Adjudant :	
Adjudant-chef :	
Major :	
Élève-officier :	
Aspirant :	

Sous-lieutenant :	
Lieutenant :	
Capitaine :	
Commandant :	
Lieutenant-colonel :	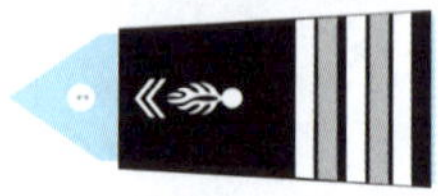
Colonel :	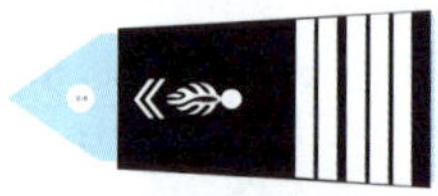
Général de brigade :	
Général de division :	
Général de corps d'armée :	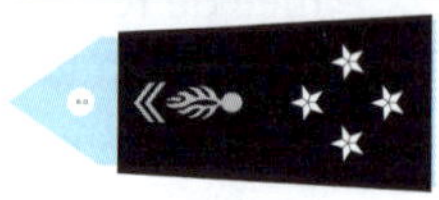
Général d'armée :	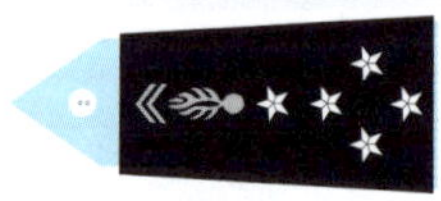

15. Rappels chronologiques

Grâce à ces quelques rappels chronologiques, nous apportons un éclairage synthétique sur les événements marquants de ces dernières années. En aucun cas, ces rappels ne peuvent prétendre à l'exhaustivité, ni vous dispenser d'un travail personnel de révision ou d'approfondissement éventuel. À ce titre, nous vous recommandons à nouveau de suivre de près l'actualité.

Par ailleurs, la diversité des événements mentionnés dans cette chronologie ne fait que répondre à la variété des questions susceptibles de vous être posées, notamment lors de l'épreuve d'entretien avec le jury.

Année 2017

Janvier 2017

1er janvier : Un attentat dans une discothèque à Istanbul, revendiqué par Daesh, fait 39 morts et 65 blessés.
20 janvier : Investiture du 45e président des États-Unis, Donald Trump.

Février 2017

5 février : Fin de la Coupe d'Afrique des nations de football, le Cameroun est vainqueur.

Mars 2017

18 mars : Des militaires en patrouille Vigipirate sont attaqués par un islamiste à l'aéroport d'Orly (le 5 février, une autre patrouille avait été attaquée au musée du Louvre).
20 mars : 1er débat télévisé de la campagne des présidentielles.
22 mars : Attentat terroriste à Londres devant le Parlement britannique. Un individu radicalisé fonce avec son véhicule sur les passants sur le pont de Westminster. Bilan : 5 morts et une cinquantaine de blessés. Daesh revendique cet attentat.
25 mars : Donald Trump est obligé de renoncer à sa réforme de l'Obamacare.

Avril 2017

3 avril : Attentat du métro de Saint-Pétersbourg en Russie.
7 avril : Attentat au camion-bélier à Stockholm en Suède.
16 avril : Référendum constitutionnel en Turquie.
23 avril : Premier tour de l'élection présidentielle en France.

Mai 2017

7 mai : Second tour de l'élection présidentielle en France. Emmanuel Macron est élu face à Marine Le Pen.
15 mai : Édouard Philippe est nommé Premier ministre français par Emmanuel Macron.
22 mai : Un attentat-suicide à Manchester (Royaume-Uni) se traduit par 22 morts.

Juin 2017

3 juin : Un attentat à Londres (Royaume-Uni) fait 7 morts.
11 et 18 juin : Élections législatives en France.

Juillet 2017

7 et 8 juillet : Sommet du G20 à Hambourg (Allemagne).
9 juillet : Le gouvernement irakien annonce avoir remporté la bataille de Mossoul.

Août 2017

17 août : Une attaque terroriste à Barcelone fait 13 morts.

Septembre 2017

Du 6 au 12 septembre : L'ouragan Irma dévaste les Antilles et la Floride.
13 septembre : Sélection des villes hôtes pour les jeux Olympiques d'été de 2024 et 2028. Paris et Los Angeles sont retenus.

Octobre 2017

1er octobre : Un référendum sur l'indépendance de la Catalogne obtient la majorité, mais n'est pas reconnu par l'État espagnol.
Une fusillade à l'arme automatique à Las Vegas est à l'origine de 59 morts et de 527 blessés.
27 octobre : Le Parlement catalan déclare l'indépendance de la Catalogne ; le Sénat espagnol décide de la mise sous tutelle de la Catalogne.
29 octobre : Un double attentat à Mogadiscio, en Somalie, cause 121 morts et 333 blessés.

Novembre 2017

24 novembre : Un attentat dans une mosquée fait 305 morts en Égypte.

Décembre 2017

5 décembre : Décès de Johnny Hallyday et de Jean d'Ormesson.

Année 2018

Janvier 2018

Du 3 au 6 janvier 2018 : 7 personnes sont décédées à la suite du passage de la tempête Eleanor sur la France.

Février 2018

Du 9 février au 25 février : Jeux Olympiques d'hiver à PyeongChang, en Corée du Sud.

Mars 2018

18 mars : Vladimir Poutine est réélu président de la Fédération de Russie.

23 mars : Une attaque terroriste à Trèbes (près de Carcassonne) cause quatre décès, dont un lieutenant-colonel de gendarmerie, Arnaud Beltrame, qui, ayant pris la place d'une otage, s'est sacrifié et a donné sa vie. Un hommage national lui a été rendu aux Invalides, où à l'issue de la cérémonie, il a été élevé à titre posthume, au rang de commandeur de la Légion d'honneur. Un exemple de dévouement, de courage, de sacrifice qui illustre les valeurs de la Gendarmerie nationale.

Avril 2018

11 avril : Un accident d'avion militaire cause 257 morts en Algérie.

27 avril : Première rencontre entre les dirigeants sud-coréen et nord-coréen, Moon Jae-in et Kim Jong-un.

Mai 2018

8 mai : Les États-Unis se retirent de l'accord de Vienne sur le nucléaire iranien et menacent de sanctions les entreprises européennes qui continueraient à commercer avec l'Iran.

19 mai : Mariage du prince Harry et de Meghan Markle au Royaume-Uni.

Juin 2018

Du 14 juin au 15 juillet : Coupe du monde de football en Russie.

Juillet 2018

15 juillet : La France remporte la Coupe du monde de football en Russie.

25 juillet : Des attaques de l'État islamique à Soueïda, en Syrie, font environ 300 morts.

Août 2018

2 août : Apple devient la première entreprise privée valorisée à plus de 1 000 milliards de dollars en Bourse.

14 août : L'effondrement d'un pont routier à Gênes (Italie) cause au moins 43 morts.

Octobre 2018

15 octobre : Des inondations très importantes sont à l'origine de 15 morts dans l'Aude, dans le sud de la France.

28 octobre : Le second tour de l'élection présidentielle brésilienne est remporté par le candidat populiste Jair Bolsonaro.

Novembre 2018

4 novembre : Référendum sur l'indépendance de la Nouvelle-Calédonie. Le « non » l'emporte.
6 novembre : Aux États-Unis, les élections sénatoriales et des représentants, dites de « mi-mandat », confirment Donald Trump.
11 novembre : Centenaire de l'armistice de la Première Guerre mondiale.

Décembre 2018

10 décembre : Le pacte mondial sur les migrations est approuvé à Marrakech (Maroc).
11 décembre : Une attaque terroriste cause 5 morts à Strasbourg.

Année 2019

Janvier 2019

1er janvier : La Roumanie prend la présidence tournante de l'Union européenne, succédant à l'Autriche ; investiture de Jair Bolsonaro à la présidence du Brésil.
23 janvier : Au Venezuela, le président de l'Assemblée nationale, Juan Guaidó, s'autoproclame président de la République par intérim, en défiant le président élu, Nicolás Maduro.

Février 2019

16 février : Début des importantes manifestations en Algérie pour protester contre la candidature du président Abdelaziz Bouteflika à l'élection présidentielle algérienne de 2019 pour un cinquième mandat. Celui-ci finit par décider de ne pas se représenter après 20 ans de présidence.

Mars 2019

15 mars : L'attentat de Christchurch contre deux mosquées en Nouvelle-Zélande cause la mort de 50 personnes.
16 et 30 mars : Élections présidentielles en Slovaquie.
17 mars : Le retrait des Philippines de la Cour pénale internationale devient effectif, sans que cela ne stoppe les enquêtes de la CPI à l'encontre du président philippin Rodrigo Duterte.

Avril 2019

15 avril : Un très important incendie ravage la cathédrale Notre-Dame de Paris, en France.
21 avril : Série d'attentats meurtriers au Sri Lanka.
30 avril : Abdication de l'empereur du Japon Akihito. Son successeur Naruhito sera intronisé le lendemain.

Mai 2019

Du 23 au 26 mai : Élections européennes dans les différents pays de l'UE. En France, la liste du Rassemblement national arrive en tête.

Juin 2019

9 juin : Manifestations à Hong Kong contre la loi d'extradition.

Juillet 2019

1er juillet : La Finlande prend la présidence tournante de l'Union européenne, succédant à la Roumanie.
24 juillet : Boris Johnson est nommé Premier ministre du Royaume-Uni, succédant à Theresa May.

Août 2019

À partir du 11 août : Multiplication des feux de forêts en Amazonie.
Du 24 au 26 août : 45e sommet du G7 à Biarritz, en France.

Septembre 2019

Du 20 septembre au 2 novembre : Coupe du monde de rugby à XV au Japon.

Octobre 2019

14 octobre : Le verdict du procès des indépendantistes catalans déclenche des manifestations et émeutes en Catalogne.
17 octobre : Au Liban, un mouvement de contestation sans précédent gagne le pays.
26 octobre : En Syrie, le chef de l'État islamique, Abou Bakr al-Baghdadi, est tué à l'occasion d'un raid mené par les forces spéciales américaines.

Novembre 2019

2 novembre : Le départ du Royaume-Uni de l'Union européenne est repoussé au 31 janvier.

Décembre 2019

5 décembre : En France, des grèves et des manifestations paralysent l'ensemble du pays pour contester la réforme des retraites portée par Jean-Paul Delevoye.
12 décembre : Au Royaume-Uni, les conservateurs remportent une victoire sans appel aux élections législatives anticipées organisées par Boris Johnson.
31 décembre : La Chine informe l'Organisation mondiale de la santé (OMS) qu'une épidémie de maladie à coronavirus a commencé à Wuhan.

Année 2020

Janvier 2020

Poursuite d'importants incendies de végétation en Australie.
3 janvier : Assassinat du général iranien Qassem Soleimani en Irak par une frappe américaine sur l'aéroport de Bagdad, ce qui déclenche une crise diplomatique internationale.
8 janvier : En Irak, en réponse à l'assassinat de Qassem Soleimani, les forces armées iraniennes bombardent deux bases militaires internationales, abritant notamment des soldats américains.

En Iran, un vol d'Ukraine International Airlines est abattu par erreur par un missile sol-air iranien, et s'écrase juste après son décollage de l'aéroport de Téhéran, provoquant la mort des 176 passagers et membres d'équipage.
11 janvier : La Chine enregistre officiellement son premier décès dû à la covid-19.
23 janvier : En raison de l'épidémie de coronavirus, le gouvernement chinois place en quarantaine toute la métropole de Wuhan (11 millions d'habitants) et les villes de Huanggang (7,5 millions d'habitants) et Ezhou.

Février 2020

6 février : Une température de 18,3 °C est enregistrée à la base Esperanza dans la péninsule antarctique. Il s'agit de la plus haute jamais recensée en Antarctique continental.

Mars 2020

9 mars : Confronté à une flambée épidémique de covid-19, le gouvernement italien place l'ensemble du pays en confinement.
11 mars : L'Organisation mondiale de la Santé reclasse officiellement la crise sanitaire de covid-19 d'épidémie à pandémie.
12 mars : En raison de la pandémie, Emmanuel Macron annonce de nouvelles règles strictes, dont la fermeture de tous les établissements scolaires dans le pays, à partir du lundi 16 mars pour une durée indéterminée.
26 mars : Les États-Unis inculpent le président du Venezuela Nicolás Maduro de « narcoterrorisme » et promettent une prime de 15 millions de dollars pour toute information permettant de mener à sa capture.

Avril 2020

10 avril : La barre des 100 000 morts liés à la pandémie de covid-19 dans le monde est dépassée.
12 avril : Le Royaume-Uni devient le troisième pays d'Europe, après l'Italie et l'Espagne, à connaître plus de 10 000 décès.
13 avril : En France, le confinement de la population est prolongé jusqu'au 11 mai.

Mai 2020

4 mai : Début de la première phase de déconfinement en Allemagne et en Belgique.
Du 28 au 31 mai : Les protestations se poursuivent à Minneapolis et dans deux autres villes américaines après la mort d'un homme non armé, George Floyd, lors de son interpellation. Irruption du mouvement #blackslivesmatter, mais de nombreuses manifestations dégénèrent en émeutes, provoquant parfois pillages et incendies criminels.

Juin 2020

3 juin : Une opération des forces françaises de l'opération Barkhane au Mali près de la frontière avec l'Algérie aboutit à l'élimination d'Abdelmalek Droukdel, chef d'Al-Qaïda au Maghreb islamique et principal meneur djihadiste au Mali, ainsi qu'à celle de son « lieutenant ».

Juillet 2020

3 juillet : En France, Jean Castex est nommé Premier ministre après la démission d'Édouard Philippe.

Août 2020

4 août : Le port de Beyrouth (Liban) est frappé par deux violentes explosions.
18 août : Au Mali, un coup d'État renverse le président Ibrahim Boubacar Keïta.
Du 29 août au 20 septembre : 107e édition du Tour de France sous protocole sanitaire covid. Vainqueur, le Slovène Tadej Pogacar.

Septembre 2020

Du 7 septembre au 11 octobre : Tournoi de tennis de Roland-Garros : Rafael Nadal chez les messieurs et Iga Swiatek chez les dames, remportent le trophée 2020.
27 septembre : Dans un contexte de reprise des contaminations à la covid, les bars de Marseille et d'Aix-en-Provence sont fermés par arrêté préfectoral.

Octobre 2020

2 octobre : Donald Trump et la Première dame sont testés positifs à la covid-19.
5 octobre : Reprise du conflit armé au Haut-Karabagh, entre l'Arménie et l'Azerbaïdjan soutenu ouvertement par la Turquie d'Erdogan.
8 octobre : Libération de Sophie Pétronin, détenue en otage au Mali depuis le 24 décembre 2016. À cette date, plus aucun Français n'est détenu en otage.
9 et 11 octobre : Agressions de policiers à Herblay et attaque d'un commissariat à Champigny.
28 octobre : En France, mise en place d'un second confinement.

Novembre 2020

3 novembre : Élections présidentielles et sénatoriales aux États-Unis. Le démocrate Joe Biden remporte l'élection présidentielle, tandis que les Républicains restent majoritaires au Sénat.

Décembre 2020

31 décembre : Après le retrait du Royaume-Uni de l'Union européenne, fin de la période de transition pour les négociations sur une relation future.

Année 2021

Janvier 2021

20 janvier : Investiture de Joe Biden en tant que Président des États-Unis et de Kamala Harris comme vice-présidente des États-Unis.

Février 2021

1er février : Un coup d'État militaire renverse le gouvernement d'Aung San Suu Kyi en Birmanie.

Avril 2021

20 avril : Le président du Tchad depuis 1990, Idriss Déby, est tué sur le front dans le nord du pays par des rebelles.
22 avril : Lancement de la mission spatiale SpaceX Crew-28 à destination de la Station spatiale internationale, avec Thomas Pesquet dans l'équipage.

Juin 2021

20 et 27 juin : Élections régionales et élections départementales en France.

Juillet 2021

Du 14 au 15 juillet : Fortes inondations en Allemagne, en Belgique, en France, au Luxembourg et en Suisse à la suite de pluies diluviennes.
Du 23 juillet au 8 août : Jeux Olympiques d'été de 2020 (reportés) à Tokyo, au Japon.

Août 2021

15 août : En Afghanistan, le président Ashraf Ghani quitte le pouvoir à la suite de la prise de Kaboul, permettant aux talibans de rétablir l'Émirat islamique d'Afghanistan disparu en 2001.
Du 24 août au 5 septembre : Jeux Paralympiques d'été à Tokyo au Japon.

Septembre 2021

11 septembre : 20e commémoration des attentats du 11 septembre 2001.

Octobre 2021

1er octobre : Ouverture de l'Exposition universelle à Dubaï (Émirats arabes unis).

Novembre 2021

17 novembre : Début de révolte dans les Antilles françaises en raison des restrictions des libertés publiques liées à la crise sanitaire de la covid-19.

Décembre 2021

4 décembre : Éclipse solaire totale, passant sur l'Antarctique occidental.

Année 2022

Janvier 2022

24 janvier : Élection présidentielle en Italie : victoire de Sergio Mattarella.

Février 2022

Du 4 au 20 février : Jeux Olympiques d'hiver de 2022 à Pékin.
24 février : Début de l'invasion de l'Ukraine par la Russie en 2022, partie de la guerre russo-ukrainienne.

Mars 2022

2 mars : Yvan Colonna, militant nationaliste corse condamné à perpétuité pour l'assassinat du préfet Érignac, est mortellement blessé par son codétenu Franck Elong Abé, un immigré camerounais islamiste. Cette agression constitue le point de départ des troubles de 2022 en Corse.
Du 4 au 13 mars : Jeux Paralympiques d'hiver de 2022 à Pékin.
31 mars : Clôture de l'Exposition universelle à Dubaï (Émirats arabes unis).

Avril 2022

10 avril : Élection présidentielle française (1er tour).
24 avril : Élection présidentielle française (2e tour). Emmanuel Macron est réélu avec 58 % des voix, face à Marine Le Pen.

Mai 2022

15 mai : Au Vatican, Charles de Foucauld est canonisé par le pape François, avec six autres bienheureux.
16 mai : Le gouvernement Jean Castex démissionne ; Élisabeth Borne est nommée Premier ministre.

Juin 2022

19 juin : Au second tour des élections législatives en France, la coalition présidentielle n'obtient qu'une majorité relative.

Juillet et août 2022

Canicule et sécheresse en Europe.
Feux de forêt de 2022 en Afrique du Nord et en Europe.

Septembre 2022

6 septembre : Lizz Truss devient Premier ministre de Grande-Bretagne. En raison notamment de la contestation de ses projets de réforme fiscale, elle démissionne le 25 octobre 2022 et est remplacée par Rishi Sunak.
16 septembre : Mahsa Amini, une Kurde iranienne de 22 ans, décède à l'hôpital, trois jours après son arrestation par la police des mœurs qui lui reprochait d'avoir enfreint le code vestimentaire de la République islamique, imposant aux femmes le port du voile en public. Sa mort déclenche une vague de manifestations à travers l'Iran, sans précédent depuis la Révolution islamique de 1979.

Octobre 2022

6 octobre : Annie Ernaux remporte le prix Nobel de littérature.
14 octobre : Début de l'affaire Lola. Le viol, la torture et le meurtre d'une jeune fille de 12 ans par une femme algérienne, en situation irrégulière faisant l'objet d'une obligation de quitter le territoire français (OQTF), suscite un vif émoi dans l'opinion publique.
22 octobre : La populiste de droite Giorgia Meloni devient cheffe du gouvernement italien.

30 octobre : Au Brésil, Jair Bolsonaro est battu au second tour de l'élection présidentielle. Le président sortant récolte 49,1 % des suffrages face à son adversaire Lula da Silva, qui est élu avec 50,9 % des voix. Cette élection présidentielle est ainsi la plus serrée de l'histoire du Brésil.

Novembre 2022

20 novembre : Ouverture de la Coupe du monde de football au Qatar. Le sort des travailleurs étrangers fait polémique. Un scandale de corruption politique par le Qatar de députés au Parlement contribue également à nuire à l'image de cet émirat.

Décembre 2022

2 décembre : Le projet de loi de financement de la Sécurité sociale est adopté à l'Assemblée nationale au moyen de l'article 49.3 de la Constitution (qui prévoit une adoption sans vote d'une loi). Cet article sera plusieurs fois utilisé pour faire adopter des projets de lois gouvernementaux, en l'absence de majorité à l'Assemblée nationale.

Année 2023

Janvier 2023

1er janvier : Adhésion de la Croatie à l'espace Schengen et à la zone euro.

Février 2023

6 février : Des séismes en Turquie et en Syrie, de magnitude 7,5, causent la mort de plus de 50 000 personnes.
12 février : Le Premier ministre israélien, Benyamin Netanyahou annonce la légalisation de neuf colonies illégales en Cisjordanie occupée, au mépris du droit international.
22 février : En Cisjordanie, une opération israélienne à Naplouse a conduit à la mort d'au moins dix personnes et fait près de cent blessés, dont de nombreux civils.

Mars 2023

En France, la loi de réforme des retraites (allongeant de deux ans de l'âge de départ) est adoptée, malgré une importante contestation sociale.
6 mars : Li Qiang a été désigné cette semaine nouveau Premier ministre de la Chine. Il est considéré comme l'un des hommes de confiance les plus proches de Xi Jinping.
7 mars : En France, fort mouvement social contre le projet de réforme des retraites du gouvernement ; avec entre 1 280 000 (selon le ministère de l'Intérieur) et 3 500 000 (selon les syndicats) participants, c'est la plus grande manifestation de protestation depuis la fin de la Seconde Guerre mondiale, quels que soient les chiffres retenus.

Avril 2023

4 avril : La Finlande adhère à l'OTAN.
Du 8 au 10 avril : Exercices militaires chinois autour de Taïwan.

24 avril : Début de l'opération Wuambushu, visant notamment à combattre la criminalité à Mayotte.
26 avril : L'Inde dépasse la Chine et devient le pays le plus peuplé du monde.

Mai 2023

Du 2 mai au 27 septembre : Grève des scénaristes américains pour lutter contre le recours à l'intelligence artificielle (IA).
6 mai : Couronnement de Charles III au Royaume-Uni.

Juin 2023

23 juin : Le groupe Wagner se rebelle contre le gouvernement russe, mais échoue rapidement.

Juillet 2023

26 juillet : Coup d'État au Niger.

Août 2023

Du 1er au 6 août : Journées mondiales de la jeunesse, autour du pape François, à Lisbonne (Portugal).
Du 22 au 24 août : Lors du 15e sommet des BRICS, l'Arabie saoudite, l'Argentine, l'Égypte, les Émirats arabes unis, l'Éthiopie et l'Iran sont invités à rejoindre le groupe.
30 août : Coup d'État militaire au Gabon.

Septembre 2023

Du 8 septembre au 28 octobre : 10e édition de la Coupe du monde de rugby à XV en France, qui est remportée par l'Afrique du Sud.
Du 16 septembre au 24 septembre : Championnat du monde de lutte 2023.
19 septembre : Début de la guerre du Haut-Karabakh.

Octobre 2023

7 octobre : Le Hamas commet un crime de masse terroriste contre Israël, qui réplique massivement contre la bande de Gaza.

Novembre 2023

18 novembre : Une dizaine de jeunes de banlieue attaquent un bal de village à Crépol (département de la Drôme), tuent le jeune Thomas à coups de couteau et blessent grièvement de nombreuses victimes.
Du 30 novembre au 12 décembre : Conférence de Dubaï de 2023 sur les changements climatiques (COP28).

Décembre 2023

2 décembre : Nouvelle attaque islamiste à Paris, qui cause la mort d'une victime et en blesse très sérieusement deux autres.
31 décembre : Retrait du Mali de la Minusma.

Année 2024

Janvier 2024

9 janvier : Gabriel Attal remplace Élisabeth Borne au poste de Premier ministre.
26 janvier : Première Journée internationale de l'énergie propre, reflétant la croissance rapide de l'utilisation des sources d'énergie renouvelables.

Février 2024

Manifestations et blocages de routes par des agriculteurs en France pour obtenir de meilleures conditions de rémunération de leurs productions.
16 février 2024 : Mort en prison d'Alexeï Navalny, opposant de longue date à Vladimir Poutine. Cette mort a suscité beaucoup de réactions, d'hommages à son combat à travers le monde et en Russie, particulièrement.
21 février : Devoir de mémoire : Cérémonie d'entrée au Panthéon de Missak Manouchian, de son épouse Mélinée et de ses camarades de Résistance.
24 février : Le conflit russo-ukrainien entre dans sa 3e année.

Mars 2024

7 mars : Adhésion officielle de la Suède à l'Organisation du Traité de l'Atlantique Nord (Otan) qui en devient le 32e État membre.
8 mars : L'Assemblée nationale adopte la loi constitutionnelle qui inscrit dans la Constitution de 1958 la liberté garantie des femmes de recourir à l'interruption volontaire de grossesse (IVG).

5 exposés corrigés (concours externe)

SUJET N° 1 : Exposé

DURÉE : 10 MINUTES

Sujet

Que pensez-vous de la délinquance routière ?

Corrigé

En introduction, il est possible d'indiquer que c'est un sujet toujours d'actualité en raison de l'existence de nombreuses victimes. Les efforts des pouvoirs publics pour sanctionner plus sévèrement la délinquance routière sont maintenus. Pour autant, il y a encore des comportements dangereux chez certains conducteurs.

Première partie : Dangerosité de la délinquance routière

Idées :

- Beaucoup de comportements dangereux au volant sont passés dans les mœurs (feu rouge, téléphone...).
- Inattention au volant ou au guidon d'une moto.
- Tout va très vite en conduisant, un accident est vite arrivé.
- On peut engager la vie des autres.

Deuxième partie : Nécessité de la répression

Idées :

- Compte tenu de tous ces éléments, le recours à la répression demeure indispensable.
- Impopularité des radars automatiques et des sanctions, mais bonnes manières de responsabiliser un certain nombre de conducteurs.
- Nécessité d'une action forte des tribunaux et des forces de l'ordre pour faire reculer la violence routière.

En conclusion, il est possible de rappeler que la répression est une forme de prévention. En effet, il y a toujours une vertu pédagogique de la sanction.

SUJET N° 2 : Exposé

DURÉE : 10 MINUTES

Sujet

Le gendarme, un citoyen comme les autres ?

Corrigé

Introduction

Si les médias ont fait depuis quelque temps leurs gros titres sur l'insécurité, le métier de gendarme ne semble susciter que peu d'intérêt de leur part.

Le gendarme, exerçant un métier assurément « à part », reste fondamentalement membre d'une communauté politique fédératrice : la République. Aussi, il est intéressant de s'interroger sur les relations existantes entre le métier de gendarme et son statut de citoyen.

Si, de prime abord, le gendarme peut apparaître comme un citoyen comme les autres, cette opinion sera nuancée par une analyse plus profonde.

Première partie : Le gendarme est un citoyen comme les autres

- mêmes droits civils et juridiques que tout citoyen ;
- le gendarme est certes logé à proximité immédiate de son unité, mais il fait pleinement partie de la société dans laquelle il vit ;
- droit de vote et reconnaissance de sa liberté de pensée et d'opinion ;
- dans le domaine de la morale, sa liberté est également reconnue.

Deuxième partie : Le gendarme n'est pas tout à fait un citoyen comme les autres

- le gendarme a certains devoirs, comme celui d'intervenir chaque fois qu'il est témoin d'une infraction grave ;
- il ne peut pas être candidat aux élections politiques ;
- il ne dispose pas du droit de grève ni de celui de se syndiquer ;
- strict devoir de réserve et respect du principe de laïcité ;
- dignité de la fonction, y compris dans la conduite de leur vie privée.

Conclusion

Le gendarme est bel et bien un citoyen. Mais les restrictions de ses droits et l'affirmation de stricts devoirs en font un citoyen quelque peu différent des autres, sans toutefois le marginaliser au sein de la société.

Plus largement, on peut s'interroger sur le déséquilibre existant entre la perception des droits et devoirs chez de nombreux citoyens.

SUJET N° 3 : Exposé

DURÉE : 10 MINUTES

Sujet

Que pensez-vous des conséquences négatives des nouvelles technologies d'Internet et des réseaux sociaux ?

Corrigé

Introduction

Grâce à la démocratisation des nouvelles technologies, nous pouvons désormais adresser très simplement un message qui peut être lu dans le monde entier. Dans le même temps, les sociétés contemporaines développent de nombreux moyens d'intrusion dans la vie privée. Les nouvelles technologies offrent donc un visage de Janus : à la fois outils de communication et instruments de surveillance.

Première partie : La commercialisation des données

- L'addiction aux nouvelles technologies rend le consommateur captif
- Rien n'est en réalité gratuit : les données sont vendues
- La place donnée à la publicité

Deuxième partie : L'intrusion dans la vie privée

- La surveillance des individus au moyen des nouvelles technologies
- Absence de contrôle de l'accès à internet et des contenus
- Même l'État utilise les données
- Absence de véritable contrôle étatique

Conclusion

L'absence de contrôle véritable de la puissance publique est le principal inconvénient des nouvelles technologies. Ni les parents ni les autorités publiques ne paraissent d'ailleurs véritablement à même de pouvoir contrôler l'accès et le contenu d'internet. Le seul espoir réside ainsi dans la prise de conscience de chacun des risques présentés par les nouvelles technologies et sa capacité à s'affranchir des différentes formes de surveillance qui sont générées par ces dernières.

SUJET N° 4 : Exposé

DURÉE : 10 MINUTES

Sujet

Le devoir d'ingérence

Corrigé

En quelques mots d'introduction, indiquer son origine dans l'émergence médiatique des catastrophes humaines des années 1970. Le drame des boat-people et des victimes civiles des conflits africains a suscité l'émoi d'Occidentaux. Ces derniers ont théorisé le devoir d'ingérence et mis en place des organisations non gouvernementales à vocation humanitaire.

Première partie : Les limites du devoir d'ingérence

Idées :

- Les ONG et les médias de masse sont très manipulés par les grandes puissances.
- L'indignation est ainsi à géométrie variable et sert finalement directement les intérêts géopolitiques des grandes puissances (cf. les différents printemps arabes, à l'origine du chaos de l'ensemble du sud du bassin méditerranéen et du Moyen-Orient).
- Le sort de certaines populations n'émeut guère (exemple : les minorités en terre d'Islam).

Deuxième partie : Le devoir d'ingérence est une composante de l'humanisme contemporain

Idées :

- Le travail humanitaire réalisé par les ONG est irremplaçable (exemple : médecine de prévention et vaccination en Afrique).
- La prise de conscience planétaire de drames humains massifs est souvent conditionnée par le travail préalable d'alerte.

En conclusion, il est possible de mentionner que c'est aux peuples de reprendre leur destin en main. Personne mieux qu'eux ne saura comprendre la situation, répondre aux attentes des citoyens et trouver l'impensable légitimité.

SUJET N° 5 : Exposé

DURÉE : 10 MINUTES

Sujet

En France, la médecine devient-elle un luxe ?

Corrigé

En quelques mots d'introduction, il est possible d'indiquer qu'en France le déséquilibre des comptes de la Sécurité sociale implique, de manière croissante, le recours à des cliniques privées, à des dépassements d'honoraires des médecins et, plus généralement, un moindre remboursement des soins et des médicaments.

Première partie : La médecine devient un luxe

Idées :

- Le déséquilibre des comptes de la Sécurité sociale et l'inflation du coût des soins aux migrants (CMU) sont à l'origine du déremboursement de certains soins ou d'un moindre remboursement.
- Les délais d'attente des hôpitaux publics sont importants et l'offre privée est coûteuse.
- Coût élevé des lunettes, des prothèses auditives et des soins dentaires.

Deuxième partie : Il est toujours possible de se soigner à moindre coût

Idées :

- Les mutuelles peuvent être financées partiellement par l'employeur et constituent un palliatif à la hausse du prix des soins.
- La France est encore loin des États-Unis sur le plan du coût des soins.
- Le service public de santé bénéficie d'une qualité reconnue.

En conclusion, il est possible de mentionner que, si les soins médicaux coûtent indéniablement de plus en plus cher en France, une bonne hygiène de vie (sport, alimentation...) est à la fois gratuite et un excellent moyen de préserver sa santé.

90 questions commentées

Vous trouverez ci-après une liste purement indicative de **questions susceptibles de vous être posées lors de l'épreuve d'entretien avec le jury** : en aucun cas, cette liste ne peut prétendre à l'exhaustivité, il ne s'agit que d'exemples. Cette liste doit simplement vous donner une indication et servir éventuellement de support à un entraînement filmé.

Soyez bien conscient qu'il n'y a pas de bonne ou de mauvaise réponse, l'essentiel est d'être sincère et naturel dans vos réponses. Les réponses et conseils donnés ici n'ont qu'une valeur purement indicative. En aucun cas, ils ne doivent être considérés comme un corrigé type de ces questions.

Le caractère « mélangé » des questions doit vous préparer à répondre à des questions n'ayant pas nécessairement de suite ou de cohérence entre elles.

D'autre part, vous remarquerez que plusieurs questions sont identiques ou proches de questions posées lors des tests de personnalité.

Exemples de questions personnelles

■ **Quelle est votre situation familiale ?**
Aucune difficulté particulière pour cette question. Prenez toutefois en considération l'impact du choix de la carrière de gendarme sur les éventuels conjoint et enfants.

■ **Quel bilan tirez-vous de vos études ?**
Quel que soit le bilan que vous en faites et quel que soit votre parcours, efforcez-vous de rester toujours positif dans votre présentation.
Dans la mesure du possible, faites des liens entre vos études et la profession de gendarme (**Exemple :** connaissances juridiques...).

■ **Quel est le dernière livre que vous ayez lu ?**
Évitez de dire que vous ne lisez jamais, même si c'est le cas. Choisissez un livre ou deux et préparez-vous à en parler (sachez dire quelques mots sur l'auteur et sur le contenu du livre).

■ **Que pensez-vous de tel ou tel fait d'actualité ?**
Soyez prêt à défendre une opinion personnelle, de manière à la fois nuancée et argumentée. Être ouvert ne signifie pas forcément renoncer à des convictions personnelles. (**Exemple :** qui est le dernier président des États-Unis ? et de montrer votre intérêt pour ce sujet, et à l'actualité internationale, en général.)

■ **Qui est le maire de votre commune ?**
Vous pouvez être amené à être interrogé sur les institutions, notamment celles proches de vous (noms de votre maire, de votre député...).

■ **Pratiquez-vous un sport d'équipe ?**
Un candidat sportif sera toujours avantagé par rapport à un candidat n'ayant aucune activité physique. Pour autant, ne mentez pas à l'officier si vous ne faites jamais de sport.

■ Quel est le dernier film que vous ayez vu au cinéma ?
Si vous n'allez jamais au cinéma, choisissez un film vu à la télévision ou en DVD. Sachez en parler (contenu du film, genre, réalisateur, acteurs principaux...).

■ Admirez-vous un personnage historique ?
Évitez les personnages polémiques ou trop méconnus. Soyez capable de mettre en perspective votre personnage (époque, courant de pensée, contexte historique, adversaires ou partisans connus, faits d'armes, découvertes...).

■ Vous habitez rue Jean-Moulin. Pouvez-vous nous dire qui était Jean Moulin ?
Cette question est classique. Vous devez connaître un minimum l'histoire et les caractéristiques principales de votre région (spécialités culinaires, monuments marquants, personnages historiques...).

■ Quelles sont les dernières élections pour lesquelles vous avez voté ?
Notez bien que l'on vous demande uniquement pour quelles élections vous avez voté, et non pour quel candidat... Au-delà, soyez prêt à dire quelque mot du rôle du député, du maire...

■ Citez-nous vos qualités.
Parlez franchement, sans être trop modeste ou trop excessif. Pour vous aider à distinguer vos qualités, demandez l'avis objectif de vos proches.

■ De quelle région êtes-vous originaire ?
Cette question peut implicitement sous-entendre que vous devez être prêt à déménager plusieurs fois au cours de votre carrière de gendarme et à vivre un certain temps éloigné de votre région d'origine.

■ Avez-vous voyagé à l'étranger ?
Cette question permet de valoriser les candidats qui ont voyagé à l'étranger, pour peu qu'ils puissent dire quelques mots des pays dans lesquels ils ont séjourné. Si vous n'avez pas voyagé à l'étranger, cela n'a pas d'importance particulière.

■ Êtes-vous ambitieux ?
Répondez franchement à la question posée. Il n'est pas honteux d'avoir de l'ambition, si l'on s'en donne les moyens.

■ Quel est le défaut qui vous énerve le plus chez les autres ?
Vous devez être capable de composer avec les autres et de travailler en équipe. Cependant, il est normal que tel ou tel défaut puisse vous irriter.

■ Quels enseignements tirez-vous de vos expériences professionnelles ?
Quel que soit le bilan que vous en faites et quel que soit votre parcours, efforcez-vous de rester toujours positif dans votre présentation. Dans la mesure du possible, faites des liens entre votre parcours professionnel et la profession de gendarme (**Exemple :** connaissances techniques...). Si vous n'avez pas eu au préalable d'expérience professionnelle véritable, cela n'a pas d'importance particulière.

■ Avez-vous un but dans la vie ?
Soyez franc. Entrer dans la gendarmerie n'est pas forcément en soi un but dans la vie...

■ Possédez-vous un grand sens de l'adaptation ?
Soyez franc : si vous n'êtes pas vraiment capable d'adaptation, le jury le remarquera certainement. Le cas échéant, si vous en avez, soyez prêt à donner quelques exemples où vous avez fait preuve de sens de l'adaptation.

■ **Quel fait récent d'actualité a retenu votre attention ?**
La connaissance de l'actualité est importante pour un gendarme. Tenez-vous informé notamment des changements législatifs et institutionnels (réforme de la procédure pénale, rapprochement police-gendarmerie...). Dans le choix d'un fait d'actualité, sentez-vous libre, mais sachez en parler et soyez prêt à défendre une opinion personnelle.

■ **Comment vous êtes-vous préparé au concours ?**
Décrivez en quelques mots votre préparation. Cette question doit permettre la mise en valeur de votre motivation au travers du sérieux de votre préparation.

■ **Quels sont les sites Internet que vous consultez régulièrement ?**
Répondez franchement à cette question, qui peut s'accompagner d'une autre question sur le téléchargement illégal (y répondre également avec franchise).

■ **Comment vous imaginez-vous dans dix ans ?**
Envisagez une réponse sur les plans professionnel et extra-professionnel.

■ **Pourquoi peut-on avoir confiance en vous ?**
Répondre à cette question peut être délicat. Soyez prêt à citer des exemples où vous vous êtes montré digne de confiance (engagement associatif, scoutisme, responsabilités familiales...).

■ **Êtes-vous économe ou dépensier ?**
Répondez franchement à cette question, sans perdre de vue que l'argent doit être un moyen et pas une fin.

■ **Quelle personnalité admirez-vous ?**
Évitez les personnages trop polémiques ou méconnus, ou bien ceux que tout le monde cite (Zidane, l'abbé Pierre...).

■ **Vous arrive-t-il de prendre des risques ?**
Répondez franchement à cette question. N'oubliez pas que l'engagement d'un gendarme implique souvent la prise de risques.

■ **Aimez-vous la vitesse ?**
Ne mentez pas, surtout si vous êtes motard. N'oubliez pas cependant que la sécurité routière est une mission essentielle de la gendarmerie nationale.

■ **Fumez-vous ?**
Répondez franchement. L'usage du cannabis entraîne l'exclusion de la gendarmerie.

■ **Lisez-vous régulièrement un journal ou un magazine ?**
Il est important de vous montrer curieux et d'être informé de l'actualité. Prenez donc l'habitude de lire un quotidien et un magazine d'actualité.

■ **Que regardez-vous à la télévision ?**
Cette question n'appelle pas de remarque particulière.

■ **Selon vos proches, quels sont vos défauts ?**
Interrogez au préalable vos proches et réfléchissez à la compatibilité de ces défauts avec un engagement en gendarmerie.

■ **Quels pays étrangers connaissez-vous ?**
Connaissez les traits principaux des pays dans lesquels vous avez séjourné. Si vous n'avez pas voyagé à l'étranger, cela n'a pas d'importance particulière.

■ **Vous arrive-t-il de boire de l'alcool ?**
Répondez franchement. Le tout est de rester dans des limites raisonnables.

■ Avez-vous un ordinateur personnel ?
Si ce n'est pas le cas, cela n'a pas d'importance. Cette question peut vous permettre de valoriser des compétences particulières en informatique.

■ Quel mot pourrait vous résumer ?
Répondre à cette question est difficile. Demandez l'avis de vos proches.

■ Qu'est-ce que vos proches peuvent vous reprocher ?
Interrogez au préalable vos proches et réfléchissez à la compatibilité de ces reproches avec un engagement en gendarmerie.

■ Vivez-vous chez vos parents ?
Cette question n'appelle pas de remarque particulière.

■ Avez-vous déjà vécu en collectivité ?
Les candidats ayant vécu en collectivité peuvent faire valoir cette expérience auprès du jury.

■ Avez-vous des activités associatives ?
Le sens du service est l'un des engagements forts de la gendarmerie nationale. Si vos activités associatives sont tournées vers l'aide à autrui, faites-le savoir.

■ Avez-vous de nombreux amis ?
Si ce n'est pas le cas, ne cherchez pas à dissimuler votre véritable personnalité.

■ Dans la vie, qu'est-ce qui vous énerve ?
Ne citez qu'un exemple, mais choisissez un sujet d'importance et soyez prêt à défendre un point de vue personnel.

■ Comment occupez-vous vos loisirs ?
Cette question n'appelle pas de remarque particulière.

■ Quelle question aimeriez-vous que je vous pose ?
Cette question est importante car elle doit vous permettre de faire valoir un aspect particulier de votre personnalité ou de votre parcours. N'oubliez pas que l'entretien avec le jury permet de vous différencier d'autres candidats.

Exemples de questions avec une optique professionnelle

■ Que représente pour vous l'uniforme de gendarme ?
C'est à chacun de répondre à cette question. Réfléchissez à l'avance à cette question, mais ne préparez pas une réponse toute prête que vous réciterez le jour de l'entretien.

■ Pourquoi avoir choisi la gendarmerie ?
Toutes les motivations peuvent être légitimes. Elles dépendent des personnalités et des parcours.

■ Quelle carrière envisagez-vous au sein de la gendarmerie ?
Il n'est pas besoin de prévoir un plan de carrière tout tracé pour répondre à cette question. Restez simple et modeste, sans oublier que l'accès aux services spécialisés (GIGN...) est particulièrement exigeant.

■ Que pensez-vous du port de l'arme ?
Réfléchissez à ce que peut impliquer le port de l'arme. Apprenez les conditions de la légitime défense.

■ Aimez-vous commander ?
La réponse dépendra de la personnalité de chacun.

■ **Envisagez-vous de devenir officier ?**
Un exemple de réponse : La gendarmerie offre, à la fois, de belles perspectives de carrières en tant que sous-officier et, éventuellement, la possibilité de devenir officier. S'il ne faut rien exclure a priori, il faut aussi se donner les moyens de ses ambitions.

■ **Si vous échouez au concours de gendarme, qu'allez-vous faire ?**
Répondez avec franchise, mais gardez à l'esprit que vous devez rester motivé.

■ **Quel sens donnez-vous à l'expression « servir en gendarmerie » ?**
Sachez donner votre propre définition à cette expression.

■ **Pourquoi avoir choisi la gendarmerie plutôt que la Police nationale ?**
Il n'est pas exclu de pouvoir légitimement candidater aux deux, mais il faut pouvoir défendre un choix et connaître les principales différences.

■ **La hiérarchie est-elle toujours nécessaire ?**
C'est à chacun d'avoir son point de vue sur la question et de pouvoir le défendre, tout en sachant que la gendarmerie reste une institution fortement hiérarchisée.

■ **Selon vous, comment peut-on gérer un conflit de personnes au sein d'une petite unité ?**
Donnez une réponse en fonction de votre tempérament et de votre expérience personnelle.

■ **Quels sont les avantages et les inconvénients du métier de gendarme ?**
Réfléchissez à cette question, qui est souvent posée. Le métier de gendarme comporte nécessairement des inconvénients.

■ **Selon vous, dans quel cas un gendarme peut-il se montrer violent ?**
Renseignez-vous sur les cadres légaux du maintien de l'ordre et de la légitime défense.

■ **La sécurité de l'emploi est-elle importante pour vous ?**
Il n'est pas honteux de répondre « oui », mais cela ne doit pas être votre motivation principale.

■ **Quelle est la solde d'un gendarme ?**
La réponse à cette question se trouve dans cet ouvrage.

■ **Que connaissez-vous de la gendarmerie ?**
L'introduction de ce manuel et des démarches personnelles de renseignement doivent vous permettre de répondre à cette question.

■ **Combien y a-t-il de gendarmes en France ?**
La réponse à cette question se trouve dans l'introduction de ce manuel.

■ **Pensez-vous avoir les qualités requises pour être gendarme ?**
Restez franc, simple et concret dans votre réponse.

■ **Comment gérez-vous la pression au travail ?**
Donnez une réponse en fonction de votre tempérament et de votre expérience personnelle.

■ **Êtes-vous prêt à vivre en caserne ?**
Si les gendarmes ne vivent pas à proprement parler en caserne, ils demeurent néanmoins à proximité de leurs collègues et de leurs familles. Cela ne doit pas être un obstacle insurmontable pour vous.

■ **Cela vous gêne-t-il de déménager plusieurs fois au cours de votre carrière ?**
Vous devez être prêt à quitter votre région d'origine et à connaître plusieurs mutations au cours de votre carrière.

■ **Quel sens donnez-vous au service public ?**
Restez simple et concret dans votre réponse.

Quels sont les principaux services de la Gendarmerie nationale ?
La réponse à cette question se trouve dans cet ouvrage.

Que pensez-vous de la liberté d'expression pour un gendarme ?
Cet ouvrage et des démarches personnelles de renseignement doivent vous permettre de vous construire une opinion personnelle.

Comment séparez-vous votre travail et votre vie privée ?
Donnez une réponse en fonction de votre tempérament et de votre expérience personnelle.

Selon vous, les gendarmes sont-ils suffisamment payés ?
Répondez franchement, mais on ne rentre par dans la gendarmerie par attrait du gain...

Qu'est-ce que le flagrant délit ?
Le lexique de termes juridiques et de police judiciaire de cet ouvrage vous donnera des éléments de réponse.

Comment imaginez-vous de vivre aux côtés de vos collègues et de leurs familles ?
Donnez une réponse en fonction de votre tempérament et de votre expérience personnelle.

Que faites-vous si vous n'approuvez pas un ordre reçu ?
Donnez une réponse personnelle et soyez prêt à la défendre.

Avez-vous déjà commandé ou encadré des personnes ?
Si cela n'a pas été le cas, cela n'a pas d'importance particulière. Si cela a été le cas, essayez de valoriser cette expérience auprès de l'officier.

Êtes-vous candidat à d'autres concours ?
Répondez franchement.

Une arme est-elle toujours dangereuse ?
Cette question implique une réflexion personnelle préalable sur l'arme et son usage. Il n'est pas exclu que l'officier vous interroge sous la forme de « mises en situation ».

Que pouvez-vous apporter à la gendarmerie ?
Répondre à cette question peut être délicat. Interrogez au préalable vos proches et réfléchissez à la compatibilité de vos qualités avec un engagement en gendarmerie.

Selon vous, quels sont les qualités d'un bon gendarme ?
Restez simple et concret dans votre réponse.

Quelles sont les principales difficultés que connaissent les gendarmes ?
Réfléchissez au préalable à la question et cherchez à rencontrer des gendarmes pour mieux connaître leur travail.

Connaissez-vous des gendarmes ? Décrivez leur travail.
Cherchez à rencontrer des gendarmes pour mieux connaître leur travail.

Pourquoi retenir votre candidature plutôt que celle d'un autre ?
Cherchez ce qui, dans vos qualités, votre parcours et vos compétences, vous permet de vous démarquer d'autres candidats.

Aimez-vous commander ?
Donnez une réponse en fonction de votre tempérament et de votre expérience personnelle.

Comment concevez-vous le stress ?
Donnez une réponse en fonction de votre tempérament et de votre expérience personnelle.

■ **Préférerez-vous servir dans la gendarmerie départementale ou dans la gendarmerie mobile ?**
Répondez en fonction de vos goûts. Cet ouvrage vous donnera quelques informations sur ces deux structures.

■ **Que pensez-vous des tâches administratives ?**
Les tâches administratives sont indispensables à la bonne marche de la gendarmerie.

■ **Comment est née votre envie de devenir gendarme ?**
Répondez franchement, que votre envie soit récente ou ancienne.

■ **Que pensez-vous des femmes chez les gendarmes ?**
Naturellement, les réponses machistes sont ici à proscrire...

■ **Décrivez la journée d'un gendarme.**
Cherchez à rencontrer des gendarmes pour mieux connaître leur travail.

■ **Y a-t-il un service de gendarmerie que vous souhaitiez particulièrement intégrer ?**
Restez simple et franc. Cet ouvrage vous présentera les principaux services de gendarmerie.

■ **Quelle est l'utilité du sport pour un gendarme ?**
La pratique du sport est indispensable pour un gendarme. Si vous êtes sportif, profitez de la question pour le faire valoir.

■ **Que pensez-vous des valeurs militaires ?**
Soyez bien conscient qu'un gendarme est statutairement un militaire.

Simulations d'entretien

SIMULATION D'ENTRETIEN N° 1 : **Concours externe**

DURÉE : 20 MINUTES

Entrée

Valorisation

NOTE DU FORMATEUR

Les deux simulations d'entretien qui suivent ont été rédigées de manière parfaitement imaginaire par un membre du jury d'oral du concours de sous-officier de gendarmerie. Elles ont pour seul but d'illustrer la manière dont un oral peut se dérouler et les différents types de questions auxquelles un candidat peut être soumis. En aucun cas, les réponses indiquées n'ont une valeur de réponse-type ou recommandée.
Vous pouvez notamment les utiliser pour vous entraîner en sollicitant plusieurs de vos proches pour constituer un jury fictif et filmer votre prestation orale. Il est toujours intéressant de filmer ses propres entraînements, notamment pour éliminer ses tics verbaux et améliorer son attitude corporelle.

Le candidat : Bonjour Monsieur le président, bonjour Madame, bonjour Messieurs

Le président du jury : Bonjour Monsieur. Veuillez vous asseoir. *(Attendez d'être invité à vous asseoir pour le faire.)* Merci de nous communiquer une pièce d'identité *(veillez toujours à présenter une pièce d'identité en cours de validité et en bon état)* et de bien vouloir vous présenter au jury en quelques phrases.

Le candidat : Je m'appelle David X. *(Annoncez toujours le prénom en premier, suivi du nom de famille.)*. J'ai 24 ans. J'ai suivi des études de droit à l'université de Toulouse jusqu'en licence. Je travaille actuellement comme agent contractuel dans une mairie d'une commune de 4 000 habitants dans le département du Tarn. Je suis célibataire et je vis seul.

Le président du jury : Combien d'années d'études de droit avez-vous suivies ?

Le candidat : J'ai suivi au total quatre années d'études de droit. J'ai redoublé ma première année, qui m'a paru difficile au sortir du lycée. Mais je me suis accroché et j'ai pu obtenir une licence en droit. Au cours de ces études, j'ai pu améliorer très significativement ma culture générale et juridique, mes capacités rédactionnelles et d'expression orale. Je suis certain que ces éléments peuvent être utiles dans une carrière de gendarme. *(Veillez toujours à rester positif dans votre présentation, même si vous présentez une expérience ou un élément de votre parcours pouvant paraître inachevé ou décevant.)*

Un membre du jury : Pourquoi vous être orienté vers un emploi contractuel en mairie ?

Le candidat : J'ai profité d'une opportunité qui m'était offerte pour découvrir le monde du travail, le service public, et continuer à pratiquer le droit puisque j'exerce plutôt des fonctions de nature juridique. *(La volonté de travailler et d'exercer des responsabilités au service du public sont des éléments appréciés par le jury.)*

Un autre membre du jury : Nous comprenons vos différents choix de parcours, mais nous ne comprenons pas du tout pourquoi vous voulez entrer dans la gendarmerie alors que vous travaillez actuellement dans des fonctions qui semblent vous convenir ? *(Ne vous laissez pas déstabiliser par une question du jury qui paraît abrupte ou même brutale : mettre le candidat en difficulté est une tactique souvent employée par les jurys d'oraux.)*

Le candidat : Il est exact que je me plais dans mon métier actuel, que j'ai pu y progresser professionnellement et me voir confier des responsabilités. Il est aussi vrai que le choix de la gendarmerie n'est pas apparu évident pour moi à l'adolescence. *(Soyez toujours franc avec le jury, notamment quand il s'agit d'exprimer vos motivations.)* Mes études de droit m'ont donné le goût de la matière juridique, de la rédaction, d'une certaine rigueur dans le raisonnement et de l'intérêt pour le monde judiciaire et les institutions. Dans le même temps, à la suite d'une réflexion personnelle et de plusieurs rencontres au cours de ses dernières années avec des gendarmes, j'ai souhaité devenir sous-officier de gendarmerie.
S'agissant de ma réflexion personnelle, celle-ci m'a conduit à souhaiter exercer un métier au service de la collectivité. Je suis en quête de sens et d'utilité sociale. La carrière de sous-officier de gendarmerie répond, à mes yeux, parfaitement à cet objectif.
Je dois aussi dire que les attentats et la montée de la délinquance m'ont touché, et je veux m'engager pour lutter contre ces phénomènes qui peuvent tous nous affecter, notamment les plus fragiles d'entre nous.

Un membre du jury, coupant la parole au candidat *(ne vous laissez pas atteindre si un membre du jury vous coupe la parole)* : Et qui sont ces gendarmes que vous dites connaître ?

Le candidat : Dans mon club de rugby, je joue avec deux gendarmes de la compagnie locale. L'un est adjudant au PSIG. L'autre est officier de police judiciaire et est régulièrement chargé d'enquêtes dans le ressort de compétence de la compagnie. *(Montrez au jury que vous avez compris les différents métiers des gendarmes et l'organisation générale de la Gendarmerie nationale.)* Ils exercent des missions complémentaires, mais différentes. J'ai beaucoup apprécié de discuter avec eux et certains de leurs collègues. Ces échanges m'ont confirmé dans l'idée que je pourrais m'épanouir dans le métier de gendarme.

Le président du jury : Pour quelles raisons pensez-vous que vous pourriez vous épanouir dans la gendarmerie ?

Le candidat : J'ai à présent 24 ans, et j'ai une idée bien précise de ce que je veux dans la vie. J'ai exercé plusieurs stages et emplois saisonniers. Je travaille depuis pratiquement deux ans comme agent contractuel dans une mairie. Je sais ce qui pourra me donner satisfaction et ce que je pense pouvoir apporter au sein de la Gendarmerie nationale. *(Sachez être sûr de vous, tout en vous montrant modeste.)* Le fait de pouvoir être utile à la société et à mon pays est essentiel pour moi. De même, je sais que je vais apprécier de pouvoir travailler en équipe. Aussi bien en pratiquant le rugby que dans mon travail actuel, j'aime le sens du collectif, la qualité des relations humaines et le fait de poursuivre un but commun. Enfin, je sais que je pourrais, dans une carrière de sous-officier de gendarmerie, exercer de nombreux métiers différents. Je suis très attaché à cette possibilité de connaître des expériences professionnelles variées. *(Vos motivations doivent être présentées de manière structurée et solide, mais n'apprenez pas par cœur à l'avance un discours à réciter devant le jury : efforcez-vous de vous montrer naturel et spontané.)*

Un membre du jury : Depuis combien de temps jouez-vous au rugby et quelle est votre équipe préférée ? *(Le fait de mentionner un loisir ou une information personnelle devant le jury conduit généralement celui-ci à revenir dessus par la suite : utilisez à bon escient cet élément pour vous efforcer d'orienter la conversation dans un sens qui vous est favorable.)*

Le candidat : Je joue au rugby depuis l'âge de 11 ans, en benjamin. J'ai débuté comme trois-quarts centre ou ailier. Je joue désormais comme troisième ligne aile en équipe première de mon club. Mon équipe préférée est celle des All Blacks. Cela n'est certes pas très original, puisqu'il s'agit, sur le long terme, de la meilleure équipe du monde. Mais j'apprécie énormément la rigueur de leurs entraînements, leur sens du jeu collectif et l'amalgame très réussi de fermiers anglo-saxons et de terribles combattants maoris. *(Même sur des sujets simples, essayez de prendre un peu de hauteur et rendez vivants vos centres d'intérêt.)*

Le président du jury : Citez-nous les principales directions de la Gendarmerie nationale.

Le candidat : La majorité des gendarmes servent au sein de la gendarmerie départementale. Ces gendarmes sont principalement chargés de lutter contre la petite et moyenne délinquance, ainsi que la délinquance routière.
Il y a également la gendarmerie mobile : les gendarmes mobiles interviennent lors d'événements publics, d'opérations de maintien de l'ordre et de sécurisation de secteurs sensibles. Ils font également régulièrement ce type de missions en outre-mer.
La garde républicaine assure la garde des bâtiments institutionnels à Paris, comme le palais de l'Élysée, et plusieurs services d'honneur.
Enfin, il existe un grand nombre d'unités spécialisées : gendarmerie maritime, gendarmerie des transports aériens, gendarmerie de l'air, IRCGN, GIGN… *(Une bonne connaissance générale de l'organisation de la Gendarmerie nationale est indispensable pour réussir l'épreuve d'entretien avec le jury.)*

Un membre du jury : Si vous êtes reçus lors du concours de sous-officier de gendarmerie, quel type de carrière envisagez-vous ?

Le candidat : Je n'ai pas forcément à ce stade de plan de carrière très bien défini. La filière de l'investigation m'attire, en raison notamment des spécialisations possibles et de mon goût pour les matières juridiques, que j'ai pu approfondir au cours de mes études et de mon travail en mairie. En toute hypothèse, je suis bien conscient que, si je suis reçu au concours, je ferai mes premières armes dans un service de la gendarmerie départementale, en brigade territoriale, ou bien au sein d'un escadron de la gendarmerie mobile. Les missions d'accueil au poste de police-secours, de lutte contre la petite et moyenne délinquance de route ou bien encore les contrôles routiers sont très formateurs dans les premières années d'un gendarme. Il en est de même, le cas échéant, des missions de la gendarmerie mobile. *(Peu importe si vous ne savez pas précisément le type de carrière que vous envisagez, à partir du moment où vous vous montrez modeste et que vous démontrez que vous connaissez les grandes missions d'un sous-officier de gendarmerie en sortie d'école.)*

Le président du jury : Le temps est désormais écoulé. Nous vous remercions d'avoir répondu aux questions. *(Le jury ne donnera jamais aucune indication au candidat ni ne manifestera son intérêt ou son désintérêt pour tel ou tel profil.)*

Le candidat : Je vous remercie, Monsieur le président, Madame et Messieurs. *(Quittez le jury avec cette formule de politesse et ne cherchez pas à leur serrer la main, car cela n'entre pas du tout dans les usages de cette épreuve.)*

SIMULATION D'ENTRETIEN N° 2 : **Concours interne**

DURÉE : 20 MINUTES

Connaissance du métier

Mise en situation

Cette simulation d'entretien concerne un candidat qui serait gendarme adjoint volontaire au moment du concours.

Le candidat : Bonjour Monsieur le président, bonjour madame, bonjour messieurs.

Le président du jury : Bonjour Monsieur. Veuillez vous asseoir. *[Attendez d'être invité à vous asseoir pour le faire.]* Merci de nous communiquer une pièce d'identité et de bien vouloir vous présenter au jury en quelques phrases. *[Veillez toujours à présenter une pièce d'identité en cours de validité et en bon état.]*

Le candidat : Je m'appelle Franck T. J'ai 25 ans. Je suis titulaire du baccalauréat et, après quelques années d'études et d'emplois ponctuels *[préférez ce terme à celui de « petits boulots »]*, je suis actuellement gendarme adjoint volontaire en Bretagne, près de Rennes. Je sers dans une brigade territoriale.

Un membre du jury : Quelle est votre situation de famille ?

Le candidat : J'ai une petite amie depuis un an, mais nous ne vivons pas ensemble.

Un membre du jury : Présentez-nous le secteur et l'unité dans lesquels vous travaillez. *[Vous devez être capable de présenter en quelques phrases au jury votre lieu d'affectation et votre unité.]*

Le candidat : Notre brigade est implantée au chef-lieu de canton, qui comprend 6 000 habitants. En comptant les villages du ressort de notre brigade, nous assurons la sécurité d'environ 15 000 personnes. Beaucoup d'actifs de notre secteur travaillent à Rennes, qui n'est distante que de 20 kilomètres, et dans sa banlieue immédiate. Nous avons également dans notre territoire quelques activités liées à l'industrie et à l'élevage. *[Il est essentiel à un gendarme de bien connaître son territoire.]*
Notre unité comporte une vingtaine de personnels, sous l'autorité d'un lieutenant, qui est assisté d'un major. Il y a une quinzaine de gendarmes, dont neuf sont officiers de police judiciaire, et cinq gendarmes adjoints volontaires. Notre unité comprend également un PSIG. Je le trouve donc très stimulant pour y exercer mon travail de gendarme adjoint volontaire. *[Cette dernière phrase sert à la fois à faire comprendre que vous en avez terminé avec votre présentation et à l'inciter à vous interroger sur vos missions de gendarme adjoint volontaire.]*

Le président du jury : Présentez-nous maintenant vos missions de gendarme adjoint volontaire.

Le candidat : Le travail de voie publique est sincèrement très enrichissant. Au contact quotidien des gendarmes, des gradés et de mon officier de brigade, j'apprends énormément de choses. *[Vous démontrez ainsi que vous avez bien intégré la logique hiérarchique de l'organisation de la Gendarmerie nationale.]* Les missions sont variées : il y a l'accueil à la brigade, la prise de plaintes mais, en tant qu'agent de police judiciaire adjoint, je ne peux pas assurer cette mission *[soyez bien au fait des différences de prérogatives judiciaires selon que l'on soit officier de police judiciaire, agent de police judiciaire ou agent de police judiciaire adjoint]* ; les missions de police-secours qui correspondent à tous les appels sur le 17 ou le 112 et qui sont extrêmement variées puisque cela peut concerner aussi bien un différend familial qu'un vol à main armée en cours dans une banque ; les patrouilles de lutte contre la délinquance et de sécurisation ; les contrôles routiers de vitesse ou d'alcoolémie ; les missions de garde des personnes gardées à vue, leur transfert aux urgences médico-judiciaires ou en comparution immédiate devant le tribunal correctionnel ; les séances de formation continue, de sport et de tir, ainsi que les indispensables tâches logistiques et administratives. *[La gendarmerie ne pourrait pas fonctionner sans ces indispensables tâches logistiques et administratives.]*

Un membre du jury : Quelle est la mission que vous appréciez le plus ?

Le candidat : J'aime beaucoup patrouiller en véhicule, notamment en soirée et en fin de semaine car c'est dans ces créneaux-là que l'activité est la plus riche pour nous. Nous répondons aux missions de notre station directrice qui correspondent à des appels sur le 17 pour des bagarres ou parfois même des cambriolages, qui sont plutôt nombreux dans ce type de soirées. Nous procédons aussi à des contrôles sur la voie publique. C'est dynamique, varié, utile à la société et ils se déroulent en équipe. J'apprécie réellement beaucoup ce type de mission. *[Sachez expliquer pour quelles raisons vous appréciez tel ou tel type de missions, ne parlez pas que du goût de l'action en soi.]*

Un membre du jury : Vous nous parlez de contrôles. Quels articles de loi définissent le cadre légal du contrôle d'identité ?

Le candidat : Les différents cas légaux de contrôle d'identité sont définis dans les articles 78-1 du Code de procédure pénale. Il existe différents cas selon qu'il s'agit d'un contrôle d'identité en matière judiciaire, administrative ou sur réquisition du procureur de la République.

Un membre du jury : Imaginons qu'un jour, alors que vous allez prendre votre service, vous constatez qu'un de vos collègues sent assez fortement l'alcool, tient des propos incohérents et titube légèrement. Que faites-vous ? *[Le jour de l'oral, vous ferez très certainement l'objet de questions de mise en situation, notamment quant à la déontologie professionnelle des policiers.]*

Le candidat : Je lui demande en premier ce qui se passe et s'il se sent bien. S'il reconnaît avoir bu de l'alcool avant son service, je lui demande d'en rendre compte à la hiérarchie de la brigade. Celle-ci décidera de ne pas lui confier de mission et commencera à son encontre une enquête administrative avec une proposition de sanction. *[Pour le jour de l'oral avec le jury, vous devez connaître les principales caractéristiques du régime disciplinaire de la gendarmerie nationale.]* Si mon collègue persiste dans la négation de toute consommation d'alcool et s'il n'en rend pas immédiatement compte à notre hiérarchie, j'avise moi-même cette dernière.

Un membre du jury : En somme, vous faites de la délation ! *[Il est possible que le jury cherche quelque peu à vous déstabiliser pour voir si vous maintenez vos positions et se faire une idée de votre capacité à justifier vos positions.]*

Le candidat : J'estime qu'il ne s'agit pas de délation. C'est à chacun de prendre ses responsabilités. Un gendarme est porteur d'un uniforme et d'une arme, il est au contact de la population, il dispose de prérogatives à l'égard des citoyens, il peut être amené à conduire un véhicule et à être engagé dans des missions difficiles. Pour toutes ces raisons, il est totalement inadmissible d'être pris de boisson en service.

Un membre du jury : Votre dossier professionnel indique effectivement que vous avez un bon sens déontologique et que vous appréciez les missions d'antidélinquance. *[N'oubliez pas que votre dossier professionnel sert notamment de support à l'entretien avec le jury : veillez à ce qu'il soit rempli de la meilleure manière possible.]* Si vous êtes reçu au concours de sous-officier de gendarmerie, souhaitez-vous orienter vers un PSIG ?

Le candidat : J'aimerais bien en effet. Mais je suis conscient que cette possibilité ne me sera pas offerte en sortie d'école et que je devrais d'abord faire mes preuves pendant quelques années dans une unité de service général. Je sais également que les sélections pour les PSIG sont difficiles, surtout dans le cas des PSIG-Sabre, car il y a beaucoup de candidats et que le niveau est élevé. Dans cette logique, j'ai mis en place depuis deux ans un entraînement sportif assez soutenu. Je cours deux fois par semaine, je fais tous les jours des exercices physiques et j'ai également deux séances de boxe française par semaine. *[Sachez toujours vous montrer modeste, organisé et pragmatique.]*

Un membre du jury : Que pensez-vous du port de l'arme ?

Le candidat : Une arme est d'une certaine façon un outil de travail indispensable au gendarme. Elle est utile dans l'accomplissement de ses missions, afin de se protéger lui-même ou de protéger la population. Bien entendu, il lui appartiendra de toujours respecter les différents cadres légaux de la légitime défense et de régulièrement s'entraîner au tir.

Le président du jury : Vous êtes titulaire du baccalauréat. Avez-vous tenté le concours externe de sous-officier de gendarmerie ?

Le candidat : J'ai déjà tenté le concours de sous-officier de gendarmerie il y a quatre ans, mais j'ai échoué à l'écrit car je pense vraiment que je n'étais pas du tout assez bien préparé. *[Ne soyez pas décontenancé si vous devez évoquer un échec antérieur lors du concours de sous-officier de gendarmerie.]* J'ai donc choisi de rentrer dans la gendarmerie en tant que gendarme adjoint volontaire. Je voulais en effet bénéficier d'une première expérience concrète de gendarme de terrain, même avec des prérogatives plus limitées que celle d'un sous-officier, et qui me permette de présenter ensuite un concours spécifique de sous-officier.

Un membre du jury : Pourquoi avoir attendu d'être gendarme adjoint volontaire depuis trois ans pour vous présenter au concours de sous-officier de gendarmerie, alors que vous pouviez vous porter candidat dès votre première année de contrat ? *[Vous devez être en capacité de justifier devant le jury tous vos choix de parcours.]*

Le candidat : C'est exact. Mais, au cours de mes deux premières années de contrat, je me suis plutôt attaché à approfondir mes connaissances professionnelles. Les missions sont très variées et je me suis essentiellement consacré à développer ma formation en police judiciaire, en techniques professionnelles d'intervention, en police de la route, en police administrative et sur le fonctionnement interne de la Gendarmerie nationale. Ce n'est qu'au terme de ma deuxième année de contrat de GAV que j'ai commencé à me préparer activement au concours de sous-officier de gendarmerie. J'ai notamment bénéficié de l'expérience de plusieurs sous-officiers de ma brigade qui sont des lauréats de ce concours interne, des documents de notre service de formation et des différents entraînements sous tutorat, ainsi que de la lecture de plusieurs manuels de préparation au concours de sous-officier de gendarmerie. *[Le jury appréciera le sérieux de votre préparation au concours, qui est analysé comme un gage de rigueur professionnelle et de solidité de la motivation du candidat.]*

Un membre du jury : À quoi occupez-vous vos loisirs ?

Le candidat : J'aime les randonnées sur la côte sauvage de Bretagne, ou bien en montagne dans les Alpes et les Pyrénées, cuisiner, la lecture de livres d'histoire sur la Seconde Guerre mondiale et les séries télévisées.

Le président du jury : Le temps est désormais écoulé. Nous vous remercions d'avoir répondu aux questions. *[Le jury ne donnera jamais aucune indication au candidat ni ne manifestera son intérêt ou son désintérêt pour tel ou tel profil.]*

Le candidat : Je vous remercie Monsieur le président, madame et messieurs. *[Quittez le jury avec cette formule de politesse et ne cherchez pas à leur serrer la main, car cela n'entre pas du tout dans les usages de cette épreuve.]*

Épreuve d'évaluation numérique (concours externe et interne)

COEFFICIENT 3

Planning de révisions

À titre indicatif, nous vous indiquons un planning de préparation à l'épreuve :

PÉRIODES	CONTENU DES RÉVISIONS	NOS OUTILS
Période 1	Présentation de l'épreuve	Page 253
Période 2	La sécurité informatique	Page 255
Période 3	Internet et les réseaux sociaux	Page 257
Période 4	Entraînement avec le sujet 1	Page 260
Période 5	Entraînement avec le sujet 2	Page 262

Présentation de l'épreuve

L'arrêté du 25 février 2020 a introduit une nouvelle épreuve d'admission : l'épreuve d'évaluation numérique. Cette épreuve dure 30 minutes et est affectée d'un coefficient 1. Il n'y a pas de note éliminatoire pour cette épreuve.

L'épreuve d'aptitude numérique prend la forme d'un QCM.

Le nombre de questions posées est de 20.

Le questionnaire à choix multiples s'effectue de manière dématérialisée.

1. Nature et finalité

Cette épreuve vise à évaluer les connaissances et compétences numériques du candidat.

Il est attendu des candidats qu'ils détiennent les fondamentaux de la « culture Web », de l'environnement numérique, de la protection et de la sécurité informatique. Il ne s'agit donc pas de rechercher chez les candidats des connaissances poussées en informatique. Ils doivent simplement être familiers de son usage, principalement en ce qui concerne les outils de base (écran, clavier et souris), les périphériques les plus courants et les logiciels les plus utilisés.

En matière de sécurité informatique, les règles de bases et de bon sens doivent être connues des candidats. En ce qui concerne Internet, l'usage de la messagerie et de la navigation sont les principaux prérequis attendus. Enfin, les règles de bases en ce qui concerne le bon usage des réseaux sociaux doivent également être maîtrisées.

2. Les attentes du jury

Plutôt que de rechercher des spécialistes en informatique, le jury attend simplement des candidats qu'ils aient des connaissances de base en la matière. Il paraît aujourd'hui normal d'attendre de jeunes gens qu'ils sachent utiliser un ordinateur, et des périphériques (clé USB, imprimante, etc.), naviguer sur Internet, envoyer des courriels et des documents dématérialisés via une messagerie électronique et savoir quelles sont les règles de base en matière de sécurité informatique et quant au bon usage des réseaux sociaux.

Il ne faut pas non plus oublier qu'il s'agit d'une épreuve de QCM, et non pas directement une épreuve d'informatique appliquée. Les connaissances sont donc essentiellement ici théoriques. Le fait de connaître le nom d'un logiciel de traitement de texte ou d'un tableur est suffisant, il est inutile de chercher à en maîtriser l'usage réel pour cette épreuve.

3. Les conseils à suivre

Il s'agit donc de revoir les principes de bases en matière d'utilisation d'un ordinateur et de ses périphériques, de bien maîtriser le vocabulaire de l'informatique et d'Internet, de se tenir au courant de l'actualité et de revoir les règles de bases de la sécurité informatique.

En début d'épreuve, il est souhaitable de se montrer attentif aux explications dans la mesure où l'épreuve s'effectue de manière dématérialisée. Il ne faut donc pas hésiter à lever la main pour poser une question si ces explications ne vous paraissent pas claires ou demeurent insuffisantes.

Chaque question et chacune des différentes propositions de réponse doivent être lues avec la plus grande attention afin d'éviter tout risque d'erreur.

Pensez également à vous relire à la fin de l'épreuve.

Pour mettre le maximum de chances de votre côté, vous devez faire preuve de concentration. Pour renforcer votre concentration, vous pouvez même, si vous le souhaitez, prendre l'habitude de mettre des boules Quiès ou des bouchons d'oreilles pour vous isoler le plus possible du bruit extérieur.

Enfin, ne répondez pas au hasard car les mauvaises réponses apportent des points négatifs.

4. La gestion du temps

L'épreuve dure 30 minutes pour répondre à 20 questions, ce qui laisse 1 minute 30 pour répondre à chaque question.

Si ce temps peut paraître raisonnable, il passe néanmoins très vite... Il ne faut donc pas en perdre si l'on ne connaît pas une réponse, mais passer à la question suivante. Vous garderez du temps pour revenir sur les questions demeurées sans réponse et les compléter au moment de la relecture après avoir répondu à toutes celles dont vous êtes sûr.

5. La notation

Le barème de correction est le suivant :

- réponse intégralement juste : +1 point ;
- réponse fausse : –1 point ;
- absence de réponse : 0 point.

Il ne peut donc y avoir plusieurs bonnes réponses pour une même question et une absence de réponse équivaut à 0 point, tandis qu'une réponse fausse pénalise d'un point : il est ainsi préférable de s'abstenir de répondre à une question dont on ne connaît pas la réponse, plutôt que de répondre au hasard et risquer ainsi d'être pénalisé d'un point.

1. Se préparer à l'épreuve d'évaluation numérique

En premier lieu, les candidats doivent être familiers de l'environnement informatique et bureautique :

- savoir utiliser les fonctions de base d'un ordinateur : naviguer sur Internet, envoyer un courrier électronique, enregistrer un document, rédiger un texte à l'aide d'un logiciel de traitement de texte, utiliser un support externe de sauvegarde de données comme une clé USB ou un disque dur externe… ;
- connaître le vocabulaire numérique essentiel : souris, blog, copier-coller, forward, hyperlien, adresse IP, navigateur, réseau social, tchat (ou chat)…

En second lieu, les candidats doivent être conscients des différents dangers liés à l'informatique et à l'usage d'Internet. À ce titre, ils doivent connaître les grands principes généraux en matière de protection et de sécurité informatique. Le bon usage des réseaux sociaux est également un point important (respect de la légalité et de la confidentialité des informations publiées).

Il est important de souligner ici que cette épreuve n'est pas véritablement une épreuve d'informatique. Il n'est pas attendu des candidats qu'ils possèdent des connaissances très poussées en matière d'environnement numérique et de sécurité informatique. Un simple usage régulier de l'outil informatique et d'Internet, associé à la connaissance de quelques grands principes de sécurité dans ce domaine, suffit à satisfaire pleinement aux attentes du jury dans le cadre de cette épreuve.

2. La sécurité informatique

A. Les principes de base de la sécurité informatique

Un **pare-feu** (firewall ou garde-barrière) est un outil permettant de protéger un ordinateur connecté à un réseau ou à l'Internet. Il protège d'attaques externes (filtrage entrant) et souvent de connexions illégitimes à destination de l'extérieur (filtrage sortant) initialisées par des programmes ou des personnes.

Les **antivirus** sont des logiciels conçus pour identifier, neutraliser et éliminer des logiciels malveillants (dont les virus informatiques ne sont qu'une catégorie).

Un **mot de passe** est un facteur mémoriel d'authentification pour utiliser une ressource ou un service dont l'accès est limité et protégé. Couplé avec le « login », il fait de la connexion de l'utilisateur un espace sécurisé et personnalisé.

Les **périphériques portables** tels que les clés USB étant particulièrement exposés à la perte ou au vol, chiffrer une partie ou la totalité de sa clé USB est le moyen le plus fiable de protéger des données sensibles ou confidentielles.

B. La sécurité des systèmes

Les **secrets de la défense nationale ou industriels** constituent une cible majeure pour les services étrangers et les groupements ou les individus isolés ayant pour objectif de déstabiliser l'État ou la société.

Cette menace vise **tous les domaines d'activité** relevant de la défense et de la sécurité nationale : politique, militaire, diplomatique, scientifique, économique, industriel...

La **Commission nationale de l'informatique et des libertés** (CNIL) est une autorité administrative indépendante française. La CNIL est chargée de veiller à ce que l'informatique soit au service du citoyen et qu'elle ne porte atteinte ni à l'identité humaine, ni aux droits de l'homme, ni à la vie privée, ni aux libertés individuelles ou publiques.

La sécurité des systèmes d'information constitue, de nos jours, un **enjeu majeur**. Bien que tout le monde s'accorde sur la criticité de cette matière, l'implication et l'engagement de chacun restent encore largement discutables.

Pourtant, la sécurité des systèmes d'information est l'affaire de tous et relève bien souvent davantage du **bon sens** et de **comportements adaptés** que de problèmes techniques.

LES DIX RÈGLES ESSENTIELLES DE LA SÉCURITÉ INFORMATIQUE

- Mon mot de passe est **confidentiel** et **personnel**.
- Mes données professionnelles sont **stockées** sur le serveur et **sauvegardées** dans les répertoires adéquats.
- Mon ordinateur est **verrouillé** lorsque je m'absente.
- **J'évite** de connecter des clés USB de personnes tierces et je suis vigilant face aux pièces jointes des courriels.
- Je respecte **le niveau de confidentialité** des informations et **le secret des correspondances**.
- Je demeure **très vigilant** dans l'utilisation d'Internet.
- Je m'assure que mes données sensibles sont **protégées**.
- Je ne supprime **pas les réglages de sécurité** de mon ordinateur.
- Je ne fais **pas suivre systématiquement** les messages reçus sur ma boîte à lettres électronique.
- Je n'hésite pas à m'adresser à un **informaticien** en cas de problème sérieux

C. Précautions à prendre pour l'usage d'Internet et des réseaux sociaux

Chaque utilisateur doit faire preuve d'une **très grande vigilance** dans la publication des informations afin de ne pas mettre en danger ni son intégrité physique et son image, ni celle de sa famille.

La jurisprudence transpose son interprétation traditionnelle du droit (vie réelle) à l'utilisation faite des réseaux sociaux (vie numérique virtuelle) dans le **cadre professionnel comme dans celui de la vie privée**.

Une bonne gestion individuelle des **paramètres de confidentialité** est essentielle afin de restreindre la diffusion des informations partagées sur les réseaux sociaux. Modifiés sans préavis par les plateformes, ces réglages doivent nécessairement être vérifiés régulièrement pour rester maîtrisés.

Il est possible de solliciter un **déréférencement**. À cet effet, la CNIL met en ligne les formulaires ad hoc pour certains moteurs de recherche dont Google, et une fiche pratique pour les autres.

D. Réflexes et bonnes pratiques limitent les risques :

- **Désactivez** la géolocalisation sur votre profil Facebook.
- **Vérifiez et mettez à jour** régulièrement vos paramètres de confidentialité.
- **Maîtrisez** ce que vous acceptez de montrer.
- **Informez-vous**, lors de votre inscription, sur les conditions générales d'utilisation que vous acceptez de respecter.
- **Soyez attentif** à la protection de vos mots de passe et de vos identifiants.
- **Limitez** l'accès de votre profil Facebook à vos amis « réels » ;
- **Activez** la fonction qui vous alerte en cas de tagging (marquage, identification) par une personne inconnue.
- **Vérifiez** les photos, vidéos, personnes… pour ne pas diffuser d'information sensible ou de contenu répréhensible.
- Ne pensez pas qu'il est possible de rester **longtemps anonyme** sur le Web.
- L'usage d'un pseudonyme **ne protège pas** d'éventuelles poursuites.
- Vous restez **responsable** de vos publications.

LES DIX CONSEILS À SUIVRE POUR L'USAGE DES RÉSEAUX SOCIAUX

- Bien définir sa stratégie même pour un usage personnel.
- Se créer une identité numérique qui soit en adéquation avec sa vie réelle.
- Garder à l'esprit que tous les utilisateurs des médias sociaux ne sont pas bienveillants.
- Maîtriser les paramètres de confidentialité et de sécurité.
- N'accepter que des personnes que l'on connaît dans la vie réelle.
- Se poser un maximum de questions sur la nature des informations que l'on souhaite publier.
- Ne pas évoquer ses activités professionnelles.
- Sensibiliser sa famille, notamment ses enfants, ses amis et ses relations aux risques que comportent les médias sociaux
- Observer la même prudence et la même discrétion sur les réseaux sociaux professionnels.
- Ne jamais oublier ses obligations professionnelles et ses responsabilités.

E. Points à connaître impérativement en matière d'usage d'Internet et des réseaux sociaux

Les médias sociaux restent un **espace public** et non privé.

L'oubli numérique n'existe pas: une information, une photo, une vidéo ou tout document publié sur Internet ne disparaît jamais véritablement.

Les utilisateurs d'Internet et des réseaux sociaux doivent **impérativement respecter**:

– le devoir de réserve;

– le secret professionnel;

– les règles éthiques et du renom de la Gendarmerie nationale;

– le secret de l'enquête;

– le droit à l'image (pas de publication de photos ou de vidéos d'une personne sans son réel consentement);

– la propriété intellectuelle (respect du droit d'auteur, notamment en matière de musique, de films et de séries télévisées).

3. Les réseaux sociaux et le gendarme

Fondés sur le partage et l'interaction, les réseaux sociaux effacent la notion de distance entre internautes et donnent **l'illusion d'un anonymat virtuel**. La frontière entre vie privée et vie professionnelle peut alors rapidement s'estomper. Volontairement ou involontairement, des informations sensibles sont ainsi divulguées et portées à la connaissance d'un large public en se **propageant de manière virale** sur le Web.

Les réseaux sociaux qui livrent des données personnelles en accès libre constituent, pour les **organisations terroristes** et les **individus ou mouvances hostiles** aux forces de l'ordre, une **opportunité de collecter des informations** sur des cibles potentielles afin de planifier des actions violentes à leur encontre.

Comme le rappelle le **Code de déontologie**, le gendarme est soumis au **secret professionnel** et au **devoir de réserve**. Il est également tenu de donner **une bonne image de l'institution**. Même dans un cadre privé, il est soumis à ces règles. Celles-ci sont donc également applicables sur les réseaux sociaux.

Outre le Code de déontologie de la Gendarmerie nationale, plusieurs textes de loi rappellent ces règles :

Article 26 de la loi n° 83-634 du 13 juillet 1983 portant droits et obligations des fonctionnaires

« Les fonctionnaires sont tenus au secret professionnel dans le cadre institué par le Code pénal. Les fonctionnaires doivent faire preuve de discrétion professionnelle pour tous les faits, informations, ou documents dont ils ont connaissance dans l'exercice ou à l'occasion de l'exercice de leurs fonctions. »

Article 226-13 du Code pénal

« La révélation d'une information à caractère secret par une personne qui en est dépositaire soit par état ou par profession, soit en raison d'une fonction ou d'une mission temporaire, est punie d'un an d'emprisonnement et de 15 000 euros d'amende. »

Loi du 20 avril 2016 relative à la déontologie et aux droits et obligations des fonctionnaires

« Le fonctionnaire exerce ses fonctions avec dignité, impartialité, intégrité et probité. Dans l'exercice de ses fonctions, il est tenu à l'obligation de neutralité et au respect de la laïcité. »

Sujets corrigés

SUJET N° 1 : QCM

DURÉE : 30 MINUTES

❶ À quoi sert un « cookie » ?

☐ a. Il permet de collecter et conserver les données de session des internautes.
☐ b. Il permet d'évaluer le trafic d'un site web au cours d'un mois.
☐ c. Il permet de conserver les commentaires des internautes.

❷ Qu'est-ce que le « cloud » ?

☐ a. Une plateforme de rencontres en ligne
☐ b. Une activité des moteurs de recherche
☐ c. Un espace de stockage en ligne
☐ d. Une réglementation de protection des données

❸ Qu'est-ce qu'un fichier « .png » ?

☐ a. Un format de fichiers vidéo
☐ b. Un format de fichiers d'image
☐ c. Un format de fichiers de son
☐ d. Un fichier sécurisé

❹ Que signifie le sigle « www » ?

☐ a. « War Wide Wanadoo »
☐ b. « World Wide Web »
☐ c. « World Wild White »

❺ Parmi ces entreprises, laquelle fait partie des Gafam ?

☐ a. Amazon
☐ b. General Electric
☐ c. Twitter

❻ Que sont Firefox, Internet Explorer, Safari ou Opera ?

☐ a. Des moteurs de recherche
☐ b. Des navigateurs web
☐ c. Des systèmes d'exploitation
☐ d. Des réseaux sociaux

❼ Quel est le nom du plus petit élément graphique d'une image visualisée sur l'écran d'un ordinateur ?

☐ a. Le point
☐ b. Le pixel
☐ c. Le pitch

❽ Qu'est-ce que « Twitter » ?

☐ a. Un réseau social
☐ b. Un moteur de recherche
☐ c. Un site de jeux en ligne
☐ d. Un système d'exploitation

❾ Qu'est-ce que « Ubuntu » ?

☐ a. Un système d'exploitation basé sur Linux
☐ b. Un langage informatique
☐ c. Un explorateur Internet
☐ d. Une marque de Smartphone

❿ Qu'est-ce que le « Wifi » ?

☐ a. Une norme pour le son numérique haute définition

☐ b. Un réseau câblé
☐ c. Un réseau sans fil
☐ d. Un réseau social

⓫ Lequel parmi ces dispositifs ne permet pas la sauvegarde de données ?

☐ a. Un scanner ☐ b. Une clé USB ☐ c. Un disque dur externe

⓬ Que fait un « ransomware » (« rançongiciel ») ?

☐ a. Il se diffuse auprès de tous vos contacts.
☐ b. Il bloque l'accès à vos fichiers et dossiers.
☐ c. Il efface toutes les données personnelles sur un ordinateur.

⓭ Dans un courrier électronique, une « pièce jointe » est :

☐ a. Un lien hypertexte vers un site web.
☐ b. Un fichier que j'envoie ou que je reçois avec le courrier.
☐ c. Un paiement en ligne.

⓮ Qu'est-ce qu'un « spam » ?

☐ a. Une invitation ☐ b. Un courrier indésirable ☐ c. Une newsletter

⓯ Qu'est-ce qu'un « chatbot » ?

☐ a. Un logiciel de reconnaissance vocale
☐ b. Un logiciel programmé pour simuler une conversation
☐ c. Un logiciel de reconnaissance faciale
☐ d. Un logiciel de traduction simultanée

⓰ Qu'est-ce que la « quadrature du net » ?

☐ a. Une association de défense des droits et libertés des citoyens sur Internet
☐ b. Le surnom donné aux 4 premiers pays reliés à Internet
☐ c. Le surnom de l'architecture informatique qui est à la base de tout Internet
☐ d. Une association qui cherche à améliorer l'enseignement à distance

⓱ Qu'est-ce que l'« ANSSI » ?

☐ a. Une agence à compétence nationale en matière de sécurité des systèmes d'information
☐ b. Une agence nationale en matière de sécurité incendie informatique
☐ c. Une association nationale de protection et de défense des ingénieurs informatiques

⓲ Que signifie l'acronyme « Cnil » ?

☐ a. La Commission numérique de l'informatique et des libertés
☐ b. La Commission nationale de l'informatique et des lois
☐ c. La Commission nationale de l'informatique et des libertés

⓳ Qu'est-ce que « Wannacry » ?

☐ a. Le nom d'un groupe de hackers
☐ b. Une plateforme de données de formation basée sur l'intelligence artificielle
☐ c. Une vaste attaque informatique

⓴ Parmi ces 4 propositions, laquelle ne correspond pas à un moteur de recherche ?

☐ a. Bing ☐ b. Qwant ☐ c. Duck Duck Go ☐ d. Wikipédia

Corrigé

❶ a. ❷ c. ❸ b. ❹ b. ❺ a. ❻ b. ❼ b. ❽ a. ❾ a. ❿ c.
⓫ a. ⓬ b. ⓭ b. ⓮ b. ⓯ b. ⓰ a. ⓱ a. ⓲ c. ⓳ c. ⓴ d.

SUJET N° 2 : QCM

DURÉE : 30 MINUTES

Pour chaque question, choisissez la bonne proposition de réponse.

1 Un logiciel libre est :

☐ a. gratuit
☐ b. piraté
☐ c. payant
☐ d. interdit

2 La touche F10 est une touche de :

☐ a. texte
☐ b. chiffre
☐ c. dessin
☐ d. fonction

3 La longue barre horizontale en bas du clavier sert à :

☐ a. valider
☐ b. marquer un espace
☐ c. éteindre l'ordinateur
☐ d. allumer l'ordinateur

4 Sur un ordinateur portable, quel équipement peut ne pas exister :

☐ a. l'écran
☐ b. la souris
☐ c. l'alimentation
☐ d. le microprocesseur

5 Après le démarrage de l'ordinateur, les fonctions, dossiers et logiciels affichés en fond d'écran constituent un ensemble appelé :

☐ a. le swap
☐ b. l'Ethernet
☐ c. le bureau
☐ d. le mobile

6 Un dossier supprimé sur un ordinateur ira :

☐ a. dans la matrice
☐ b. dans la corbeille
☐ c. dans le logiciel
☐ d. dans la carte-mère

7 Le raccourci avec les touches « Ctrl » et « C » permet de :

☐ a. supprimer
☐ b. coller
☐ c. copier
☐ d. transférer

8 WhatsApp permet de téléphoner :

☐ a. Vrai
☐ b. Faux

9 La copie de tout ou partie de ce qui est affiché à l'écran s'appelle :

☐ a. une sauvegarde
☐ b. une capture
☐ c. une corrélation
☐ d. un reset

10 Le formatage d'un disque dur sauvegarde ses données :

☐ a. Vrai
☐ b. Faux

11 Dans le cadre de l'usage privé des réseaux sociaux, il est souhaitable de ne pas mettre en avant sa qualité de gendarme :

☐ a. Vrai
☐ b. Faux

12 Le bitcoin est une monnaie :

☐ a. réelle
☐ b. fiduciaire
☐ c. virtuelle
☐ d. en métaux précieux

⓭ Un smartphone permet de naviguer sur Internet :

☐ a. Vrai ☐ b. Faux

⓮ Un VPN est :

☐ a. une clé USB ☐ b. un ordinateur piraté
☐ c. un réseau privé virtuel ☐ d. une imprimante

⓯ Le temps de réponse d'un serveur est le :

☐ a. Pong ☐ b. Pung
☐ c. Pang ☐ d. Ping

⓰ De manière familière, la bécane désigne :

☐ a. un informaticien ☐ b. une société informatique
☐ c. un ordinateur ☐ d. un clavier

⓱ Une erreur de programmation est un :

☐ a. bog ☐ b. bug
☐ c. brouteur ☐ d. binaire

⓲ Un poste de travail isolé du réseau et dédié à l'analyse des supports amovibles afin de déterminer s'ils peuvent être utilisés sur ledit réseau est appelé :

☐ a. station blanche ☐ b. station verte
☐ c. station rouge ☐ d. station grise

⓳ Le verrouillage de son poste de travail lorsque l'on part en pause est :

☐ a. interdit ☐ b. conseillé

⓴ Un fichier MP3 est un fichier contenant :

☐ a. du texte ☐ b. de la musique
☐ c. de la vidéo ☐ d. un tableur

Corrigé

❶ a. ❷ d. ❸ b. ❹ b. ❺ c. ❻ b. ❼ c. ❽ a. ❾ b. ❿ b.
⓫ a. ⓬ c. ⓭ a. ⓮ c. ⓯ d. ⓰ c. ⓱ b. ⓲ a. ⓳ b. ⓴ b.

Épreuve physique de gendarmerie (concours externe et interne)

COEFFICIENT

3

Présentation de l'épreuve

La sélection physique des candidats au concours de gendarme repose, outre l'attestation de natation (d'un minimum de 100 mètres, celle-ci est exigée lors de la constitution du dossier de candidature), sur une épreuve bien spécifique : l'épreuve physique gendarmerie (EPG).

Sur Internet, vous pouvez visionner une vidéo de démonstration de cette épreuve sur le site www.lagendarmerierecrute.fr (rubrique : Approfondir / Etapes du recrutement / Sous-officier dè gendarmerie / Les épreuves).

L'épreuve physique gendarmerie se compose de trois ateliers distincts :

- un parcours chronométré d'obstacles ;
- la simulation chronométrée d'un combat ;
- le transport d'un poids (évalué : échec ou réussite).

Les candidats doivent présenter le jour de l'épreuve sportive un certificat médical mentionnant leur aptitude à subir cette épreuve. Ce certificat doit dater de moins d'un an.

Cette épreuve est affectée d'un coefficient 3 et toute note inférieure à 6 sur 20 est éliminatoire.

1. Le parcours d'obstacles

Atelier n° 1 : parcours d'obstacles

Le candidat accomplit six fois le parcours d'une longueur de 50 mètres en appliquant les consignes suivantes :

1. Partir du cône de départ, courir en direction du cône 1.

2. Contourner le cône 1, traverser en diagonale en direction du cône 2. Avant d'atteindre ce cône, franchir d'un bond, sans le toucher, un obstacle (tapis de sol) de 1,80 m de long pour les hommes, de 1,60 m de long pour les femmes. À la réception, tourner à gauche autour du cône 2 et se diriger vers l'escalier.

3. Monter et descendre l'escalier en courant, en touchant au moins une marche en montant, la plate-forme supérieure et une marche en descendant.

4. Contourner le cône 3, remonter et redescendre l'escalier puis se diriger vers le cône 4.

5. Tourner à gauche et se diriger en diagonale vers le cône 5. Avant d'atteindre ce cône, sauter deux obstacles de 45 cm de haut, distants de 3 m.

6. Au cône 5, tourner à droite et se diriger vers le cône de départ. Avant d'atteindre ce dernier, franchir une poutre placée à 0,90 m du sol, maîtriser sa réception et se laisser tomber sur le dos ou sur le ventre (alternativement à chaque tour). Se relever sans aide (ne pas se retourner si l'on tombe sur le ventre, ne pas rouler sur le côté lorsque l'on tombe sur le dos, ne jamais s'aider de la poutre) et contourner le cône de départ avant d'accomplir un autre tour.

7. Lorsque les six tours sont terminés, se diriger vers l'atelier n° 2.

FAUTES SUSCEPTIBLES D'ÊTRE RELEVÉES

- Non-franchissement du tapis.
- Cône ou barre renversés.
- Poutre touchée avec toute autre partie que les mains ou les pieds.
- Se relever en s'aidant de la poutre ou en roulant sur le côté.

Toute faute est immédiatement sanctionnée par l'obligation de tenter à nouveau le passage de l'obstacle jusqu'à y parvenir après avoir, le cas échéant, replacé l'élément tombé. Le non-franchissement du tapis répété six fois entraîne l'échec de l'épreuve.

2. La simulation de combat

À moins de 10 mètres de la fin de la course d'obstacles, la simulation de combat comprend des exercices de traction et de poussée entrecoupés de chutes maîtrisées. L'exercice de traction consiste à effectuer dans un premier temps une traction sur une corde au bout de laquelle un poids de 36 kg (25 kg pour les femmes) est accroché. Une fois le poids soulevé, le candidat doit décrire un arc de cercle de 180 degrés à six reprises.

L'exercice de quatre chutes successives se fait alternativement sur le ventre et sur le dos.

L'exercice de poussée a pour effet de soulever un poids de 36 kg (25 kg pour les femmes). Une fois le poids soulevé, le candidat doit décrire six arcs de cercle de 180 degrés, puis le repose en amortissant la descente.

Description détaillée des différentes étapes de la simulation de combat :

1. Exercice de traction : agripper la corde et soulever un poids de 36 kg (25 kg pour les femmes). En conservant le poids dans cette position, se déplacer en décrivant un arc de cercle de 180° et toucher le mur de chaque côté de l'appareil. Répéter l'exercice six fois en touchant ainsi le mur trois fois de chaque côté. Conserver son équilibre et garder ses coudes fléchis pendant toute la durée de l'exercice.

2. Chutes maîtrisées : après l'exercice de traction, déposer le poids sur le sol, s'éloigner de l'appareil (1 mètre), tomber sur le ventre, se relever, toucher le mur, exécuter une autre chute sur le dos, se relever sans rouler sur le côté et toucher encore le mur. Cette séquence est exécutée 2 fois (4 chutes : 2 vers l'avant, 2 vers l'arrière).

3. Exercice de poussée : après avoir touché le mur, se déplacer jusqu'à l'appareil de poussée. À l'aide des poignées, pousser afin de soulever du sol un poids de 36 kg (25 kg pour les femmes). Le conserver dans cette position et décrire 6 arcs complets en touchant 3 fois le mur de chaque côté (idem exercice de traction). Les bras doivent demeurer fléchis au niveau du coude, ni les coudes ni les mains ne doivent toucher la poitrine ou les épaules.

FAUTES SUSCEPTIBLES D'ÊTRE RELEVÉES

- Incapacité à soulever le poids ou à le maintenir en l'air.
- Coudes non fléchis au cours de l'exercice de traction ou de poussée.
- Mains touchant les épaules ou la poitrine durant l'exercice de poussée.
- Incapacité à revenir à une position stable entre les chutes, rouler sur le côté pour se relever après la chute arrière.

Dans tous ces cas, il faut reprendre l'exercice (chute ou arc).

La partie chronométrée de l'EPG prend fin au moment où le candidat termine le 6e arc de l'exercice de poussée (dépôt du poids sur le sol). Le candidat qui dépasse le temps imparti échoue au test et ne subit pas l'atelier suivant.

3. Le transport de poids

Le candidat doit soulever un poids (sac de sable) de 45 kg pour les hommes et de 25 kg pour les femmes, le transporter, en se servant uniquement de ses bras, sur une distance de 15 mètres et le reposer sur le sol en douceur.

FAUTES SUSCEPTIBLES D'ÊTRE RELEVÉES

- Incapacité à soulever le sac, à le porter en se déplaçant ou à le poser en douceur à la fin de l'exercice.

Dans tous les cas l'ensemble de l'exercice doit être repris. Trois essais infructueux signifient un échec.

4. Le barème de l'épreuve physique gendarmerie

Ateliers 1 et 2 : parcours d'obstacles et simulation d'un combat

Notes	Temps des hommes	Temps des femmes	Notes	Temps des hommes	Temps des femmes
20	3'10	3'20	9	4'10	4'20
19	3'15	3'25	8	4'20	4'30
18	3'20	3'30	7	4'25	4'35
17	3'25	3'35	6	**4'31**	**4'41**
16	3'30	3'40	5	4'35	4'45
15	3'35	3'45	4	4'40	4'50
14	3'40	3'50	3	4'45	4'55
13	3'45	3'55	2	4'50	5'00
12	3'50	4'00	1	4'55	5'05
11	3'55	4'05	0	> 4'55 et abandons / échecs	> 5'05 et abandons / échecs
10	4'00	4'10			

En cas de performance intermédiaire, la note à attribuer est celle qui correspond à la performance immédiatement inférieure.

Atelier 3 : transport de poids

L'échec au troisième atelier entraîne le retrait d'un point sur la note obtenue lors des deux premiers ateliers chronométrés.

En premier lieu, il faut rappeler que, pour être en bonne condition physique, il faut se nourrir sainement. Dans cette optique, évitez de manger entre les repas. Commencez la journée par un solide petit déjeuner, manger raisonnablement à midi et faites un repas léger le soir.

Si vous êtes en surpoids, la préparation physique au concours est le moment idéal pour faire un régime.

En toute hypothèse, nous vous conseillons de réduire le plus possible les aliments trop gras ou trop sucrés, ainsi que les boissons sucrées. Privilégiez les fruits et légumes, ainsi que les sucres lents (riz, pâtes, féculents, pain…) en vue des efforts physiques.

La réussite des épreuves physiques du concours de gendarme implique une bonne condition physique et une préparation sportive spécifique. Cette mise en condition physique nécessite une préparation s'échelonnant sur au moins deux mois et demie à trois mois, à raison de deux à trois séances hebdomadaires.

Commencez doucement votre entraînement, en prenant en compte votre niveau physique de départ. Augmentez peu à peu la durée et l'intensité des séances.

Compte tenu du caractère tout à fait spécifique des différentes épreuves, il est peut-être délicat pour vous de vous préparer spécialement à ces épreuves. Aussi, en toute hypothèse, nous vous donnons les conseils suivants de préparation physique :

- établissez un planning réaliste de préparation physique (tenez compte de vos impératifs personnels et de votre condition physique initiale, prenez en considération vos atouts et vos faiblesses, modulez vos efforts dans un souci de régularité de l'entraînement) ;
- entraînez-vous à la course à pied de manière régulière (au moins une ou deux sorties par semaine) ;
- pour les exercices physiques, privilégiez les exercices effectués avec le poids du corps (accroupissements et fléchissements, sauts sur place, pompes et tractions) et les abdominaux. La fréquence idéale est de pratiquer ces exercices tous les jours, ou au moins tous les deux jours ;
- commencez chaque entraînement par un échauffement et des étirements musculaires, pendant au moins 10 minutes ;
- étirez-vous systématiquement après chaque entraînement ou exercice, pendant 10 à 15 minutes ;
- notez votre programme, vos performances et l'intensité de votre entraînement ;
- ne faites pas de sport la veille du concours pour éviter tout risque de blessure.

CONSEILS POUR LE JOUR DES ÉPREUVES PHYSIQUES

L'épreuve physique gendarmerie nécessite de :
- se préparer physiquement avant la convocation aux sélections ;
- s'échauffer avant l'épreuve (les candidats devront disposer d'au moins 15 minutes pour s'échauffer individuellement avant le passage de l'épreuve) ;
- reconnaître le parcours et faire le tour des installations ;
- doser ses efforts et ne pas dépasser ses limites.

Avant que le premier candidat convoqué ne passe l'épreuve physique gendarmerie, une démonstration de l'épreuve est faite à l'ensemble des candidats par un moniteur d'entraînement physique et sportif en insistant sur les fautes qui, dans un premier temps, obligent le candidat à recommencer l'épreuve et qui peuvent provoquer, le cas échéant, l'échec de l'épreuve.
N'oubliez pas que l'épreuve physique gendarmerie n'est pas une compétition. Elle vise simplement à réussir dans le temps imparti les trois ateliers spécifiques.

IMPRIM'VERT®

Dépôt légal : mai 2024
Achevé d'imprimer en avril 2024 par SEPEC en France
N° d'éditeur : MAGSI20220876 - N° d'imprimeur : 09467240135

FABRIQUÉ EN FRANCE

PEFC
10-31-1470